대한민국
쓰레기
시멘트의
비   밀

대한민국 쓰레기 시멘트의 비밀

발암물질에서 방사능까지, 당신의 집이 위험하다!

지은이 최병성

초판 1쇄 발행 2015년 4월 16일 | **초판 4쇄 발행** 2021년 5월 18일

펴낸이 송성호 | **펴낸곳** 이상북스

책임편집 김영미 | **표지디자인** 정은경디자인 | **제작** 공간코퍼레이션

출판등록 제313-2009-7호(2009년 1월 13일) | **주소** 경기도 고양시 덕양구 향기로 30 106동 1004호

이메일 beditor@hanmail.net | **전화** 02-6082-2562 | **팩스** 02-3144-2562

ISBN 978-89-93690-31-6 03300

대한민국
쓰레기
시멘트의
비 밀

최병성 지음

발암물질에서 방사능까지,
당신의 집이 위험하다!

이상
북스

차라리 밀가루로 집을 짓자

김인국(천주교 정의구현사제단 대표)

　밀가루를 실은 트럭과 시멘트를 실은 트럭이 앞서거니 뒤서거니 달리더니 운전기사들이 차를 세웁니다. 오줌이 마려웠던 모양입니다. 볼 일을 보고 출발하려는데 차가 뒤바뀐 것을 알았습니다. 차종이 똑같아서 그만 그런 일이 생겼습니다. 그런데 두 사람 다 뜻밖의 말을 합니다.

　"에이, 알 게 뭐야! 내 것도 아닌데 뭐."

　그래서 밀가루를 기다리던 곳에는 시멘트가, 시멘트를 기다리던 곳에는 밀가루가 배달되었습니다. 과자를 만드는 사람들도 놀라고 집 짓는 사람들도 깜짝 놀랐습니다. 하지만 문제가 되지 않았습니다. 두 곳에서 동시에 "알 게 뭐야!" 했기 때문입니다. 한 사람이라도 "이러면 안 되는데"라고 말했다면 결과가 달라졌을지도 모르지요. 결국 시멘트로 만든 과자와 밀가루로 지은 집이 탄생합니다. 사람들이 그런 걸 먹고, 그런 집에 들어가 살게 되었으니 그 다음에 과연 무슨 일이 벌어졌을지 궁금합니다. 제가 소년시절을 보낸 1970년대에 이현주 선생님이 쓴 단편동화 〈알 게 뭐야〉의 줄거리입니다.

세월이 많이 흘렀습니다. 자기가 맡은 일을 함부로 해치우는 어른들의 저 어이없는 처신을 보면서 깔깔 웃던 아이들이 벌써 중년이 되었습니다. 그런데 우리나라는 어떤 나라가 되었습니까? 여기 이 책《대한민국 쓰레기 시멘트의 비밀》을 한 번 읽어보십시오. 지금 우리는 40년 전 동화 속에 나오는 주인공들에게도 차마 얼굴을 들 수가 없습니다. 차라리 시멘트로 과자를 만들고 밀가루로 집을 짓는 것이 훨씬 좋았다고 말해야 할 지경입니다. 요즘엔 많은 사람들이 공장에서 대량생산하는 과자를 웬만하면 먹지 않습니다. 몸을 망치는 정제당과 나쁜 지방, 각종 첨가물로 뒤범벅된 공장 과자의 해악을 잘 알기 때문이지요. 오죽하면 아이에게 과자를 주느니 차라리 담배를 권하라는 말까지 나왔을까요. 달콤한 유혹으로 야금야금 몸 전체를 병들게 하는 과자보다는 어쩌면 저 이야기에 나오는 시멘트 과자가 더 나을지도 모릅니다.

그러면 우리가 짓는 집은 어떻습니까? 지금 수많은 우리 아이들이 아토피라는 해괴한 질환으로 죽을 고생을 하고 있습니다. 마침내 그 원인이 밝혀졌는데, 다름 아닌 유해중금속과 발암물질, 방사능까지 검출되는 한국형 쓰레기 시멘트 때문입니다. 시멘트는 나무나 흙에 비하면 좋은 건축재료가 아닐지 몰라도 그렇게 위험한 건축재료는 아닙니다. 얼마든지 좋은 시멘트를 만들 수 있습니다. 중국 제품이라면 무엇이든 의심부터 하는 우리에게 이 책의 저자는 말합니다. 시멘트의 경우 중국산이 국산보다 안전하다고요. 왜 그럴까요? 바로 국산 시멘트는 쓰레기로 만들기 때문입니다! 각종 쓰레기를 모아 쓰레기 시멘트를 만들어내는 해괴망측한 공정에 대해서는 이 책이 말해 줄 것입니다. 지금은 아무도 슬레이트에 고추를 말리거나 삼겹살을 구워 먹지 않습니다. 석면의 무서운 폐해를 잘 알기 때문입니다. 마찬가지로 한국산 시멘트의 실상을 알고 나면 여간해서 아파트에 들어가려고 하지 않을 것입니다.

단편동화 〈알 게 뭐야〉의 풍자는 명랑한 웃음을 주지만, 이 책이 알려주는 시멘트 업계의 '알 게 뭐야'는 이기심과 탐욕이 얼마나 인간을 미련하게 만드는지 알려줍니다. 지금도 수많은 트럭들이 반도체 공장에서 나오는 폐기물과 폐타이어, 부동액, 일본 석탄재 등을 시멘트 공장으로 실어 나릅니다. 시멘트 공장이 바로 쓰레기 소각장이기 때문입니다. 그러면서 시멘트 회사들은 말합니다.

"알 게 뭐야!"

'쓰레기 시멘트'를 골재와 섞어 아파트를 짓는 건축 회사들이 있습니다. 그들도 말합니다.

"알 게 뭐야!"

이런 실태를 엄격하게 단속하고 개선을 이끌어야 할 환경부 관리들도 같은 소리를 냅니다.

"알 게 뭐야!"

한편 정론직필을 호언장담하는 '일등' 신문들은 무슨 꿀을 먹었는지 벙어리처럼 아무 말이 없습니다. 아마 속으로 '알 게 뭐야' 하는지도 모르겠습니다.

될 일은 돼야 하고, 안 될 일은 절대로 돼선 안 됩니다. 이런 원칙이 깨지는 사회는 반드시 망합니다. 과자부터 집까지 제대로 만들어야 안전하고 평안한 나라가 됩니다.

기업들의 갖은 음해와 협박, 관료들의 방해와 야유에도 굴하지 않고 쓰레기 시멘트의 악독한 성분을 낱낱이 밝혀낸 최병성 목사님의 쾌거를 높이 기립니다. 이 책은 우리 삶의 기본 구성요소들을 맑고 깨끗하게 만들자는 극진한 호소입니다. 우리 다 함께 읽고 다 같이 일어섭시다.

차례

1999년 8월, 경영위기에 처한 시멘트 회사들을 위해 환경부는 각종 쓰레기를 소각해 시멘트를 제조할 수 있도록 허가했다.

이것이 바로 쓰레기 시멘트의 시작이다.

세상의 변화는 단 한 사람으로부터 시작한다

"해야 되나? 말아야 되나?"

쓰레기 시멘트와의 본격적인 전쟁을 시작하기 전, 오랜 시간 고민했다. 어떤 환경단체의 도움을 받는 것도 아니었다. 나는 혼자였고, 상대는 환경부와 산업통상자원부(전 지식경제부)의 비호를 받는 거대 기업이었다. 그것도 한 개 회사가 아니라 한일시멘트, 현대시멘트, 라파즈한라시멘트, 쌍용양회(쌍용시멘트), 성신양회, 아세아시멘트 등 이름만 들어도 유명한 시멘트 회사들이었다.

주위 사람들은 이 싸움을 극구 말렸다. 재벌 기업들이 명예훼손이라며 손해배상을 청구해 오면 개인이 감당할 수 없다는 이유였다. 맞는 말이다. 법 위에 돈이 있는 대한민국이 아닌가. 아무것도 아닌 한 개인인 내가 시멘트 기업들과 싸움을 벌이는 것은 무모한 일이었다.

15

게다가 나는 신학을 전공한 목사다. 시멘트와 관련된 지식이라고는 고등학교 때 배운 화학기호가 전부였다. 그러나 발암물질 가득한 쓰레기 시멘트의 진실을 나 몰라라 할 수는 없었다. 우리나라 모든 사람들의 건강과 생명이 달린 일이었기 때문이다. 쓰레기 시멘트의 유해성을 증명하기 위해 나는 작은 것 하나부터 공부하기 시작했다. 그런데 내가 관련 학문을 전공하지 않은 것보다 더 큰 어려움이 있었다. 대한민국엔 쓰레기 시멘트에 대한 자료가 전무하다는 사실이었다. 서점엔 시멘트 관련 책이 하나도 없었다. 어디 가서 도움을 구할 데도 없었다. 관련 전문가라고 하는 대학교수들도 시멘트 업계로부터 용역을 받는 입장이었기에 그들의 눈치를 보는 처지였다.

그런 상황에도 굴하지 않고 몇해 동안 지속적으로 쓰레기 시멘트의 유해성에 대한 여론을 조성하자, SBS 〈그것이 알고 싶다〉에서 촬영 제의가 들어왔다. 그런데 한참 방송 촬영을 해가던 피디가 하루는 이렇게 한탄했다. 지금까지 오랫동안 방송을 해왔지만 이번처럼 단 한 명의 교수도 인터뷰를 해주지 않는 경우는 처음이라는 것이다. 그러면서 한 마디를 내뱉었다. "도대체 얼마나 얽혀 있기에……."

방송국 피디의 인터뷰 요청에 응해 준 교수가 단 한 명도 없었으니, 개인인 내가 도움을 얻을 교수가 없었던 것은 너무도 당연한 일이었다. 그러나 '찾는 이가 찾아낼 것이요, 두드리는 이에게 열릴 것이라'던 예수님 말씀처럼, 내가 쓰레기 시멘트 전문가가 되는 길이 있었다. 정보의 바다 인터넷이었다.

과학기술정보도서관에 관련 검색어를 넣어 숨어 있던 논문들을 찾아냈다. 하나를 찾으니 둘이 보이기 시작했다. 놀라운 보물도 발견했다. 바로 34억 6000만 원짜리 쓰레기 시멘트 용역 보고서였다. 국가과학기술 기밀 유지를 위해 공개해서는 안 된다는 경고문이 있었지만, 1페이지부터 마지막 페이지까지 전문이 인터넷에 다 올라와 있었다. 내가 거대 시멘트 기업들을 이길 수 있도록 큰 힘이 되어 준 보물이다.

이렇게 공부하며 쓰레기 시멘트에 대한 지식을 하나하나 채워갔다. 그러나 아직 시멘트 기업들을 향해 공개적인 전쟁을 시작하지 못하고 머뭇거리던 어느 날, 텔레비전에서 아토피로 고통당하는 어린 딸의 이름을 부르며 울부짖는 엄마의 눈물을 보았다. 그 순간, '하자. 이건 내가 지고 가야 할 십자가다'라는 마음이 생겼다. 그리고 그후 지금까지 10년의 시간이 흘렀다.

왜 쓰레기 시멘트와 싸우냐고 묻는다면 |

"국회의원 나오려는 것 아닙니까?"

"쓰레기 시멘트라는 자극적인 단어로 글을 써서 조회수가 많으니 광고비도 많이 버셨지요?"

시멘트 업계 사람들이 내게 무슨 목적으로 이렇게 끈질긴 싸움을 하나며 던진 말이다.

10년은 강산도 변한다는 긴 시간이다. 목사인 내가 왜 이토록 오랜 시간 동안 쓰레기 시멘트와 한판 전쟁을 벌이고 있는 걸까? 답은 간단하다. 쓰레기 시멘트는 생명의 문제이기 때문이다. 쓰레기 시멘트는 부도 위기에 몰린 시멘트 회사들의 목숨을 지켜주기 위한 돈벌이 수단으로 시작되었지만, 쓰레기 시멘트로 지은 집에서 살아가는 우리와 우리 아이들에겐 생명이 달린 문제다.

지난 10년, 하루 하루가 결코 쉽지 않은 날들이었다. 내 머릿속은 온통 쓰레기 시멘트 생각뿐이었다. 밥을 먹으면서도, 길을 걸으면서도 시멘트 생각… 꿈까지 쓰레기 꿈을 꾸었을 정도였다. 쓰레기 시멘트 문제는 책상에 앉아 이론만으론 풀 수 없는 일이었다. 시멘트 공장에 몰래 들어가 산더미처럼 쌓여 있는 쓰레기 사진을 찍었다. 일본 쓰레기를 수입하는 현장을 잡기 위해 동해와 삼척을 수시로 들락거렸다. 삼척항에서 집으로 돌아오는 영동고속도로에서 폭설을 만나 죽을 고비를 넘기기도 했다.

한번은 한밤중에 시멘트 업계 고위 임원에게서 전화가 걸려온 적도 있다. 내 가족을 들먹이며 죽여버리겠다는 협박 전화였다. 덕분에 나는 쓰레기 시멘트와 전쟁을 치르는 지난 세월 동안 늘 앞뒤를 살피며 낯선 사람을 경계하게 되었다. 엘리베이터에 낯선 사람이 함께 타면 내리는 순간까지 긴장을 놓지 못했다. 지금까지 시멘트 업계에서 내게 어떤 해를 가하지는 않았지만, 만에 하나를 대비해 스스로 조심해야 했다. 쓰레기로 시멘트를 만들지 않으면 망할 수밖에 없는 시멘트 회사들에게, 쓰레기 시멘트의 진실을 세상에 공개하는 나는 눈엣가시 같은 존재기 때문이다.

우리 안방을 쓰레기 처리장으로 만든 환경부 |

대량생산과 대량소비를 지향하는 산업사회를 살아가는 오늘날, 편리함의 이면에 쌓여가는 쓰레기로 인한 환경오염이라는 커다란 문제가 도사리고 있다. 쓰레기를 처리하는 방법에는 '매립'과 '소각' 두 가지가 있다. 여기에 환경부가 새로운 쓰레기 해결책으로 선택한 것이 시멘트다. 시멘트는 제조 과정에 많은 열량을 필요로 할 뿐만 아니라, 소각재와 하수 슬러지^{sludge}를 비롯해 온갖 비가연성 산업쓰레기까지 원료로 활용할 수 있다는 장점이 있기 때문이다.

버려져야 할 유해성 쓰레기를 시멘트 공장에서 사용하는 것은 자원고갈 시대에 쓰레기 처리비용 절감과 자원의 재활용이란 측면에서 환영할 만한 일이다. 그러나 쓰레기로 시멘트를 만드는 긍정적 측면 이전에 반드시 지켜야 할 전제조건이 있다. 쓰레기로 시멘트를 만드는 과정에서 환경오염이 발생해서는 안 되며, 무엇보다 더 중요한 것은 쓰레기로 만든 시멘트가 결코 인체에 해로운 영향을 끼쳐서는 안 된다는 것이다.

현재 온갖 산업쓰레기가 시멘트 공장으로 들어가고 있고, 국내 모든 시멘트 회사가 쓰레기로 시멘트를 만들고 있다. 그런데 우리 아이들이 살아갈 집을 짓는 바로 그 시멘트에서 발암물질과 중금속이 다량 검출되었다. 무엇보다 국민의 생명과 안전을 우선시해야 할 환경부가 자신의 책무를 무시하고 재활용 성과에만 집착한 당연한 결과다.

지난 10년, 시멘트 재벌 기업이라는 골리앗과 홀로 전쟁을 치룬 어려운 시간이었지만, 참 잘 싸워온 것 같다. 단 하나의 쓰레기 사용 기준도, 시멘트 안전기준도 없던 과거보다 많이 개선되었다. 그러나 아직 끝나지 않았다. 우리에게 필요한 것은 보잘것없는 '개선'이 아니라 쓰레기 시멘트의 '생산 중단'이다. 쓰레기 시멘트는 결코 쓰레기를 제대로 처리한 것이 아니며, 국가적으로도 국민 개개인적으로도 경제성이 없는 사회적인 잘못이라는 결론에 이르렀기 때문이다. 이제 시멘트 제조에 사용하는 쓰레기 원산지 표시제, 그리고 시멘트 등급제와 성분 표시제 등을 입법화해 쓰레기 시멘트가 우리 곁에서 사라지도록 할 국회의원들의 책임이 남았다.

세상의 변화를 함께 만들어가자 [|]

어느 날 한 통의 편지를 받았다. 몇달 동안 나와 함께 취재하며 수차례 신문 1면 톱기사로 쓰레기 시멘트 유해성 여론 형성에 도움을 준《문화일보》윤석만 기자가 보내온 장문의 편지였다. 편지를 읽어가며 내 가슴이 촉촉해졌다.

처음 시멘트 문제를 접한 건 목사님 블로그에서였습니다. 이미 지난 검찰수사 때부터 문제제기가 이뤄졌지만 언론의 큰 관심을 끌지 못했고, 기자인 저 또한 자세한 내막을 모르고 있었습니다. 더욱이 환경부 기자도 아닌 제가 이 문제에 관심을 갖기는 힘들었습니다.

처음 목사님의 블로그를 보고 너무 황당했습니다. 도무지 믿을 수 없어 목사님이 '뻥을 치고 있다'고 생각했습니다. 초기 취재 과정에서 출처와 원전을 집요하게 물었던 것도 그 때문이었습니다. 환경부와 시멘트 업체의 주장도 '왜 최 목사 한 사람의 말만 듣고 그러냐'는 것이었죠. 저 역시 '국민 절반이 사는 아파트 건설에 사용되는 시멘트가 쓰레기로 만들어졌다. 더욱이 중금속 함량까지 매우 높다'는 사실을 쉽게 받아들이기 어려웠습니다. 그러나 실제로 취재해 보니 쓰레기 시멘트가 사용된 지난 5년 동안 186만 가구의 아파트가 신축됐고 아토피 유병률은 13배가 늘었습니다. 모발검사에서도 공장 주변 주민들이 일반인보다 중금속 함량이 훨씬 높게 나왔죠. 하나 둘씩 팩트를 모아가면서 사실이구나, 정말 말이 안 되는구나를 몸소 느꼈습니다.

기억하시죠? 삼척 동양시멘트 공장에 들어갔다 붙잡힌 일 말이죠. 폐기물 야적 현장 찍으러 공장에 몰래 들어갔다 직원들한테 붙잡혀서 한동안 억류됐었지요. 트럭으로 취재차를 가로막고 20명 가까운 직원들이 우리를 둘러싸고 말이죠. 결국 그날 삼척경찰서장까지 출동하면서 풀

려나게 됐지만 말이에요. 그날 확신할 수 있었습니다. 왜 시멘트 공장은 숨기려들까. 잘못된 게 없다면 이렇게 강하게 반발해 올 리 없지 않은가. 또 그날 삼척항에는 일본에서 들어온 석탄재가 하역되고 있었지요. 산업폐기물을 수입하는 게 진실이었다는 겁니다. 운 좋게 해양수산청에서 지난 1년간의 모든 폐기물 수입 현황도 입수했지요.

지나고 보니 정말 뜻 깊은 시간이었습니다. 물론 앞으로 넘어야 할 산이 두 개의 봉우리쯤은 더 남았다고 생각하지만, 제 개인으로서도 이번 취재는 잊지 못할 것 같군요. 무엇보다 가슴에 남는 말은 삼척 갔을 때 김승호 강원대 부총장의 말씀이었죠. "환경은 인권문제다. 주민이 나서 유해하다는 걸 입증하는 게 아니라, 정부가 먼저 무해성을 증명하고 그 후에 정책으로 만들어야 한다"는 것. 환경부는 계속 역학조사는 보건복지부 소관이라고 떠넘겨왔지만 말이지요. 환경부가 쓰레기 시멘트의 유해 가능성을 인정하기까지 8년이 걸린 겁니다. 이미 정부는 많은 비용을 치렀지만 무엇보다 환경이 곧 인권이라는 명제는 잊지 말아야겠습니다.

다시 처음으로 돌아가서, 에린 브로코비치는 그저 변호사의 잔심부름을 행하는 이혼녀일 뿐이었습니다. 그런 그녀가 미국 역사상 최대의 환경소송을 승리로 이끌 수 있었던 것은 옳지 못한 것에 대한 분노와 정의에 대한 강한 믿음 때문이었습니다. 한 개인이, 소수자가 집단을 상대로, 거대권력을 상대로 싸운다는 것은 쉽지 않은 일입니다. 그만큼 가치가 있는 일이긴 하지만 그 과정이 너무 힘들고 성공가능성 또한 보장되지 않기 때문입니다.

그동안 잘 싸우셨습니다. 앞으로 해야 할 더 많은 일들에 대해서도 부디 용기 잃지 마시고 약자들의 편에 서주시길 바랍니다. 아랍 속담에 햇볕만 드는 곳은 사막이 된다죠. 반대로 그늘만 있는 곳은 잡풀조차 나지 않는 죽은 땅이 되고요. 볕과 그늘이 동시에 될 수 있는 목사님 되시길 기원하겠습니다.

조만간 삼겹살에 콜라나 한 잔 해요, 목사님.

그렇다. 변호사의 잔심부름이나 하던 이혼녀에 불과했던 에린 브로코비치. 아무것도 아닌 한 여인이 세상의 변화를 이끌어냈듯, 나 역시 한 개인에 불과하지만 쓰레기 시멘트의 문제해결을 위한 작은 디딤돌을 놓았다. 이런 성과를 만들어낼 수 있었던 것은 '인터넷 미디어'를 마음껏 사용할 수 있는 좋은 시절을 만났기 때문이다. 인터넷을 통해 자료를 찾아냈고, 내가 직접 인터넷에 기사를 쓰는 미디어가 됨으로써 쓰레기 시멘트라는 골리앗을 향해 다윗의 물맷돌을 던질 수 있었다.

요즘 많은 이들이 제 목소리 내지 못하는 언론을 거론하며 희망이 보이지 않는 대한민국의 슬픈 현실을 한탄한다. 그러나 우리 모두가 열린 공간인 인터넷을 적극적으로 이용하는 미디어가 된다면, 아마도 지금보다 조금은 더 나은 세상을 만들어낼 수 있을 것이다. 화공학도 전공하지 않은 목사가 쓰레기 시멘트와의 전쟁에서 승리

했듯, 전공이 무엇이냐, 길을 가로막는 장애물이 무엇이냐는 그다지 중요하지 않다. 세상의 불의와 거짓을 물리치기 위해 목숨을 걸 용기와 열정이 가장 중요하다.

이 책을 통해 우리나라 모든 사람들이 쓰레기 시멘트에 대한 진실을 알게 되어 쓰레기 시멘트가 이 땅에서 사라지는 계기가 되기를 기대한다. 이 책을 통해 세상의 거짓된 골리앗들을 향해 물맷돌을 던지는 용기 있는 다윗들이 일어나기를 기대한다. 세상의 변화는 대중을 깨우는 단 한 사람으로부터 시작하기 때문이다.

쓰레기 시멘트 없는 건강한 집, 건강한 세상을 꿈꾸며

2015년 봄꽃이 피는 시기에

최병성.

1

<u>변화의 기로에서</u>

쓰레기 없는 건강한 시멘트는 가능할까? 방법은 간단하다.

전 국민이 쓰레기로 만들어지는 유해 시멘트의 진실을 깨닫는 그날, 변화가 시작된다.

국민 건강을 좀먹는 쓰레기 시멘트 개선의 길이 무엇인지 알아본다.

변화는 지금부터 시작이다

드디어 희망의 불길이 타오르기 시작했다. 쓰레기를 넣지 않은 건강한 시멘트를 위한 지난 10년간의 싸움에 승리의 싹이 움트기 시작한 것이다. 포스코 건설이 경남 창원시 가음 주공아파트 재건축 현장에 폐타이어가 들어간 시멘트를 사용하지 않겠다는 입장을 밝혔다.

2014년 11월 26일 밤, 메일 한 통이 들어왔다. 경남 창원시 가음 주공아파트 재건축 조합장이 시공사인 포스코 건설에서 받은 메일을 내게 전송한 것인데, 공문 내용은 이랬다.

레미콘 공급업체에 시멘트를 납품하는 회사에 대한 실사 결과 쌍용양회, 동양시멘트, 한일시멘트에서는 폐타이어를 사용하는 것으로 판명되었습니다. 이에 상기 업체를 제외한 시멘트 제품을 당 현장에 납품하는 레미콘에 적용하기로 협의 완료하였습니다.

정말 꿈 같은 이야기였다. 공문을 한 장, 한 장 넘길수록 믿어지지 않는 일이 벌어졌다. 결국 레미콘 공장들이 폐타이어로 만든 시멘트를 사용하지 말라는 포스코 건설의 요구를 받아들여 거래하던 시멘트 회사를 변경하겠다고 밝힌 것이다.

쓰레기를 넣지 않은 건강한 시멘트 바람은 창원시 가음 주공 재건축 단지에서만 분 게 아니다. 경기도 오산의 호반건설이 짓기 시작한 호반 베르디움 아파트의 입주 예정자 모임에서도 쓰레기를 넣지 않은 시멘트로 아파트를 지어달라고 건설사에 요구했다. 입주자들은 한 가지를 더 요구했는데, 그것은 일본 석탄재를 수입하는 시멘트 제품도 제외하는 것이었다.

발암물질 가득한 쓰레기 시멘트를 해결하는 것은 아주 간단하다. 입주자들이 건설사에 쓰레기 넣지 않은 건강한 시멘트를 요구하고, 건설사는 시멘트를 납품하는 레미콘 회사에 어떤 시멘트를 쓸 것인지 지시만 내리면 된다.

쓰레기 넣지 않은 건강한 시멘트로 아파트 짓는 길을 알려달라는 요청이 쇄도하고 있다. 방법은 간단하다. 입주자들에게 쓰레기 시멘트의 실상을 알려주고, 건설사에 쓰레기를 넣지 않은 건강한 시멘트로 집을 지어달라고 강력히 요청하는 것이다. 그 집에서 살 사람으로서 건강한 집을 요구하는 것은 당연한 권리요, 건강한 집을 제공하는 것은 건설사의 마땅한 의무다. 소비자인 아파트 입주자들이 깨어나면 건설회사들도 마땅히 소비자들의 요구에 응답하게 될 것이다.

그러나 갈 길이 멀다 [1]

포스코 건설이 폐타이어로 만든 시멘트를 사용하지 않겠다고 밝힌 것은 고무적이지만, 그러나 그걸로 끝이 아니다. 시멘트 제조에는 폐타이어보다 더 위험한 쓰레기가 많이 사용되고 있기 때문이다.

시멘트 공장의 홍보물을 보면 '21세기 산업 생태계의 신모델'이라는 이름으로 시멘트 공장이 대한민국의 쓰레기처리 시설임을 자랑한다. 시멘트에 들어가는 쓰레기 목록은 석유화학, 섬유, 자동차, 전기, 전자, 제지, 철강, 반도체 등 다 나열하기도 어렵다. 이 많은 쓰레기 중 폐타이어 하나를 제외했다고 안전한 시멘트가 되는 것이 결코 아니다. 국민들이 원하는 것은 쓰레기를 넣지 않은 '건강한 시멘트'다.

쓰레기를 넣지 않은 건강한 시멘트는 국민 건강에 좋을 뿐만 아니라, 건설회사와 시멘트 공장 모두에게 이득이다. 32평 아파트를 건강한 시멘트로 건설하는 비용은 아파트 분양가의 1퍼센트도 되지 않는다. 분양가의 1퍼센트도 되지 않는 시멘트 비용 때문에 평생을 쓰레기로 만든 시멘트로 지은 집에서 살 수는 없다.

쓰레기 시멘트에 대한 전 국민 여론조사 결과, 응답자의 83퍼센트가 쓰레기 시멘트 사용 중단을 요구했고, 86퍼센트의 국민들이 건강한 시멘트를 위해 시멘트 값을 더 지불할 용의가 있다고 밝혔다.

시멘트 공장들은 발암물질 가득한 쓰레기 시멘트 생산을 당장 중단해야 한다. 쓰레기 시멘트는 시멘트 공장들이 쓰레기 처리비를 받아 부실한 주머니 사정을 해결하는 수단에 불과하기 때문이다.

좋은 건축재료로 건강한 집을 짓는 것은 건설회사의 마땅한 의무다. 그런데 그동안 건설회사는 값싼 쓰레기 시멘트로 집을 지어 국민들을 발암물질 가득한 죽음의 공간에 살도록 방치한 책임이 있다. 사실 많은 사람들을 고통에 빠트리는 아토피의 가장 큰 원인 역시 나쁜 건축재료로 만든 병든 집이라고 할 수 있다. 집의 근간을 이루는 시멘트를 쓰레기로 만들어 발암물질이 가득한데, 거기에 친환경 벽지와 마감재를 쓴다고 달라질 게 없다.

폐타이어를 넣은 시멘트 사용을 금하겠다는 포스코 건설의 현명한 결정을 두 손 들어 환영한다. 그러나 아직 부족하다. 폐타이어 하나만을 제외하는 것은 조삼모사에 불과하다. 이왕 조합원들의 뜻을 따르기로 했다면, 포스코 건설은 쓰레기를 넣지 않은 건강한 시멘트로 집을 짓는 통 큰 결단을 내려야 할 것이다.

가음 주공아파트를 '창원 더샵 센트럴파크'라는 이름으로 재건축하는 건설 현장에 다음과 같은 안전 슬로건이 크게 붙어 있었다.

"우리 포스코 건설은 안전이 인간존중 실현을 위한 최고의 가치임을 인식하고, 사랑으로 서로의 안전을 지켜주며 안전한 행동을 체질화하여 재해 없는 일터, 행복한 가정을 만든다."

맞는 말이다. 안전이 인간존중 실현을 위한 최고의 가치다. 건설 현장에서의 안전이란 재해 없는 일터를 의미하지만, 그들이 지은 집에 살아가는 입주자들에게 안전은 건강한 집을 의미하기도 한다.

오늘날 우리가 살아가는 집은 병들었다. 온통 쓰레기로 만들어졌기 때문이다. 시멘트와 석고보드, 그리고 가구에 이르기까지 쓰레기가 주를 이룬다. 집은 커지고 비싸졌지만, 그 안에 살아가는 사람들의 건강은 안전하지 못하다.

포스코 건설이 인간존중 실현을 최고의 가치로 삼는 기업이라면, 쓰레기를 넣지 않은 깨끗한 시멘트로 안전하고 건강한 집을 지어야 할 것이다. 만약 포스코 건설이 쓰레기 시멘트를 사용하지 않는 전국 제1호 친환경 건설회사가 된다면, 더 큰 이익을 얻게 될 것이다.

이제 건강한 시멘트를 향한 변화의 불길이 타오르기 시작했다. 이 바람이 진정한 결실을 맺기 위해서는 누구보다 소비자들이 깨어나야 한다. 그동안 아파트 선택의 기준은 역세권, 조망권, 학군 등이었다. 그러나 가족의 건강을 위해 쓰레기 시멘트 사용 여부를 따지는 것이 무엇보다 중요한 문제다.

한 네티즌이 "평생 벌어 안 먹고 안 입고 산 내 집 달랑 한 채, 그게 쓰레기였군요. 씁쓸한 현실이네요"라는 글을 내게 보내왔다. 우리는 건강한 집에 살 권리가 있다. 더 이상 비싼 돈 주고 발암물질 가득한 쓰레기 시멘트에 갇혀 살아가는 억울한 피해자가 되지 말아야 한다. 다 함께 힘을 모아 새로운 변화를 만들어가자.

건강한 시멘트를 위한 해결책

　서울시 SH공사에 다녀왔다. 성탄을 하루 앞둔 2014년 12월 24일, 적어도 서울 SH공사가 건설하는 아파트에는 쓰레기를 넣지 않은 시멘트를 사용하자고 장시간 이야기를 나누었다. 서울 시민들의 건강과 안전을 위해 쓰레기 넣지 않은 건강한 시멘트를 사용하자는 데 뜻을 같이 했다.

　건설회사가 쓰레기 넣지 않은 시멘트로 건강한 집을 짓는 데에 그리 큰 어려움이 있는 건 아니다. 사람들을 위해 건강한 집을 짓겠다는 의지만 있으면 된다. 건설회사에 경제적 손실이 별로 없기 때문이다.

　많은 이들이 쓰레기를 넣지 않은 깨끗한 시멘트로 집을 지으면 아파트 값이 더 비싸질까 염려한다. 그러나 그것은 기우에 불과하다. 깨끗하고 안전한 시멘트로 집을 지어도 아파트 분양가는 전혀 차이가 나지 않는다. 아파트 분양가에서 시멘트 값이 차지하는 비율은 1퍼센트도 되지 않기 때문이다.

시멘트 값이 아파트 분양가에 미치는 영향이 없으니 쓰레기 넣지 않은 깨끗한 시멘트로 건강한 집을 건설하자고 SH공사 관계자와 의견을 모으는 데 큰 문제가 없었다. 그러나 실천하려니 복병이 드러났다.

대한민국에 쓰레기로 만들지 않은 건강한 시멘트가 하나도 없다는 것이 문제였다. SH공사가 깨끗하고 안전한 시멘트를 골라 쓰면 된다. 그러나 대한민국에서 생산되는 모든 시멘트가 쓰레기 시멘트여서 선택의 여지가 없었다. 특히 SH공사는 관공서여서 시멘트 제품을 스스로 선택할 수 없고, 조달청에서 납품받도록 되어 있다. 만약 국내 시멘트 중에 쓰레기 시멘트와 쓰레기를 넣지 않은 친환경 시멘트 제품이 구분되어 있다면, 조달청에 친환경 시멘트로 구매해 달라고 요청하면 간단히 끝난다. 그런데 모든 시멘트가 쓰레기 시멘트라 선택의 여지가 전혀 없다는 것이다.

그렇다고 그냥 포기할 수는 없었다. 일단 할 수 있는 최선의 방법을 찾아보기로 했다. 먼저 조달청에 'SH공사는 서울 시민의 건강을 위해 쓰레기를 넣지 않은 깨끗한 시멘트로 집을 건설하고자 하니 깨끗한 시멘트를 구매해 달라. 추가되는 비용과 방법을 찾아달라'는 취지의 협조 공문을 보내기로 했다.

소비자들의 참여가 필요하다 |

쓰레기 시멘트에 대해 문제를 제기한 지도 10여 년의 세월이 지났다. 그러나 강산도 변한다는 지난 10년 동안 대한민국 환경부는 개선을 빙자한 쓰레기 시멘트 합법화에만 몰두해 왔다. 국민의 건강보다 시멘트 기업의 이익을 우선하는 환경부로 전락했기 때문이다.

정부와 시멘트 회사가 하지 않으니 국민이 직접 해결해야 한다. 병든 집이 아니라 내 가족이 안전하게 거할 수 있는 건강한 집을 위해 소비자들이 직접 나서야 한다. 해결책은 그리 어렵지 않다.

첫째, 현재 우리나라에 유통되는 시멘트가 쓰레기로 만들어진다는 사실을 사람들 모두가 알게 되는 것이 최우선 선결조건이다. 그래야 건설사에 쓰레기를 넣지 않은 건강한 시멘트로 집을 지으라고 강력히 요구할 수 있기 때문이다.

둘째, '시멘트 등급제'의 실시다. 쓰레기를 넣지 않은 깨끗한 시멘트와 쓰레기로 만든 시멘트를 등급제로 구분해 소비자들이 선택하도록 하면 된다. 모든 시멘트를 발암물질과 유해 중금속 가득한 쓰레기 시멘트로 만들어 선택의 권리를 뺏는 것은 결코 자유민주주의라 할 수 없다.

셋째, 시멘트 등급제 실시와 함께 주거용 건축에 쓰레기 시멘트를 사용하지 못하도록 금지하는 것이다. 사람이 살 집에는 쓰레기 시멘트를 사용하지 못하도록 하고 도로와 항만 등의 기반공사에만 사용하도록 제한하는 법규를 만드는 것이다. 국민의 건강을 위해 반드시 필요한 일이다.

넷째, 시멘트 제품에 원산지와 성분 표시를 의무화하는 것이다. 모든 공산품은 무엇으로 만들어졌는지, 어느 나라 원료를 사용했는지, 어떤 성분으로 이루어졌는지 원산지와 성분을 표시하고 있다. 그런데 시멘트에는 어떤 표시도 없다. 성분 표시가 없는 덕에 온갖 쓰레기로 발암물질과 유해 중금속이 가득한 시멘트를 만들어왔던 것이다. 더 나아가 원산지 표시가 없으니 일본에서 쓰레기 처리비를 받아가며 수입한 쓰레기로 시멘트를 만들어도 그 사실을 소비자가 알 수 없었던 것이다. 시멘트의 성분과 원산지를 표시하도록 법제화해 소비자가 시멘트를 선택하게 한다면 쓰레기 시멘트 문제는 간단히 해결될 것이다. 시멘트 가격도 큰 차이가 없으니 쓰레기 시멘트는 자연스레 이 땅에서 사라지게 될 것이다.

2014년 12월 9일에 열린 국민안전혁신특위 국토교통부 업무보고에서 새누리당 김동완 의원은 "1999년부터 지어진 모든 아파트가 발암 쓰레기 아파트라는 주장이 제기되고 있다. 이는 1999년 정부가 쓰레기 재활용방안 중 하나로 폐타이어나 폐유, 소각재, 하수 슬러지 등을 시멘트 소성로에 사용하도록 허용했기 때문"이라고 지적하며 "발암 쓰레기 시멘트를 사용하지 못하도록 법제화하고 시멘트 제품에 원산지와 성분 표시를 의무화해야 한다"고 주장했다. 이제 국민 여론을 모아 쓰레기 시멘트의 생산을 중단하고 올바른 개선을 위해 구체적인 실행방법을 찾는 일만 남았다.

1 변화의 기로에서

사실 시멘트 등급제는 최근 갑자기 나온 이야기가 아니다. 벌써 6년 전인 2008년 가을 환경부 국정감사에서 민주당 김상희 의원이 제안했던 내용이다. 국정감사를 앞두고 김상희 의원을 만났다. 쓰레기 시멘트 해결에 등급제와 원산지 표시 등이 가장 좋은 해결책이 될 것 같다고 서로 의견을 나누었다. 그리고 김 의원은 국정감사에서 환경부 장관에게 다음과 같이 말했다.

김상희 의원: 이번 국감은 시멘트 국감이라고 해도 과언이 아닐 것 같습니다. 시멘트 문제는 이번 국감에서 결론이 났으면 좋겠습니다. 투입 폐기물의 기준 문제, 시멘트 제품의 중금속 함유기준 문제, 이 부분을 엄격하게 제한하는 것. 배출가스의 기준 문제 이런 부분도 다 해결하시면서, 저는 한 가지를 더 제안하고 싶습니다. 지금 소비자들이 시멘트 사용과 관련해서 선택권이 있어야 된다고 생각합니다. 소비자들이 적어도 자기가 선택하는 집의 시멘트와 관련해 선택할 수 있는 그런 최소한의 권리는 주어져야 된다고 생각합니다. 현재 시멘트와 관련해서는 시멘트가 어떤 과정을 거쳐서 만들어졌는가에 대한 표시 규정이 하나도 없습니다. 제게 두 가지 안이 있는데, 하나는 '품공법(품질경영 및 공산품안전관리법)'에서 안전품질대상 공산품에 포함시켜 이 부분에 대한 성분표시를 하게 하는 겁니다. 시멘트가 폐기물로 만들어진 것인지 그런 것이 아닌지 소비자들이 알도록 해야 합니다. 최근 서울시가 조사한 자료를 보면 어린이 20퍼센트가 아토피성 피부염을 앓고

있습니다. 이것을 피할 방법이 없어서 시골로 이사를 가거나 흙집을 짓거나 하는 답답한 상황도 있습니다. 적어도 시멘트와 관련해 소비자들이 선택할 수 있는 선택권이 있어야 된다고 생각하고, 환경부에서 이 부분과 관련해 지경부에 품질표시를 할 수 있도록 의견을 내주시기 바랍니다. 저도 이것과 관련해서 노력하겠습니다. 어떻습니까? 장관님.

이만의 장관: 내주신 의견이 하나의 대안이 될 수 있기 때문에 지식경제부(현 산업통상자원부) 등 종합적으로 검토를 하도록 하겠습니다.

김상희 의원: 지금 많은 대안들이 제출되었기 때문에 규제하는 대안과 소비자들이 선택할 수 있는 대안 이 두 부분을 다 고려하셔서 지경부와 협의해 주시고 환경부가 환경마크제도를 활용할 수 있도록 그렇게 해주시기 바랍니다.

산업통상자원부의 책임 |

발암물질과 유해 중금속 가득한 쓰레기 시멘트에 대한 책임은 환경부뿐만 아니라 산업통상자원부에도 있다. 시멘트 KS규격에 중금속과 6가크롬 등 유해성분의 표시규정이 단 하나도 없기 때문이다. 대한민국 시멘트의 KS규격이란 얼마나 빨리 잘 굳는지 압축강도 규정만 맞추면 된다. 그 시멘트가 무엇으로 만들어졌으며, 인체 유해성분이 얼마나 많이 들었는지는 아무 상관이 없다. 이런 법적인 미비점 때문에 지금까지 발암물질과 유해 중금속 범벅인 쓰레기 시멘트가 만들어질 수 있었던 것이다. 소비자들의 권리 보호와 건강을 위해 시멘트 등급제 실시와 성분 표시제를 하도록 함이 마땅하다.

쓰레기로 만든 시멘트에 대한 등급제와 표시제의 필요성은 해외에서도 강력히 제기되고 있다. 〈재활용할 것인가? 처리할 것인가? 시멘트 킬른에서의 유해 폐기물 소각Recycling or Disposal?: Hazardous Waste Combustion in Cement Kilns〉이란 보고서는 다음과 같이 등급제 표시가 필요하다고 강조한다.

> 시멘트 공장에서 유해 폐기물 소각을 계속할 수 있는 허가를 받는다면, 유해 폐기물의 활용이 시멘트의 품질에 영향을 미치는지와 유해 폐기물로 생산된 시멘트가 어떤 환경적 위험을 가하는지에 대해 주의 깊은 연구가 필요하다. 의회는 유해 폐기물을 사용해 생산된 시멘트와 콘크리트 제품에 관련 라벨을 부착하도록 해야 한다. 이런 부분을 주 정부와 지방 정부가 통제해, 연방법규보다 더 엄격한 표준과 자격요건을 부과할 수 있는 권한을 가지고 있음을 지적해야 한다.

요즘에도 아파트 분양가는 하늘 높은 줄 모르고 치솟고 있다. 예전에 비해 거주 공간도 커지고 화려해지고 편리해졌다. 그러나 국민 건강 측면에서는 더 후퇴했다. 환경부와 산업통상자원부는 국민의 건강과 생명이 무엇보다 우선임을 명심해야 한다. 쓰레기를 처리하는 것에 급급해 전 국민을 죽음으로 몰아가는 환경부의 침묵의 살인 행위는 당장 멈춰야 한다. 국민들의 건강한 삶터를 위해 시멘트 등급제 실시와 성분 표시제를 위한 국회의원들의 입법 발의를 강력히 촉구한다.

아파트 한 채에 들어가는 시멘트 비용

"만약 쓰레기로 시멘트를 만들지 않으면 아파트 분양가가 비싸진다."

시멘트 업계 관계자들이 쓰레기 시멘트를 합리화하던 말이다.

오늘날 대한민국의 모든 시멘트 공장들은 쓰레기로 시멘트를 만든다. 폐타이어, 폐고무, 폐비닐, 폐유 등의 가연성 쓰레기와 소각재, 하수 슬러지, 공장의 슬러지, 제철소 슬래그^{slag} 등의 비가연성 쓰레기를 석회석과 혼합해 태워 만든 것이 우리의 집을 짓는 시멘트다.

아파트 분양가가 치솟아 3.3제곱미터(1평)당 1000만 원은 옛말이 된 지 오래다. 평범한 서민들이 내 집을 마련하기 위해서는 허리띠를 졸라매야 한다. 그런데 쓰레기로 시멘트를 만들지 않으면 아파트 값이 더 비싸진다니, 쓰레기 시멘트로 만든 아파트 안에 살 수 있는 것만으로도 감사해야 하는 걸까?

아파트 건축에 소요되는 시멘트 비용을 산출해 보았다. 쉬운 일이 아니었다. 건축설계를 하는 대학교수도 레미콘 관계자들도 '잘 모른다'였다. 관련된 여러 사람들을 만나고 다니던 중 드디어 모 건설회사 임원을 통해 정확한 시멘트 비용을 산출해 냈다. 결과는 충격이었다.

분양면적 105.6제곱미터(흔히 32~33평 아파트라 불리는) 아파트 한 세대 건설에 소요되는 총 시멘트 값은 평균 130만 원에 불과했다. 1300만 원도 아니고 고작 130만 원에 불과하다니, 믿겨지지 않았지만 사실이었다. 여기에 복도와 지하주차장 등의 공용면적까지 다 합해도 한 세대당 소요되는 시멘트 값은 평균 160~170만 원이면 충분했다.

누구를 위한 쓰레기 시멘트인가 |

시멘트 공장 관계자들은 쓰레기로 시멘트를 만들지 않으면 아파트 분양가가 올라간다며 쓰레기 시멘트가 국민을 위한 일인 양 포장해 왔다. 그러나 분양면적 105.6제곱미터 아파트 한 채에 들어가는 총 시멘트 비용은 130만 원에 불과하다. 그 아파트의 분양가가 3억 원이라고 했을 때, 그중 시멘트 값 130만 원은 0.5퍼센트도 되지 않는다.

2014년 2분기 가계대출 잔액은 982조 5000억 원이다. 지금 같은 증가추세대로라면 가계대출 잔액이 조만간 1000조 원을 넘어설 전망이다. 나라경제를 위태롭게 할 가계대출의 대부분은 아파트 구입을 위한 주택대출이 주를 이룬다.

서민들은 내 집 마련을 위해 허리띠를 졸라매고 은행대출을 받아 매달 이자를 갚아가는 힘겨운 삶을 살고 있다. 이렇게 힘들게 장만한 내 집인데, 수억 원 중 고작 130만 원에 불과한 시멘트 때문에 평생을 발암물질과 유해 중금속이 가득한 쓰레기 시멘트에 갇혀 살아야 한다.

요즘 분양하는 아파트는 무늬만 새집이지 결코 새집이 아니다. 아파트 건축의 근본인 시멘트가 발암물질과 유해 중금속이 가득한 산업쓰레기들로 만들어졌는데 어떻게 새집이란 말인가? 유해 중금속 가득한 쓰레기 시멘트 위에 친환경 벽지를 바르고 비싼 가구로 치장한다고 새집이 되는 것은 결코 아니다. 아무리 비싼 친환경 벽지도 쓰레기 시멘트의 유해성을 100퍼센트 막아줄 방어물이 될 수는 없기 때문이다.

그렇다면 쓰레기를 넣지 않은 깨끗하고 안전한 시멘트로 아파트를 지으면, 아파트값이 얼마나 더 오를까? 모 관계자를 통해 아파트 한 채에 50만 원만 더 들이면 깨끗한 시멘트로 집을 지을 수 있다는 이야기를 들었다. 또 S건설이 H시멘트사에 시멘트 값의 20퍼센트를 더 주고 쓰레기를 넣지 않은 안전한 시멘트를 주문생산했다는 제보도 받았다. 이 이야기들을 토대로 하면, 32평 아파트의 총 시멘트 값 130만 원의 20퍼센트인 26만 원만 추가하면 쓰레기를 넣지 않은 안전하고 깨끗한 시멘트로 집을 지을 수 있다는 것이다.

20퍼센트보다 조금 더 후한 인심을 써보자. 130만 원의 30퍼센트는 약 40만 원이고, 50퍼센트라고 해봐야 65만 원에 불과하다. 만약 쓰레기를 넣지 않은 깨끗한 시멘트를 만드는데 지금보다 두 배의 비용이 든다고 해도 총 260만 원이 필요할 뿐이다. 아파트를 구매하는 사람들이 지불하는 수억 원의 아파트 분양가 중 시멘트 값은 1퍼센트도 되지 않는다.

세계 최초의 쓰레기 시멘트 여론조사

국민들은 쓰레기 시멘트에 대해 어떻게 생각하는지 여론조사 기관인 위너리서치를 통해 지난 2014년 10월 29~30일 이틀 동안 여론조사를 실시했다. 성인 1000명에 대한 전화 여론조사 비용이 내게 적은 돈이 아니었지만, 쓰레기 시멘트 근절을 위해 꼭 필요한 일이기에 국민의 생각을 물었다.

이 쓰레기 시멘트 여론조사는 대한민국 최초요, 세계 최초의 쓰레기 시멘트 여론조사라고 할 수 있다. 먼저 우리가 살고 있는 집이 폐타이어, 폐고무, 폐유, 하수 슬러지, 제철소 슬래그 등의 산업쓰레기가 들어간 시멘트로 지어진다는 사실을 알고 있는지, 시멘트에 발암물질과 유해 중금속이 포함되어 있음을 알고 있는지 물었다.

응답자의 82.1퍼센트가 자신의 집이 쓰레기 시멘트로 지어졌는지 몰랐고, 그래서 자신이 살고 있는 집 안에 발암물질과 유해 중금속이 많다는 사실도 전혀 몰랐다고 대답했다. 이 말은 국민들이 쓰레기 시멘트를 동의한 적이 없다는 사실을 의미한다. '쓰레기 시멘트'는 쓰레기를 치워야 하는 환경부와 쓰레기로 돈을 벌어야 하는 시멘트 공장의 이해관계가 맞아떨어져 시작된 잘못된 정책임을 분명하게 보여준 것이다.

이번 설문에서 가장 중요한 것은 83퍼센트의 국민들이 쓰레기 시멘트로 집을 짓는 정책이 중단되어야 한다고 응답했다는 사실이다. 국민에게 고통이 되는 쓰레기 시멘트를 허가할 권한은 누구에게도 없다. 환경부는 쓰레기 시멘트 안에 갇혀 살아갈 사람들이 당할 고통과 눈물을 생각해 보았을까? 시멘트 업계와 밀착된 환경부 고위관료에 의해 이뤄진 쓰레기 시멘트 정책은 이제 중단되어야 한다.

다음은 쓰레기 시멘트의 경제성에 관한 질문이었다. 32평 아파트 한 채에 들어가는 총 시멘트 값이 평균 130여만 원이며, 쓰레기를 넣지 않은 깨끗한 시멘트로 건축하려면 30~40만 원의 추가비용이 발생하는데, 건강한 아파트에 살기 위해 비용을 더 지불할 용의가 있는지 물었다.

놀랍게도 86.7퍼센트의 국민들이 더 많은 돈을 지불하고서라도 깨끗한 시멘트로 지은 집에 살 의향이 있다고 응답했다. 그리고 응답자 중 약 60퍼센트의 사람들이 50~100만 원까지, 12퍼센트가 250만 원까지, 그리고 약 20퍼센트의 응답자가 500만 원~1000만

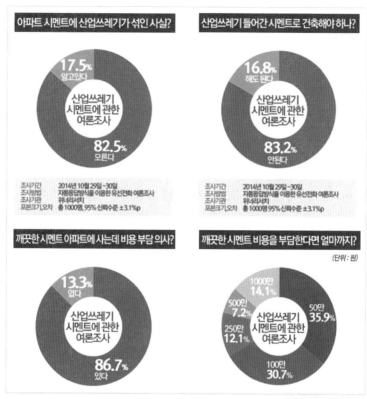

쓰레기 시멘트 여론조사 결과.

원을 더 지불하고서라도 건강한 집에서 살겠다고 응답했다.

이번 여론조사를 통해 다음과 같은 결론을 내릴 수 있었다. 국민들은 쓰레기로 시멘트가 만들어진다는 사실을 몰랐다. 그리고 83퍼센트가 넘는 국민들이 쓰레기 시멘트로 집 짓는 것을 반대했다. 특히 가족의 건강을 위해 지금보다 더 많은 비용을 지불하고서라도 쓰레기를 넣지 않은 깨끗한 시멘트로 지은 집에 살겠다고 했다.

지금 수많은 사람들이 수억 원의 비싼 분양가를 지불하고 입주한 쓰레기 시멘트로 지은 아파트에서 아토피와 피부질환 등으로 고통당하고 있다. 쓰레기 시멘트는 과연 누구를 위한 정책일까?

환경부는 기억해야 한다. 국민들은 쓰레기 시멘트를 원하지 않는다는 사실을. 그리고 환경부의 쓰레기 시멘트 정책은 지금 당장 중단되어야 한다.

아파트는 대한민국 국민의 가장 큰 재산이며, 우리 가족이 건강하게 지내야 할 가장 안전한 쉼터여야 한다. 시멘트 회사의 이익을 위해 평생 살아갈 우리 가족의 보금자리가 쓰레기 처리장으로 전락하는 것은 결코 용납할 수 없다.

우리의 목숨 값이 고작 3480원?

여기가 쓰레기 소각장일까? 눈길 닿는 곳마다 쓰레기들이 산을 이루고 있다. 온갖 종류의 쓰레기가 가득 쌓인 이곳은 마치 '쓰레기 박람회'가 열리는 곳 같아 보인다. 쓰레기가 가득한 이곳은 쓰레기 소각장이 아니라 시멘트 공장이다. 1999년 8월 이후 시멘트 공장이 소각장 허가를 받아 쓰레기로 시멘트를 만들고 있으니, 그때부터 대한민국 시멘트 공장은 전국 최대의 쓰레기 소각장이 된 셈이다.

시멘트 공장에 가득한 쓰레기들은 그저 전시회로 끝나지 않는다. 이 쓰레기들과 석회석을 혼합해 우리의 집을 짓는 시멘트가 된다. 쓰레기로 시멘트를 만든 덕에 집을 짓는 시멘트 안에 발암물질과 유해물질이 가득했던 것이다. 많은 사람들이 내게 어느 회사 시멘트가 가장 안전하냐고 물어온다. 안타깝게도 모두 똑같다. 대한민국 시멘트 공장 중 쓰레기를 넣지 않은 깨끗한 시멘트를 만드는 회사는 단

　　　　　　　　　　　　　　　1 변화의 기로에서

시멘트 공장 주변 지역 주민들이 내건 현수막.

한 곳도 없다. 오늘 내가 누워 잠자던 안방이, 아이들 방이, 오늘도 내가 하루 종일 근무하는 사무실이 저 끔찍한 쓰레기들로 만들어졌다. 우리는 수억 원의 돈을 지불하고 집을 구입하면서도 깨끗한 시멘트로 지은 집을 선택할 수가 없다.

왜 우리가 평생을 쓰레기 시멘트 안에서 살아가야 할까? 시멘트 공장과 환경부가 주장하는 쓰레기 시멘트의 경제적 타당성이 얼마나 되는지 따져보자.

쓰레기처리 절감비용 1740억 원 |

당신의 생명값은 3480원이다. 당신 자녀의 생명값 역시 3480원에 불과하다. 무슨 말도 되지 않는 이야기냐고?

한국양회공업협회가 수원대학교에 용역을 준 〈순환자원 처리방법에 따른 LCA 비교)라는 보고서에 따르면, "시멘트 업계에서 재활용하고 있는 순환자원을 소각/매립 처리할 경우 최종 처리비용은 2006년을 기준으로 약 1740억 원이 필요하다"고 밝히고 있다.

다시 설명하면, 쓰레기로 시멘트를 만들면 대한민국 전체에서 연간 1740억 원의 쓰레기처리 예산을 절감할 수 있다는 말이다. 1740억 원은 얼핏 큰돈인 것 같다. 그런데 과연 우리 아이들이 평생을 쓰레기 시멘트 안에 갇혀 살아야 할 만큼 큰돈인지 한번 따져보자.

세계 경제순위 10위권을 바라보는 대한민국의 경제력에서 1740억 원은 큰돈이 아니다. 이명박 전 대통령이 4대강사업과 자원외교로 날린 돈이 50조 원에 이른다. 22조 원의 공사비가 들어간 4대강사업에는 해마다 1조 원 가까운 돈을 관리비로 퍼붓고 있다. 그 중 수자원공사가 4대강사업비로 사용한 8조 원에 대한 이자가 매년 3500억 원이다. 이것을 국민들의 혈세로 물어주고 있다. 시멘트 공장이 주장하는 쓰레기처리 절감비용 1740억 원은 수자원공사 이자 3500억 원의 50퍼센트에 불과하다.

쓰레기 시멘트를 만들면 절감된다는 1740억 원을 전 국민 일인당 금액으로 환산하면 3480원이 된다.(쓰레기처리 절감비용[1740억 원]÷전 국민 수[5000만 명]=3480원)

아, 우리가 발암물질과 유해 중금속 가득한 쓰레기 시멘트에 갇혀 살아야 하는 이유가 고작 3480원 때문이다. 나와 우리 가족의 일인당 생명값이 고작 3480원이라니 믿어지지 않는다. 쓰레기 시멘트를 허가한 환경부는 우리의 생명값을 3480원으로 취급한 것이다.

자동차에 5만 원어치의 휘발유를 넣을 때, 교통세·교육세·주행세·부가가치세 등 주유비 5만 원 중 세금이 약 2만 9000원에 이른다. 3480원은 현재, 담배 한 갑도 살 수 없는 돈이다. 그런데 환경부는 국민 일인당 3480원에 불과한 쓰레기처리비 때문에 우리가 평생 살아야 할 보금자리를 쓰레기로 만들고 있다. 이게 과연 타당한 걸까?

시멘트 공장은 홍보물을 통해 쓰레기 시멘트는 천연자원 보존과 매립장 수명을 연장하는 "시멘트 산업의 사회적 책임"이라고 주장한다. 누가 시멘트 공장에게 환경을 생각하는 사회적 책임을 주었는가? 시멘트 기업들의 사회적 책임은 딱 하나다. 사람들의 건강을 위해 유해물질 없는 깨끗한 시멘트를 만드는 것뿐이다.

일본에서 쓰레기처리비를 준다고 일본의 석탄재를 수입해 오는 시멘트 공장들이다. 돈을 위해서라면 일본의 쓰레기까지 수입해 오는 비양심적인 기업들이 사회적 책임을 운운할 자격이 있을까? 쓰레기 시멘트를 합리화하는 변명에 불과하다.

더 충격적인 것은 '산업폐기물 소각장에서 원유 캔다'는 2009년 7월 2일자 《내일신문》 기사다. 산업폐기물만 전문으로 처리하는 산업폐기물 소각장에서 쓰레기를 소각할 때 발생하는 열과 전기로 연간 1600억 원의 가치를 창출한다는 것이다. 전국의 생활폐기물 소각장에서도 300억 원이 넘는 전기와 열 발생 이익이 창출되고 있다.

산업폐기물 소각장의 1600억 원과 생활폐기물 소각장의 300억 원을 합한 1900억 원이 시멘트 공장의 쓰레기처리 절감비용 1740억 원보다 훨씬 더 많다. 시멘트 공장의 주장이 허황된 것임을 잘 보여 준다. 경제적인 측면에서도 시멘트 공장이 쓰레기로 시멘트를 만들 이유가 없다.

쓰레기처리 절감비용이 국민 일인당 3480원에 불과하니 쓰레기 시멘트는 경제성도 없다. 그런데 발암물질 가득한 쓰레기 시멘트 때문에 국민들이 당하는 아픔은 얼마며, 병원비로 지불해야 하는 비용은 또 얼마일까?

2
방사능 나오는
아파트

가장 안전해야 할 집이 발암물질 가득한 시멘트로 지어져 왔다.

심지어 방사능이 나오는 아파트도 있다.

지금 우리가 살고 있는 집이 얼마나 위험한지 그 이유를 살펴본다.

'쓰레기 재활용' 차원에서 만들어진 쓰레기 시멘트

길을 가다보면 빨갛게 녹슨 아스팔트를 쉽게 만날 수 있다. 아스팔트가 녹이 슬다니? 아스팔트란 원유에서 석유를 만들고 난 후 남은 흑갈색의 탄화수소 화합물 찌꺼기다. 따라서 아스팔트 자체는 녹슬지 않는다.

아스팔트에 빨간 녹 자국이 생긴 이유가 있다. 제철소에서 고철을 녹여 철을 만들고 발생한 찌꺼기를 아스팔트에 섞기 때문이다. 우리가 매일 걷고 운전하는 아스팔트 방사능 원인이 바로 여기에 숨어 있다.

제철소에서 고철을 녹여 철을 만들면 바닥에 남는 '슬래그'와 분진을 집진한 '더스트dust'라는 두 종류의 폐기물이 발생한다. 문제는 방사능에 오염된 고철의 경우, 슬래그와 더스트에 고농도의 방사능이 잔류한다는 사실이다. 방사능은 고온에서도 사라지지 않기 때문

방사능 아스팔트: 아스팔트가 고철 슬래그로 인해 녹이 슬었다.

이다.

2011년 서울 노원구 월계동 골목길 아스팔트에서 방사능이 검출돼 큰 논란이 일었다. 그러나 방사능 아스팔트는 월계동 골목만의 문제가 아니다. 일반적으로 안전하다는 0.3마이크로시버트$^{\mu Sv/h}$ 기준을 넘는 방사능 아스팔트가 전국 곳곳에 널렸다. 우리 모두 자신도 모르는 사이 방사능 위험에 노출되어 있는 것이다.

제철소에서는 고철을 녹여 자동차, 조선, 기계 산업 등에 필요한 철을 생산한다. 자원이 부족한 우리나라는 철광석 99퍼센트, 고철 23퍼센트 이상을 수입한다. 문제는 방사능에 오염된 고철이다. 2009년 교육과학기술부 자료에 따르면, 제철소에서 사용하는 고철에서 지난 10년간(2009년 기준) 총 121건의 방사능이 검출되었다.

최근 일본 후쿠시마 핵발전소 사고 이후, 세계 여러 나라들이 방사능 오염을 우려해 일본산 고철 수입을 중단했다. 그러나 한국은 방사능 오염의 우려가 있는 값싼 일본산 고철 수입이 증가했다. 더욱 놀라운 것은 방사능에 오염된 고철이 적발되지 않도록 방사능 검사기가 설치돼 있지 않은 전북 군산항 등을 통해 일본산 고철이 수입되었다는 사실이다.

방사능 고철의 최종 목적지는 어디일까? 방사능 고철의 무분별한 수입은 그냥 넘길 문제가 아니다. 고철 쓰레기가 섞인 아스팔트뿐만 아니라, 방사능 고철로 만든 제품들은 철근과 자동차, 그리고 우리가 일상에서 사용하는 주방용품에 이르기까지 매우 다양하기 때문이다. 정부의 무관심과 돈벌이만 생각하는 업자들 덕에 우리의 일상이 방사능에 노출되고 있다.

아파트에서 방사능이 나온다?

우리나라 사람들의 주요 거주 공간인 아파트는 방사능에서 안전할까? 경기도의 한 아파트에서 높은 방사능이 나온다는 제보를 받고 달려갔다. 안방에서 방사능 측정기 값이 1.138마이크로시버트를 나타냈다. 보통 아파트 실내의 방사능은 0.25마이크로시버트 이내인데, 이 아파트에서는 정상값의 5배가 넘는 심각한 방사능 수치가 측정되었다.

2 방사능 나오는 아파트

만약 1.138마이크로시버트 정도의 높은 방사능이 나오는 아파트에서 24시간 생활한다면, 연간 피폭 허용선량 1밀리시버트$^{mSv/h}$의 10배에 이르는 9.9밀리시버트에 노출되는 셈이다. 과연 주민들의 건강에 아무 문제가 없을까? 그런데 월계동에서 방사능 아스팔트 논란이 일었을 때, 그곳 사람들은 주민의 건강보다 아파트 값이 떨어질 것을 먼저 걱정했다. 그러니 방사능이 높게 측정된 아파트 이름이 공개되면 그 파장이 얼마나 클지, 어떤 여파를 몰고 올지⋯ 정말 큰일이다.

아파트 실내에서 방사능이 높게 나온 이유를 찾아보았다. 시멘트 벽이었다. 같은 안방에서도 석고보드벽에서는 방사능이 검출되지 않았다. 아파트 실내에서 방사능이 나온 원인은 두 가지 중 하나다. 방사능에 오염된 고철로 만든 철근 때문이거나 시멘트에서 나오는 방사능 때문이다.

어떻게 시멘트에서 방사능이 나올 가능성이 있을까? 고철을 용광로에 녹였을 때 발생하는 슬래그를 섞은 아스팔트에서 방사능이 검출된 것처럼, 시멘트 제조에도 고철 슬래그를 비롯해 온갖 쓰레기가 사용되기 때문이다.

우리는 흔히 시멘트가 석회석 돌가루로 만들어진다고 생각한다. 그렇지 않다. 오늘날 대한민국에서 집 짓는 데 사용되는 모든 시멘트는 석회석과 함께 전기·전자·자동차·반도체·석유화학 등의 공장에서 발생하는 산업폐기물을 섞어 만든다.

아파트 안방에서 높은 수치의 방사능이 검출되었다.

　원래 시멘트란 석회석에 점토, 철광석, 규석을 섞어 유연탄으로 1400도 고온에 태워 만든다. 그러나 지금은 '쓰레기 재활용'이라는 미명하에 점토 대신 석탄재와 하수 슬러지, 소각재, 각종 공장의 오니가 사용되고, 철광석과 규석 대신 제철소 고철에서 발생한 쓰레기인 슬래그와 폐주물사 등이 사용된다. 그리고 유연탄 대신 폐타이어, 폐고무, 폐비닐, 폐유 등을 사용한다.

　석회석과 소각재, 하수 슬러지, 공장 슬러지, 슬래그 등의 각종 비가연성 쓰레기와 폐타이어, 폐고무 등의 가연성 폐기물을 혼합해 태우고 난 재가 우리의 집을 짓는 시멘트가 된다. 그 결과 쓰레기로 만든 시멘트에는 발암물질과 유해 중금속이 가득하다. 바로 이 때문에 시멘트에 방사능이 잔존할 가능성이 있다.

　아스팔트에 녹이 슬었다고 모든 아스팔트에서 방사능이 높게 검출되는 것은 아니다. 방사능에 오염된 고철 슬래그가 아스팔트에 혼합되었을 때 방사능이 높게 검출된다. 마찬가지로 시멘트가 쓰레기로 만들어졌다고 모든 시멘트에서 방사능이 나오는 것은 아니다. 방사능에 오염된 고철 슬래그가 시멘트 제조에 사용되었을 때, 우리 가족이 잠을 자는 아파트에서 방사능이 검출되는 것이다.

아파트 실내의 방사능 원인이 시멘트인지, 콘크리트 내부의 철근 때문인지는 좀더 조사를 해봐야 한다. 하지만 분명한 것은 쓰레기 시멘트를 사용한 아파트 실내에서 방사능이 높게 나올 가능성이 있다는 사실이다. 가장 안전해야 할 집도 안전하지 않다는 현실이 우리를 슬프게 한다.

기준치 이내라서 안전하다?

우리의 건강을 위협하는 방사능은 우리 주위에 다양하게 존재한다. 그러나·정부는 기준치 이내라서 건강에 아무 문제가 없다고 주장한다. 잘못된 주장이다. 기준치 이하의 방사능이라도 안전하다는 증거가 없기 때문이다.

모든 사람에게 일률적으로 적용되는 방사능 안전 기준치는 결코 없다. 사람마다 체질이 다르기 때문이다. 평생 담배를 피워도 폐암에 걸리지 않는 사람이 있는가 하면, 담배를 피우지 않았음에도 불구하고 폐암으로 사망하는 사람도 있다. 신체조건이 모두 다르기에 사람마다 유해 환경요소가 미치는 영향 또한 각기 다르다. 또 한 사람의 신체 안에서도 조직과 장기의 특성이 다 다르다. 그러므로 '기준치 이내라 안전하다'는 정부의 주장은 국민을 속이는 것이다.

오늘도 우리는 방사능 아파트에서 잠을 자고, 방사능 아스팔트 위를 걷고, 방사능 아스팔트 고속도로 위에서 운전한다. 낮은 피폭도 반복되면 건강에 미치는 영향이 늘어나게 마련이다.

환경부는 재활용이라는 미명 아래 폐기물로 아스팔트와 시멘트를 만들도록 허용했다. 국민의 건강보다 기업의 쓰레기 처리비용 절감과 이익을 먼저 고려했기 때문이다.

유독성 지정폐기물보다 발암물질이 더 많은 시멘트

시멘트로 지은 집에서 잠을 자고, 시멘트로 지은 학교와 사무실에서 공부하고 일하고, 시멘트 길 위를 걷거나 운전한다. 우리는 하루 24시간 시멘트 공간에 갇혀 살아간다. 우리의 삶이 시멘트를 떠날 수 없다면, 시멘트 역시 먹거리처럼 최대한 깨끗하고 안전하게 만들어져야 한다. 우리의 건강과 생명에 직결되기 때문이다. 전 세계에서 아파트를 가장 많이 짓는다는 대한민국의 시멘트는 과연 얼마나 안전할까?

사실 '시멘트가 얼마나 안전할까?'라는 말 자체가 발암물질로 가득했던 국내 시멘트에겐 어울리지 않는다. 한 조사 결과, 국내 시멘트 제품이 유독성 지정폐기물보다 더 많은 발암물질을 함유하고 있었기 때문이다.

환경부가 국내 시멘트의 유해성을 조사하고도 감추고 있다는 정보를 알게 되었다. 수소문 끝에 입수한 보고서의 실체는 충격이었다. 국내 시멘트 10개 중 6개 제품이 지정폐기물 기준보다 발암물질인 6가크롬을 더 많이 함유하고 있었다. 국내 시멘트 제품 60퍼센트가 지정폐기물보다 발암물질이 많다는 결과에 대한 책임을 쓰레기 시멘트를 허가한 당사자인 환경부가 져야 하니, 환경부로서는 보고서를 감출 수밖에 없었던 것이다.

폐기물관리법에 따르면, 발암물질 1.5mg/kg이 넘으면 유독성 지정폐기물로 지정해 따로 매립하도록 정한다. 그런데 우리가 살아가는 집을 짓는 시멘트에서 '지정폐기물'의 기준치보다 많은 발암물질이 검출된 것이다. 그것도 한두 제품이 아니라 조사 대상의 60퍼센트였다. 이는 아파트 열 채 중 여섯 채는 지정폐기물보다 더 유독한 발암 시멘트로 지어졌다는 말과 같다.

〈표 1〉 국내 시멘트의 발암물질 6가크롬 분석결과(단위: mg/L)

시료 종류	1	2	3	4	5	6	7	8	9	10
검출량 (mg/L)	2.17	2.65	2.33	0.97	2.98	2.76	4.44	0.58	1.04	1.03

*자료: 한국 양회공업협회, 시멘트 중 중금속 함량 조사연구, 요업기술원, 2006. 5.
시험방법: 한국폐기물용출시험법(지정폐기물 발암물질 기준=1.5mg/Kg)

집을 짓는 시멘트에 유독성 지정폐기물보다 발암물질이 더 많다는 것은 집을 짓는 시멘트가 지정폐기물보다 더 위험한 폐기물이라는 말과 같다. 시멘트가 집을 짓는 건축재료가 아니라 쓰레기 매립장으로 보내야 할 유독물질이었던 것이다. 그런 시멘트로 집을 지어왔다는 사실이 놀라왔다. 게다가 이 조사가 이루어진 시점이 2005~2006년이니, 지금도 수많은 사람들이 지정폐기물보다 발암물질이 더 많은 시멘트로 지은 아파트에서 살아가고 있다는 사실 앞에서는 할 말을 잃었다.

환경부는 왜 감췄을까 |

2005년 3월, KBS 환경스페셜 〈콘크리트, 생명을 위협하다〉에서 국내 최초로 시멘트의 위험성을 제기했다. 이 방송은 시멘트 안에 발암물질 6가크롬이 많다는 사실은 지적했는데, 그 원인이 시멘트를 쓰레기로 만들었기 때문이라는 것은 밝히지 못했다.

환경스페셜 방송 직후인 2005년 4월 20일, 환경부가 불리해진 여론을 타개하기 위해 민관협의회를 구성해 시멘트의 유해성을 조사했다. 쓰레기 시멘트 유해성에 대한 국내 첫 조사였다. 그런데 환경부는 조사비용 6000만 원을 시멘트협회에 떠넘기며 시멘트협회가 조사 주체가 되게 했다. 고양이에게 생선을 맡긴 것과 다를 바 없었다.

환경부가 시멘트의 유해성 조사를 이해당사자의 예산으로 진행하도록 할 만큼 대한민국 정부가 가난한 것일까? 시멘트 공장들이 쓰레기로 시멘트를 만들도록 시설지원과 정책자금으로 수십 억 원씩 지원해 주던 환경부가 쓰레기 시멘트의 유해성을 조사할 예산은 없었나보다. 실은 예산이 없는 것이 아니라 시멘트의 유해성을 밝힐 의지가 없었던 것이다. 게다가 2006년 5월에 최종 조사보고서가 나왔음에도 불구하고 그것을 감추었다.

2005년 3월, 〈콘크리트, 생명을 위협하다〉는 방송 이후 4월 20일 민관협의회가 구성되었다. 이날 회의결과 보고서에는 조사계획과 향후일정 등에 대해 자세히 나와 있다.

제1차 시멘트 민·관 정책협의회 회의 결과 보고

- 회의 안건: 2005. 3. 2 KBS 환경스페셜 〈콘크리트, 생명을 위협하다〉
  보도 내용 중 시멘트에 함유된 6가크롬(발암물질)의 발생원인 규명,
  인체 위해성, 외국의 규제내용, 대응방안 등 토의.
- 금번 용역기간은 최대한 단축시켜 국민 의혹을 불식시키거나 종결
  시키고, 필요시 2단계 정밀조사 등 추진.

민관협의회 회의자료에서 보듯, 환경부는 용역기간을 최대한 단축시켜 국민 의혹을 종결시키겠다고 밝혔다. 1년이 지난 2006년 5월, 〈시멘트 중 중금속 함량 조사연구〉라는 최종 보고서가 나왔다. 그러나 환경부는 지정폐기물보다 발암물질이 많은 위험한 시멘트라는 충격적인 보고서가 나왔음에도 불구하고, 내가 관련 정보를 입

수해《한겨레》에 보도하도록 한 2006년 9월 11일까지 이를 감췄다.

하루라도 빨리 대책을 마련해도 모자랄 판에 환경부가 이 사실을 감춘 이유는 무엇일까? 용역기간 단축으로 국민 의혹을 종결시키겠다더니 보고서가 나왔는데도 발표하지 않은 것은 왜일까? 그것은 바로 지정폐기물보다 더 발암물질 많은 시멘트의 책임이 쓰레기 시멘트를 허가해 준 환경부에 있었기 때문이다. 이 끔찍한 '발암 시멘트'라는 결과로 인해 자신들에게 돌아올 추궁이 두려웠던 것이다.

'의혹을 종결시키고 필요시 2단계 정밀조사'를 하겠다던 환경부였다. 민관협의회 회의록에는 '시멘트 중 6가크롬 발생원인 규명, 위해성 평가 및 저감대책 수립을 위한 조사연구 계약 추진'이라고 향후 추진 일정도 나와 있다. 그러나 2005년 4월에 결성된 민관협의회가 어떻게 운영되었고, 어떤 결론을 내렸는지 전혀 알 수가 없다. 일회성에 불과한 TV 방송 이후 여론이 조용해지니 민관협의회도 흐지부지 끝내버린 것이다.

2006년 9월 11일,《한겨레》는 '시멘트에 아토피 유발물 범벅'이라는 단독 보도를 통해 환경부가 감추고 있던 용역 보고서를 세상에 공개했다. 그리고 바로 나흘 뒤인 9월 15일 '중금속 쓰레기까지 마구잡이 소각 시멘트 생산, 환경부 폐기물 재활용 급급… 국민 건강 뒷전'이라는 특집기사를 연속 보도했다.

《한겨레》가 연이어 쓰레기 시멘트의 유해성을 보도한 9월 15일 오후, 다급해진 환경부가 '시멘트 소성로 관리기준 강화'라는 급조한 보도자료를 발표했다. 《한겨레》 보도 후 단 몇 시간만에 개선안을 발표할 능력 있는 환경부가 왜 수개월간 국내 시멘트의 유해성을 감춘 것일까?

매일매일 발암물질 가득한 쓰레기 시멘트로 새 아파트가 건설되는 현실을 생각했다면, 연구조사 결과가 나옴과 동시에 환경부의 개선책이 나왔어야 마땅하다. 그러나 환경부는 언론보도가 나오기까지 이를 감추었다. 이 보고서의 실체가 드러나지 않았다면, 과연 환경부가 이 사실을 공개하고 개선안을 스스로 만들어냈을까?

게다가 환경부가 발표한 개선안의 내용을 살펴보니, 급조한 것임을 바로 알 수 있었다. 외국의 사례를 언급하면서 같은 페이지 위쪽 도표에는 미국 시멘트 공장의 배출 허용기준을 '미확인'이라 기술하고, 바로 아래 표에는 미국 시멘트 소성로의 규제기준을 서술했다. 아침 신문기사를 보고 면피용으로 다급히 만드느라 한 페이지 안에서도 서로 다른 내용을 기술한 것이다.

레이첼 카슨의 경고

지정폐기물보다 발암물질이 더 많은 시멘트로 지은 아파트에서 살아가는 사람들은 과연 안전할까? 《침묵의 봄*Silent Spring*》을 쓴 레이첼 카슨Rachel Carson은 우리에게 이런 경고를 했다.

이 물질이 안전한 약품으로 등록되었다 하더라도 사람들에게 발암물질로 서서히 작용하여 해로운 영향을 끼칠 수 있으므로 충분한 연구와 검증이 이뤄져야 한다. 오늘날 안전한 것으로 판명된 농약들도 훗날 극도로 위험한 농약으로 판명될 수 있기 때문이다.

내가 발암물질과 유해 중금속 가득한 쓰레기 시멘트를 염려하는 것은 바로 이 때문이다.

시멘트 공장과 환경부는 쓰레기로 만든 시멘트가 인체에 미치는 영향에 대해 단 한 번도 조사하지 않았다. 시멘트 안에 유해물질이 많아도 굳으면 안전하다는 허접한 논리 하나로 폐타이어, 폐고무, 폐유, 하수 슬러지, 소각재, 공장 오니, 폐페인트, 폐유기용제 등으로 시멘트를 만들었다. 심지어 한때는 탄약상자까지 시멘트 제조에 사용했다. 쓰레기 안에 담겨 있던 유해물질들이 100퍼센트 다 사라졌다고 누가 장담할 수 있을까? 쓰레기로 만든 시멘트가 인체에 전혀 해롭지 않다고 누가 장담할 수 있을까?

2006년, 검찰이 쌍용양회와 몇몇 시멘트 공장을 압수 수색한 적이 있다. 폐유와 폐유기용제 등의 불법 폐기물을 시멘트 제조에 사용한 혐의였다. 서울 중앙지검에 들어갔다. 엘리베이터에서 내리니 검찰 수사관이 대기하고 있었다. 검찰 조사를 받고 있는 시멘트 공장 관계자들과 내가 마주치지 않게 하기 위한 배려였다.

담당 검사가 한탄하듯 내게 말했다.

"온갖 쓰레기로 시멘트를 만드니 분명히 나쁜 것은 맞는데, 과학적으로 무엇이 나쁜지 찾을 수 없으니 답답해 미치겠습니다."

검사의 바로 이 한탄스런 고백에서 레이첼 카슨의 경고가 떠올라 두렵다. 지금은 안전한 물질로 판명되어도 나중에 더 발전한 기술로 조사하면 유해물질로 드러날 수 있기 때문이다. 한때 각광받았지만 지금은 1급 발암물질 재앙이 된 석면처럼 말이다.

석면이 재앙이 된 것처럼 쓰레기 시멘트 역시 후대에 엄청난 재앙이 될 것이다. 아니 지금도 많은 사람들이 고통 받는 재앙이다. 환경부와 시멘트 공장들은 "오늘날 안전한 것으로 판명된 것들도 훗날 극도로 위험한 것으로 판명될 수 있다"는 레이첼 카슨의 경고를 새겨들어야 한다.

중국산 시멘트가 국산보다 안전하다

'중국산'이라면 유해물질 가득한 값싼 제품이라고 의심의 눈길로 바라보게 된다. 그런데 중국산이 국내 제품보다 훨씬 더 안전한 것이 하나 있다. 바로 시멘트다. 국내 시멘트에는 발암물질 6가크롬과 인체 유해 중금속이 다량 포함된 데 반해 중국산 시멘트에는 발암물질이 거의 없다.

'중국산 시멘트가 국산 시멘트보다 안전하다'는 소문의 진위를 확인하기 위해 국내 모든 시멘트와 중국산 시멘트를 구입해 원진노동환경건강연구소에 유해물질 조사를 의뢰했다. 중국산 시멘트에서는 발암물질이 검출되지 않았는데, 국산 시멘트 중 동양시멘트에서 발암물질 6가크롬이 무려 110ppm 검출되었다. 환경부가 안전하다고 주장하는 기준 20ppm의 5배가 넘는 수치였다.

이게 집을 짓는 건축재료가 맞을까? 아니면 사람을 병들게 하는 살인물질일까? 과연 이런 시멘트로 지은 집에서 살아가는 사람들의 건강에는 아무 문제가 없을까? 충격적인 조사결과를 보며 심히 두려웠다.

나는 2006년 봄부터 쓰레기 시멘트의 유해성을 지적하기 시작했고, 같은 해 가을 환경부 국정감사 참고인으로 출석해 쓰레기 시멘트의 유해성을 증언했다. 그런데 쓰레기 시멘트의 유해성이 한창 사회적 논란이 되고 있던 2007년 가을에 생산된 시멘트에서 안전기준의 5배가 넘는 발암물질이 나왔다는 것을 어떻게 받아들여야 할까? 그렇다면 시멘트의 유해성에 대해 아무도 문제제기를 하지 않던 그 이전에는 얼마나 더 심각한 발암물질 가득한 시멘트로 집을 지어왔을까? 생각만 해도 끔찍하다.

환경부에 발암물질 가득한 시멘트의 분석결과를 보여주었다. 환경부는 믿을 수 없다고 부인했다. 공인기관에서 인정한 분석방법이 아니라는 것이 그 이유였다. 그래서 환경부가 공인하는 국내 최고의 분석기관 두 곳에 공인 분석방법으로 다시 의뢰했다. 물론 결과는 크게 다르지 않았다. 요업기술원 77ppm, 한국화학시험연구원 73ppm으로 환경부 안전기준 4배에 가까운 발암 시멘트라는 사실은 크게 달라지지 않았다.

중국산 시멘트에는 왜 발암물질이 없을까 |

쓰레기 시멘트 논란이 일자 2008년 2월 13일, 환경부 차관은 한국시멘트협회장과 9개 시멘트 공장 사장단을 모두 불러 시멘트 개선을 위한 간담회를 열었다. 이날 환경부가 만든 서류는 국내 시멘트의 유해성 사례를 다음과 같이 요약하고 있다.

시멘트 업계 사장단 간담회 개최 결과

- 2006년 9~10월 국립환경원 조사에 따르면, 국산 제품이 중국, 일본 제품보다 6가크롬 용출량이 3배에서 50배까지 높게 검출.
- 2005년 국정감사에서 우원식 의원에 따르면, 시멘트 6가크롬 용출시험 결과 국산이 중국산에 비해 9배~170배 높게 검출.

'중국산보다 발암물질이 많은 시멘트'라는 말은 지금 우리가 사는 집이 그동안 얼마나 위험에 노출되었는지를 잘 보여준다. 중국산 시멘트보다 발암물질이 170배까지 많았던 시멘트는 아주 먼 과거의 이야기가 아니다. 쓰레기 시멘트가 허가된 1999년 8월부터 발암 시멘트가 검출된 2007년 사이에 지어진 아파트 이야기다. 지금도 우리 중 많은 사람들이 바로 그 발암 시멘트로 지은 아파트에서 살고 있다.

중국 시멘트에 발암물질과 유해 중금속이 적은 이유는 무엇일까? 중국의 시멘트 제조 기술력이 뛰어나기 때문이 아니다. 중국산 시멘트에 발암물질이 없는 이유는 딱 하나다. 시멘트 제조 시 쓰레기를 넣지 않았기 때문이다.

중국은 1999년 6월 전국에 8000여 개가 넘는 시멘트 공장의 품질조사를 실시했다. 그리고 기준에 미치지 못하는 4000여 개의 공장을 폐쇄했다. 놀랍게도 같은 해인 1999년 8월, 한국은 IMF로 경영이 어려워진 시멘트 공장들을 위해 쓰레기로 시멘트를 만들도록 환경부가 허가해 주었다. 중국 시멘트와 국산 시멘트의 유해물질 차이는 바로 여기에서 시작된다.

시멘트 내의 유해물질은 기술력이 아니라 쓰레기 사용 여부에 달렸다. 만약 환경부가 산적한 폐기물 처리를 위해 시멘트에 쓰레기를 사용하도록 허가했다면, 쓰레기 사용기준과 시멘트 제품의 안전기준을 정하는 것은 너무도 당연한 일이다. 유해물질 덩어리인 소각재가 시멘트가 되기 때문이다. 그러나 환경부는 시멘트 공장들이 쓰레기로 시멘트를 만들어 돈을 벌 수 있게 배려하면서 10년이 되도록 단 하나의 쓰레기 사용기준도 만들지 않았다.

중국산 시멘트에 발암물질이 없다는 사실이 알려지자, 국내 시멘트 업계는 중국산 시멘트가 품질이 떨어진다는 헛소문을 내기도 했다. 과연 중국산 시멘트의 품질이 나쁠까? 신도시 개발로 한국보다 더 멋진 건축물로 가득한 중국 상하이가 중국 시멘트 품질에 아무 문제가 없음을 증명한다. 또 중국산 시멘트가 세계 건축의 각축장인 중동 두바이에 수출되고 있음은 중국산 시멘트의 안전성 논란이 풍

2 방사능 나오는 아파트

문에 불과함을 증명한다.

'국산제품 애용이 애국'이라는 말이 있다. 그렇다면 국산이라는 이유만으로 발암물질과 중금속 많은 국산 시멘트를 고집하는 것이 과연 애국일까? 솔직히 국산과 중국산을 구분하는 것 자체가 의미 없는 일이다. 국내 시멘트 회사의 상당부분이 이미 외국 자본의 소유이기 때문이다. 국내 최대 시멘트 기업인 쌍용양회는 일본 태평양시멘트가 2대 주주고, 한라라파즈시멘트는 다국적 기업인 프랑스 라파즈 소유다. 그리고 돈벌이를 위해 일본에서 열심히 쓰레기를 수입하며 나라 망신시키는 회사들도 바로 이 쌍용양회, 한라시멘트, 한일시멘트, 동양시멘트다.

발암물질 많은 쓰레기 시멘트를 생산하는 것도 모자라 일본의 쓰레기까지 수입해 국가적 망신을 일삼는 기업을 위해 국산을 애용하는 것이 무슨 의미가 있을까? 기업이 스스로 변화하지 않는다면, 소비자들이 현명한 선택을 통해 기업의 잘못된 부분을 개선해 나가야 할 것이다.

시멘트, 인류 역사상 가장 건강에 나쁜 건축재료

일본에서 학교 건축물이 학생들에게 미치는 영향을 조사한 결과, 목조 건축물 학교에 비해 콘크리트로 지은 학교에 다니는 학생들에게 두통 16배, 정서불안 7배, 복통 5배가 더 나타났다고 한다. 이뿐 아니라 조사대상 학교 중 하나인 이시이 초등학교는 콘크리트 건물에서 목조 건축물로 개조한 뒤 아이들의 결석률이 현저히 낮아지고, 수업집중도가 높아졌으며, 폭력적이거나 산만한 경향도 낮아졌다. 시멘트 건축물이 학생들의 신체적인 건강뿐 아니라 심리적인 부분까지 상당한 영향을 미친다는 것을 보여주는 조사결과다.

건축재료에는 흙과 나무, 철과 시멘트 등이 있다. 인류가 사용하는 건축재료 중 시멘트가 인체에 가장 나쁜 영향을 끼친다. 하지만 주거 환경이 도시화·대형화되면서, 값싸고 견고하게 건축물을 지을 수 있다는 이유로 현대 건축물은 대부분 시멘트를 사용한다.

오늘날 주거환경은 가장 발전한 상태인데, 현대인들은 왜 이전에 없던 아토피와 피부질환에 시달리는 걸까? 반만년 한반도 역사에서 가장 크고, 가장 비싸고, 가장 편리한 집에서 살아가는 우리들은 왜 수많은 질병에 시달리는 것일까?

시멘트가 생명체에 미치는 영향

일본 시오즈카 대학에서 실험용 쥐를 이용해 콘크리트 환경이 주는 스트레스를 조사했다. 시멘트 콘크리트와 금속, 나무로 만든 세 종류의 상자를 준비하고, 동일한 환경(온도, 습도 등)에서 쥐의 변화를 관찰했다. 놀랍게도 20일이 지난 후, 세 종류의 상자에서 생쥐의 생존율은 현격한 차이를 보였다. 콘크리트 상자에 넣은 쥐의 생존율은 7퍼센트, 금속 상자는 41퍼센트, 나무 상자는 85퍼센트였다.

시멘트가 생명체에 미치는 영향에 대한 연구는 국내에서도 다양하게 이루어졌다. 목포대학교 황혜주 교수는 다음과 같은 실험을 했다. 시멘트와 황토로 가로, 세로, 높이 각각 80, 60, 30센티미터의 동일한 공간을 만들어 한 곳에 생쥐 열 마리(암수 각 다섯 마리)씩 넣고 4주간 변화를 관찰했다.

황토모형 집 생쥐의 경우 4주 뒤 수컷 54.21퍼센트, 암컷이 56.93퍼센트의 평균 성장률을 보였으며, 폐사율은 0퍼센트였다. 그러나 시멘트모형 집의 생쥐들은 4주 뒤 암컷 다섯 마리가 전부 폐사했으며, 수컷 다섯 마리 중 한 마리가 폐사하고 남은 수컷 네 마리의 몸무게 증가율은 고작 0.14퍼센트에 불과했다. 황토와 시멘트가 생명체에 미치는 영향의 차이가 얼마나 큰지를 극명하게 보여준 것이다.

황 교수는 두 개의 어항에 한쪽에는 시멘트 벽돌을, 다른 어항에는 흙벽돌을 넣었다. 그리고 각각의 어항에 금붕어 열 마리씩을 넣고 변화를 관찰했다. 시멘트 벽돌을 넣은 어항의 금붕어는 3일 후 열 마리가 전부 폐사했다. 그러나 흙벽돌 어항의 금붕어는 6일 경과 후 한 마리가 죽은 것을 제외하곤 55일까지 생존했다.

황 교수의 또다른 시멘트 실험이 있다. 황토와 시멘트를 이용해 양파의 생육실험을 했다. 황토분말을 넣은 양파는 잘 성장했지만, 시멘트를 넣은 양파는 부패해 썩고 말았다.

시멘트는 건강하지 못한 건축재료다. 좀더 정확하게 표현하면, 생명에 해를 끼치는 나쁜 건축재료다. 도시화 물결 속에서 아파트와 빌딩이라는 고층 건물을 건설하기 위한 가장 견고하고 값싼 건축재료이기에 사용하는 것일 뿐이다.

지금까지 살펴본 것과 같이 천연광물로만 만든 시멘트도 건강과 인간의 심성에 많은 영향을 미친다. 그런데 지금 우리가 살고 있는 집을 짓는 시멘트는 폐타이어, 폐고무, 폐비닐, 폐유, 소각재, 하수 슬러지, 각종 공장의 오니 등 온갖 쓰레기로 만들어진다. 과연 쓰레기 안에 가득했던 유해물질이 소각한다고 다 사라질까? 쓰레기 시멘트가 안전하다고 누가 장담할 수 있을까?

반도체 공장에서 백혈병과 암환자가 자주 발생해 사회문제가 되고 있다. 반도체 제조공정에 수십 종의 유해물질을 사용하기 때문이다. 그런데 반도체 공장에서 발생한 슬러지와 액상 폐기물들이 시멘트 공장에 반입되어 시멘트 제조에 사용되고 있다.

백혈병과 암환자가 발생하는 곳은 반도체 공장만이 아니다. 자동차 타이어를 생산하는 공장의 근로자들 역시 백혈병과 희귀질병에 시달리고 있다. 타이어는 그냥 고무가 아니다. 고속으로 달리는 자동차의 고온과 고압을 견디기 위해 다양한 종류의 석유화학물질로 만들어진다. 그 과정에 타이어를 생산하는 근로자들에게 희귀질병이 발생한 것이다. 그런데 폐타이어의 열량이 높다는 이유로 엄청난 양의 폐타이어가 시멘트 제조에 사용되고 있다.

환경부는 시멘트 안에 유해물질이 아무리 많아도 굳으면 안전하다고 한다. 나는 쓰레기 시멘트가 안전하다는 시멘트 공장과 환경부의 주장을 결코 믿지 않는다. '시멘트는 굳으면 안전하다'는 말은 쓰레기를 처리해야 하는 환경부와 쓰레기로 돈을 벌려는 시멘트 공장의 사장들이 믿고 싶은 환상에 불과하다.

목조 건축물에 비해 시멘트 건축물에서 두통 16배, 정서불안 7배, 복통이 5배 나타났고, 콘크리트 건물에서 목조 건물로 개조한 뒤 학생들의 결석률이 낮아지고 수업집중도가 높아졌으며, 폭력적이거나 산만한 경향도 낮아졌다는 연구결과는 쓰레기 시멘트가 우리에게 얼마나 위험한지를 잘 보여준다. 최근 어느 교회에 강의를 갔는데,

지하의 예배당부터 8층까지 건물 내부가 모두 노출 콘크리트였다. 건물 안은 역겨운 콘크리트 냄새로 진동했고, 지하에 자리한 예배실은 더 심각했다. 예민한 사람은 지하에 위치한 예배당에 들어오지도 못한다고 한 교회 관계자가 말해 주었다.

전국적으로 노출 콘크리트 건물이 유행하고 있다. 시멘트의 위험성을 알았다면 그런 노출 콘크리트 건물을 지었을까? 시멘트의 유해성을 몰랐기 때문에 벌어진 현상이다. 사람들이 쓰레기 시멘트의 진실을 알아야 할 이유가 바로 여기 있다.

새집증후군과 아토피

　아토피는 더 이상 생소한 단어가 아니다. 어린이 네 명당 한 명꼴로 아토피를 앓고 있을 만큼 국민의 질병이 되었기 때문이다. 그러나 10여 년 전까지만 해도 '새집증후군'이나 '아토피'라는 말은 생소한 용어였다.

　현대인의 주요 주거공간인 아파트가 이전보다 대형화되고 고급화되었다. 그 덕분에 좀더 편리함을 누리게 되었지만, 많은 사람들이 예전에 없던 질병에 시달리고 있다. 주거공간의 현대화와 사람들의 건강이 반비례 관계가 된 것이다.

　아토피는 단순한 피부질병이 아니다. 한 사람의 미래를 갉아먹는 무서운 재앙이다. 아토피를 앓는 아이들은 참기 힘든 가려움과 고통으로 인해 쉽게 짜증을 내는 성격으로 변해 간다. 집중력 약화로 성적도 떨어진다. 남들에게 드러내고 싶지 않은 흉한 피부 때문에 자신감도 상실한다. 극단적으로 자살을 선택하는 이들도 있다.

대학교 총학생회장 출마에 나설 만큼 적극적이던 한 대학생이 갑자기 찾아온 아토피로 고통을 견디다 못해 자살했다.《경향신문》은 2007년 3월 8일자 '겪어보지 않으면 몰라, 사람 잡는 아토피'라는 기사에서 그 청년의 아픔을 이렇게 전한다.

아토피 피부염으로 인해 심한 우울증을 앓다가 전날 스스로 목숨을 끊은 대학생 장모 씨(22)의 빈소에서 아버지가 오열했다. 아들 장씨는 1년 전부터 피부약과 함께 우울증약도 복용했다. 가슴과 다리뿐 아니라 사람들 앞에 내보이는 얼굴과 목 등 온몸에 피부염이 번지자 하루 종일 방에 틀어박혀 지냈다. 약을 바르면 조금 나아지는 듯했지만 며칠을 못 갔다. 대학 4학년인 장씨로선 취업과 장래에 대한 고민이 깊어질 수밖에 없었다. 장씨의 대인기피증은 갈수록 심해져 갔다. 사귀던 여자친구에게도 이별을 고했다. 5일 전 마지막으로 쓴 일기에는 "할 일은 많고 갈 길은 먼데 힘이 든다"고 적혀 있었다.

기사는 아토피로 목숨을 끊은 사람이 이 청년 하나가 아니라며 아토피로 고통당하는 이들의 아픔을 계속 써내려 갔다.

광주 시 용봉동에서는 ㅈ대 의대 2학년에 재학중이던 아토피 피부염 환자 이모 씨(21)가 스스로 목을 매 숨졌다. 이씨는 유서에 '아토피가 심해져 머리가 빠지고 각질이 생긴다'고 적었다. 11월에는 대구 시 신암동에서 여대생 김모 씨(23)가 아토피 피부염을 비관해 목숨을 끊었다. 김씨는 6년 동안 얼굴 등에 심한 아토피 피부염을 앓아왔다. 아토피 환자들 중에는 '죽고 싶다'고 말하는 이들이 적지 않다. 그만큼 고통이 극심하다는 얘기다.

원인을 알 수 없는 병, 아토피 |

그동안 많은 사람들이 아토피와 새집증후군의 원인을 벽지와 바닥재, 그리고 음식에서 찾았다. 과연 이게 전부일까? 나는 우리 곁에 아파트가 등장한 것은 오래전의 일인데, 왜 최근에 유독 심하게 아토피가 창궐하게 되었는지 궁금하다. 아토피를 앓는 이들이 이구동성으로 말한다. 오래된 아파트에 살 때는 아토피가 없었는데, 새 아파트로 이사 간 후 갑자기 아토피로 고생하게 되었다고.

오래된 아파트에서 살 때는 문제가 없었다면, 아파트가 문제가 아니라 새로 지은 아파트가 주범이다. 그리고 아파트 건설에서 예전과 달라진 게 하나 있다면, 바로 아파트 건설의 주재료인 시멘트다. 예전엔 석회석에 점토와 철광석, 규석을 혼합해 유연탄에 구워 시멘트를 만들었다. 그러나 지금은 석회석을 뺀 나머지가 모두 쓰레기로 대체되었다. 석회석에 하수 슬러지, 철 슬래그, 폐주물사, 소각재, 공장 오니 등의 비가연성 쓰레기와 폐타이어, 폐고무, 폐유 등의 가연성 쓰레기를 혼합해 소각하고 난 재가 바로 우리가 사는 집을 짓는 시멘트가 된다. 자원 재활용이라는 명분 아래 전기, 전자, 반도체, 석유화학, 제철 등 온갖 공장의 쓰레기로 시멘트를 만드는 현실이 천연광물로 시멘트를 만들던 예전과 달라진 점이다.

온갖 산업 쓰레기로 만들었으니 쓰레기 안의 그 많은 유해물질이 시멘트 안에 잔류하는 것은 너무도 당연하다. 시멘트 안의 유해물질은 발암물질인 6가크롬만이 아니다. 또 다른 종류의 발암물질인 비소^{As}를 비롯해 크롬^{Cr}, 납^{Pb}, 니켈^{Ni}, 구리^{Cu}, 수은^{Hg}, 바륨^{Ba} 등 시멘트 안엔 중금속들로 가득하다.

2009년 10월, 환경부가 국정감사를 앞두고 국회 환경노동위원회에 보고한 업무보고서에 따르면, 국내 시멘트에는 발암물질인 비소가 최대 489.2ppm, 납이 최대 1만 1800ppm 검출되었다고 밝혔다. 발암물질 6가크롬뿐 아니라 유독물인 비소와 납으로 가득한 시멘트가 국민 건강에 아무 영향을 끼치지 않을까?

2007년 10월 11일자《문화일보》는 '아파트에 본격 사용 뒤 피부염 환자 급증'이란 기사에서 "쓰레기 시멘트가 본격적으로 사용된 2001년 이후 신축된 아파트는 186만 6000가구로 전체 아파트 가구 수의 26.7퍼센트에 달한다. 이 기간 중 19세 이상 인구 1000명당 아토피성 피부염 유병율은 2001년 5.07명에서 2005년 70.08명으로 13배 이상 증가했다. 전체 피부염 환자 수도 1995년 453만 명(건강보험심사평가원)에서 2005년 963만 명으로 두 배 이상 늘었다"고 지적했다.

2 방사능 나오는 아파트

2007년 10월 11일자 《문화일보》.

또 《한겨레》는 2006년 9월 11일자에 '시멘트에 아토피 유발물 범벅'이라는 기사를 통해 국내 시멘트에 아토피 원인물질인 발암물질 6가크롬이 다량 함유돼 있다고 보도했다.

환경부와 시멘트 업계는 시멘트가 아토피의 원인이 아니라고 주장한다. 시멘트가 아토피의 근거가 아니라는 그들의 논리는 단 하나다. 시멘트 안에 발암물질과 유해 중금속이 아무리 많아도 시멘트가 굳으면 안전하다는 것이다.

그러나 2007년 MBC 〈뉴스 후〉 '중금속 시멘트의 습격'에서 한양대 토목공학과 조병완 교수는 다음과 같이 중요한 증언을 했다.

"콘크리트는 어떤 원인에 의해서 결함을 갖게 되면 이상적인 조건 하에서는 그럴 수 있을지 몰라도, 실제적인 조건에서는 유출될

가능성이 있다고 보는 게 맞다."

특히 이날 방송에 출연한 의학 교수들은 이구동성으로 시멘트가 아토피의 원인물질이라고 지적했다. 대구 가톨릭대 산업보건학과 허용 교수는 "여러 가지 피부 알레르기를 중심으로 해서 시멘트의 내용물하고 원인적인 연관성이 있다는 게 밝혀져 있다"고 강조했고, 동국대학교 이애영 교수는 "어린이들 같은 경우에 크롬에 알레르기가 있다고 하면, 집에 있는 시멘트 같은 것이 충분히 원인이 될 수 있다"며, 피부질환을 앓고 있는 아이의 첩포검사(貼布檢査, 과민성 반응의 원인이 되는 물질을 시험하기 위한 검사)에서 크롬 반응이 나타나는 것을 보여주었다. 아토피를 앓는 환자에게 크롬 반응이 나타난다는 연구결과는 크롬을 다량 포함한 시멘트가 아토피의 한 원인임을 알려준다.

앞에서도 언급했지만 중국산 시멘트와 비교분석했을때, 중국산 시멘트에서는 6가크롬이 검출되지 않았으나 국산 시멘트에서는 환경부 기준의 5배가 넘는 110.4ppm이 검출되었고, 크롬 함량은 중국산이 21.1ppm에 불과했으나, 국산은 그 16배가 넘는 343.3ppm이 검출되었다. 이런 시멘트를 만들어놓고도 시멘트가 안전하다고 주장하는 무책임함이 놀라울 뿐이다.

중금속은 미량이라도 체내에 축적되어 잘 배출되지 않고 장시간에 걸쳐 부작용을 나타낸다. 중금속은 병원균에 대한 항체를 만드는 헤모글로빈, 케라틴, 콜라겐과 같은 단백질의 기능을 저하시킨다. 특히 크롬, 납, 니켈 등의 중금속은 어린아이들에게 훨씬 더 치명적이다. 예를 들어 임산부의 체중이 50킬로그램이고 3개월 된 태아가 50그램이라면 체중이 약 1000배 차이가 나는 것이다. 그래서 산모에게는 별 영향이 없어도 태아는 매우 위험할 정도의 영향을 받게 된다.

아토피와 피부질환의 원인이 다양하지만, 발암물질과 유해 중금속 가득한 쓰레기 시멘트 역시 한 원인이라는 것을 부인할 수 없다. 현대인은 24시간 시멘트에 갇혀 살아간다. 그러므로 먹는 음식만큼이나 거주 공간 역시 인체에 중요한 영향을 끼친다고 할 수 있다. 최대한 깨끗하고 안전한 시멘트를 만들어야 하는 이유다.

쓰레기 시멘트가 굳으면 안전하다?

다음은 대한민국 환경부 홈페이지에 〈'프랑스와 한국 시멘트 유해성 비교'에 대하여〉라는 제목으로 올라와 있는 글이다.

환경부 산업폐기물 과장입니다. 인터넷 다음 블로그 뉴스에 게재된 최병성 님의 글과 관련하여 오해의 소지가 있는 부분을 설명드리고자 합니다. 기본적으로 중금속에 의한 유해성 여부는 함량의 많고 적음보다는 용출량이 중요하며, 이는 중금속의 함량이 높아도 용출되지 않으면 먹이사슬을 통하여 생태계와 인간에게 영향을 미치지 않기 때문입니다. 예를 들어 스테인리스 수저에는 크롬과 니켈을 다량 함유하고 있지만 용출되지 않기 때문에 우리가 음식을 먹는 도구로 사용하고 있는 것입니다.

그런데 한국양회협회 홈페이지에도 "스테인리스 수저에는 크롬과 니켈을 다량 함유하고 있지만 용출되지 않기 때문에 우리가 음식을 먹는 도구로 사용하고 있는 것입니다"라는 똑같은 글이 있다. 환경부가 양회협회의 글을 그대로 베껴 쓰기 한 것이다. 환경부가 시멘트 공장과 얼마나 깊이 유착되어 있기에 양회협회의 해명자료를 그대로 베껴 쓴 것일까?

환경부가 '크롬 숟가락으로 밥을 먹듯, 쓰레기 시멘트도 안전하다'고 변명한 이유가 있다. 프랑스 시멘트와 국산 시멘트를 비교해 보니 국산 시멘트가 납, 크롬, 카드뮴^{Cd} 등 인체 유해 중금속 비율이 프랑스 시멘트에 비해 훨씬 높다는 기사를 내가 썼기 때문이다.

그동안 환경부는 시멘트에 아무리 유해물질이 많아도 굳으면 절대 안전하다고 주장해 왔다. '굳으면 안전하다'는 막연한 가설 하나만 믿고 온갖 쓰레기로 시멘트를 만들어왔던 것이다. 환경부의 주장처럼, 정말 시멘트가 굳으면 시멘트 안에 발암물질과 유해물질이 아무리 많아도 인체에 아무 해가 없는 것일까? 결코 그렇지 않다. 시멘트는 크롬 숟가락처럼 완전물질이 아니다. 쉽게 부서지고 가루가 날리며 물을 흡수하는 불완전물질이다.

환경부와 시멘트 업계와 함께하는 토론회를 앞두고, 어떻게 하면 환경부의 논리를 깨뜨려줄 수 있을까 고심했다. 그러다가 문득 '시멘트 숟가락' 아이디어가 떠올랐다. 여러 번의 시행착오를 거쳐 마침내 시멘트 숟가락을 완성했다.

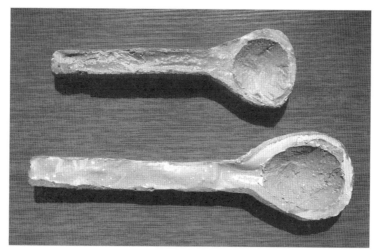
필자가 직접 제작한 시멘트 숟가락.

드디어 '환경부 시멘트 소성로 환경관리 개선안과 추진방향'이라는 시멘트 토론회가 열리는 날, 내 발표 순서가 되었을 때 나는 일어나서 시멘트 숟가락을 꺼내들었다. 그리고 곁에 앉아 있는 환경부와 시멘트 업계 대표를 향해 물었다.

"그동안 쓰레기 시멘트가 안전하다고 말씀들 하셨죠. 오늘 내가 시멘트로 숟가락을 만들어 왔는데, 이걸로 밥 드실래요?"

크롬 숟가락과 쓰레기 시멘트와의 차이를 확실하게 보여주기 위해 나는 곧바로 퍼포먼스를 했다. 가방에 준비해 간 크롬 숟가락과 쇠망치를 꺼내 크롬 숟가락을 망치로 세 번이나 세게 내리쳤다. 크롬 숟가락은 끄떡없었다. 그 다음에는 쇠망치로 시멘트 숟가락을 내리쳤다. 단 한 번의 망치질로 시멘트 숟가락이 산산조각났다. 토론자들이 앉은 앞자리뿐 아니라 시멘트 업계 사람들이 앉은 방청석까지 시멘트 가루가 튀었다.

순간 토론장은 찬물을 끼얹은 듯 조용해졌다. 조금 전까지 시멘트 공장은 아무 잘못이 없다고 목소리를 높이던 시멘트협회 관계자들이 시멘트 숟가락 퍼포먼스 하나로 모두 벙어리가 되었다. 우리가 매일 밥을 먹는 크롬 숟가락처럼 쓰레기 시멘트가 안전한 물질이라는 거짓말을 단번에 날려버린 것이다. 더 이상의 설명이 필요 없었다.

시멘트와 크롬 숟가락은 다르다 |

그해 가을 환경부 국정감사에서 쓰레기 시멘트 숟가락은 다시 한번 사람들의 이목을 집중시켰다. 나는 박준선 의원에게 시멘트 숟가락을 건네주며 시멘트협회의 하수인으로 전락한 환경부를 혼내달라고 부탁했다. 이날 환경부가 어떻게 혼났는지, 국정감사 녹취록을 통해 생생한 현장을 살펴보자.

박준선 의원: 환경부 자료에 보면 6가크롬과 중금속이 아무리 많아도 용출검사에서는 안 나온단 말이에요. 그럼 용출시험결과 안 나온다는 것이 과연 안전하다는 해명이 되느냐에 대해서는 생각해 봐야 되지 않겠어요? 시멘트의 중금속이, 6가크롬이 다른 나라에 비해 세 배 이

상 많고, 이것이 인체에 유해한지 안 한지를 다른 과학적 방법으로 검증해야지, 용출시험결과만 가지고 안전하다고 하면 되겠어요?

지금 환경부 홈페이지와 양회협회 홈페이지가 똑같아요. '숟가락도 크롬이다. 그런데 안전하다.' 이게 환경부 해명이고, 시멘트 업계랑 짠 듯이 똑같아요. 언뜻 보면 맞는 말 같은데, 크롬으로 만든 완전물질하고 산화물질인 시멘트하고 똑같습니까?

여기 시멘트로 만든 숟가락을 쭉 돌릴 테니 장관, 차관, 국장, 과장 식구들이랑 이걸로 밥 드실 수 있어요? 용출시험결과 여기에서 안 나온다면서요? 물에 안 녹는다면서요? 이것으로 베개를 만들어 드릴 테니 베고 잘 수 있겠어요? 인체 유해성을 과학적으로 검증해야지, 용출시험결과만 가지고 안전하다고 홈페이지에 올리고, 크롬으로 만든 수저랑 똑같다고 이걸 환경부 홈페이지에 올려서야 되겠냔 말입니다.

크롬으로 만든 숟가락은 굳으면 오염물질이 안 나오는 것으로 과학적으로 검증이 되었잖아요. 그런데 시멘트 숟가락은 살짝만 만져도 부서지고 떨어뜨리면 깨진단 말이에요. 그냥 만지는데도 먼지가 묻잖아요. 시멘트가 굳더라도 거기서 비산먼지가 생기고, 벽지가 뜯겨지고 하면 그 먼지가 애들 호흡기로 들어갈 수도 있고 등등 많은 문제점이 있을 수 있단 말이에요. 그런데 어떻게 용출시험결과만 믿고 그걸 안전하다고 이야기할 수 있습니까? 자원순환국장께 묻겠는데, 100퍼센트 안전합니까?

정연만 환경부 자원순환국장(현재 환경부 차관): 그렇게 단정적으로 말씀드릴 수 없습니다.

박준선 의원: 그렇잖아요. 단정적이지 않은 이야기를 기준 이내라 안전하다고 해야 되냐는 거예요.

정연만 국장: 네, 그쪽에 보도된 것이 너무 일방적으로 매도를 하기 때문에 국민들에게 오해를 살 여지가 있어서 저희들이 조금 비유를 해서 올리다 보니 그런 현상이 빚어졌습니다.

박준선 의원: 근거가 있기 때문에 그렇게 매도를 하는 것이고, 그것이 과도하더라도 일부라도 문제가 있으면 그것을 받아들여야 해요.

정연만 국장: 그렇게 하겠습니다.

프랑스 시멘트와 비교해 국내 시멘트에 유해물질이 많다고 밝힌 것이 일방적으로 환경부를 매도한 것일까? 쓰레기 시멘트를 허가하고 10년이 넘도록 관리기준조차 제대로 만들지 않아 국민을 발암 시멘트 속에 살아가도록 한 잘못에 대한 반성은 없고, 일방적 매도라고 발뺌하는 것이 오늘날 대한민국 환경부의 맨얼굴이다.

시멘트는 결코 숟가락처럼 완전한 물질이 아니다. 시멘트는 살아 숨 쉬는 생명체와 같다. 집 안에 널어놓은 빨래가 마르는 것은 시멘트가 그 습기를 흡수하기 때문이다. 시멘트는 실내의 습기를 흡수하고 또 다시 건조되며 끊임없이 화학적 작용을 반복하는 불완전한 위험물질이다.

〈생활주거환경과 시멘트, 콘크리트〉라는 보고서는 시멘트의 위

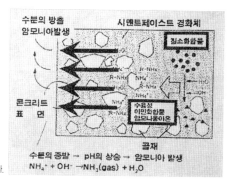

시멘트 벽에서 암모니아 등 유독성 물질이 방출된다.

험성을 경고한다. 집 안의 콘크리트에서 실내 공기를 오염시키는 암
모니아가 발생하는데, 우리가 인식하지 못할 뿐이라는 것이다. 그
원인으로 〈콘크리트가 배출하는 암모니아의 영향과 억제Influence
and Suppression of Ammonia Gas Emissions from Concrete〉라는 논문을
인용해 다음과 같이 설명한다.

암모니아는 질소화합물이 수화시 발생하는 알칼리에 의해 가수분해
되어 수용성 아민화합물이나 암모늄 이온이 발생하고, 이것이 표면으
로 이동, 표면에서 수분은 증발하고 ph가 높아져, 아민화합물이 분해되
어 암모니아로 방출된다고 알려져 있다. 함수량이 많으면 발생량도 증
가한다. 원인물질로는 시멘트 구상재료(산업 폐부산물 등) 및 골재 표면의
부착물, 첨가물 등이다.

위 보고서는 시멘트 제조에 사용된 폐기물이 유해물질인 암모니

　　　　　　　　　　　　　2 방사능 나오는 아파트

아를 생성하는 원인의 하나라고 분명히 밝히고 있다. 시멘트가 굳으면 크롬 숟가락처럼 안전하다는 환경부와 시멘트 업계의 주장이 거짓임을 분명하게 보여주는 것이다.

시멘트의 유해성은 발암물질 6가크롬과 비소와 납 등의 유해 중금속 및 암모니아 가스가 전부일까? 엄청난 쓰레기로 시멘트를 만들었는데, 그 쓰레기 안의 유해물질이 고온에서 다 사라졌다고 누가 장담할 수 있을까? 살아 숨 쉬며 부서지기 쉬운 쓰레기 시멘트는 결코 안전하지 않다.

발암물질이 검출되지 않게 하는 '꼼수'

2014년 10월 21일, 오마이뉴스 강당에서 쓰레기 시멘트 강연을 했다. 참석한 청중들 중 두 사람이 눈에 띄었다. 강의를 끝내자마자 얼른 다가가 어디서 왔냐고 물었다. 역시 내 예감이 맞았다. 시멘트 협회에서 왔단다. 아마도 내가 어떤 말을 하는지 꼬투리를 잡기 위해 찾아왔으리라.

명함을 달라는 내 요청도 거절하고 급히 자리를 빠져나가는 그들을 따라가며 나는 말을 걸었다. 그때 그들은 항변하듯 말했다.

"목사님 덕분에 많이 좋아졌잖아요. 이제는 좋다고 좀 얘기해 주면 안 돼요?"

맞는 말이다. 예전엔 달랑 세 개뿐이던 시멘트 공장의 배출가스 항목이 추가되었다. 형식적이지만 쓰레기사용기준도 만들어졌다. '시멘트 소성로에서는 어떤 폐기물들을 재활용할까?'라는 2009년 6

월 4일 환경부 보도자료에 따르면, 시멘트 업체는 기준을 만족시키지 못하는 31개 폐기물 공급원의 30만 2336톤에 이르는 양의 폐기물 반입을 중단한다고 밝혔다. 보잘것없는 기준이지만, 아무 기준 없이 쓰레기로 시멘트를 만들어왔던 업계 입장에서는 엄청난 개선일 것이다.

이제 시멘트 공장 마당에 무방비 상태로 쌓아두던 소각재, 하수 슬러지, 철 슬래그 등의 쓰레기들을 창고에 보관하게 되었다. 대형 창고를 짓느라 수억 원의 비용을 들였으니 그들로선 엄청난 개선을 한 게 맞다. 쓰레기수출입신고제도 생겼다. 전엔 일본 쓰레기를 수입해 오면 끝이었는데, 이젠 사전에 신고해야 하는 작은 번거로움이 생긴 것도 개선이라고 할 것이다.

한 가지 더 있다. 쓰레기 시멘트가 많이 좋아졌다. 2014년 10월, 요업기술원에 세 개 제품의 시멘트 분석을 의뢰했다. 지금까지 분석한 결과 중 가장 좋은 편이었다. 우리나라 시멘트가 이 정도로 개선되다니 놀라울 따름이었다. 아무것도 아닌 한 개인이 시멘트 재벌과 환경부와 싸워 이 정도의 개선을 이뤄냈다는 사실이 믿기지 않았다. 배출가스 규제가 강화되고, 쓰레기 사용기준이 만들어지고, 시멘트도 좀더 안정되었으니 이제 여기서 손을 떼어야 할까?

아니다. 내가 원한 것은 작은 개선이 아니라, 근본적인 변화다. 이 땅에서 자라나는 아이들의 건강을 위해 쓰레기 시멘트는 결코 옳은 정책이 아니다. 국가적으로도 국민 개개인에게도 전혀 경제성 없는 잘못된 정책이다.

강의실을 빠져나가는 그들을 따라가며 이렇게 말해 주었다.

"나도 강의 중에 시멘트가 예전에 비해 많이 좋아졌다고 얘기했어요. 그런데 여기에 숨은 문제가 많이 있습니다. 그리고 지금 시멘트가 조금 좋아졌으면, 이전에 발암물질 많은 시멘트로 지은 아파트에 지금도 살고 있는 사람들은 누가 책임질 건데요?"

국민을 기만하지 말라 [

쓰레기 시멘트가 예전에 비해 발암물질 6가크롬과 유해 중금속 함량에서 많이 개선된 것은 사실이다. 그러나 여기엔 아무도 모르는 꼼수가 숨어 있었다.

세 개의 시멘트 시료 중 한 개 제품은 발암물질 6가크롬 함량이 '불검출'이었다. 국내 시멘트 제품에 6가크롬이 전혀 없다고? 과연 국내 시멘트가 이렇게 개선된 것일까? 그런데 몇해 전 한 폐기물 운반업자로부터 제보가 들어왔다.

"목사님, 지금 환경부는 시멘트가 많이 개선되었다고 좋아하는데, 자신들이 속고 있는 걸 몰라요. 시멘트가 좋아진 게 아니라 시멘트에서 6가크롬이 검출되지 않도록 약품을 섞은 거예요."

너무도 충격적인 제보였다. 만약 그것이 사실이라면 국민을 기만한 범죄다. 자세히 알아보니 시멘트를 생산하는 마지막 분쇄과정에

6가크롬이 검출되지 않는 약품을 섞는다고 했다.

그 과정은 이렇다. 석회석과 소각재, 하수 슬러지와 폐타이어 등을 혼합해 고온에 소각하면 클링커라는 까만 덩어리가 만들어진다. 이 클링커를 곱게 분쇄하면 비로소 시멘트가 된다. 클링커를 분쇄해 시멘트를 만드는 과정에 코스모화학이라는 공장에서 발생하는 부산물인 황산철을 섞어주면 시멘트 안에 6가크롬이 화학반응을 일으켜 안전한 3가크롬으로 전환된다는 것이다. 그래서 환경부의 시멘트 유해물질 분석에서 6가크롬이 검출되지 않는 안전한 시멘트가 된다는 것이다. 황산철을 섞어 시멘트 중 발암물질 6가크롬이 인체에 안전한 3가크롬으로 전환된다면 환영할 일이다. 그러나 그것이 일시적인 현상이라는 데 문제가 있었다.

나는 시멘트에 황산철을 섞으면 6가크롬이 3가크롬으로 전환된다는 사실을 해외 논문을 통해 이미 알고 있었다. 시멘트 업계에 요구한 것은 임시방편이 아니라 근원적인 개선책이었다. 그래서 시멘트 개선을 위한 민관협의회에서는 단 한 번도 황산철 이야기가 나온 적이 없다. 황산철은 쓰레기 시멘트의 해결책이 아니기 때문이다.

황산철을 섞으면 환경부가 시멘트 중의 6가크롬을 조사하는 얼마의 기간에는 3가크롬으로 전환되어 있지만, 그 시멘트로 집을 짓고 시간이 흐르면 3가크롬이 다시 발암물질 6가크롬으로 환원된다. 결국 사람들이 발암 시멘트에 노출된다는 사실에는 달라질 게 없다.

코스모화학에 문의했다. 8개 시멘트 공장 중 6개 공장에서 4~5년 전부터 황산철을 가져갔다고 시인했다. 시멘트 공장의 한 관계자는 건설 근로자들을 위해 황산철을 섞었다고 내게 말했다. 그러나 이는 구차한 변명에 불과하다. 크롬이 다량 함유된 쓰레기를 넣지 않으면 저절로 발암물질 6가크롬이 없는 시멘트가 된다. 굳이 아무도 모르게 황산철을 섞지 않아도 되는 것이다.

발암물질 없는 안전한 시멘트를 만들라고 했더니, 발암물질이 일시적으로 검출되지 않도록 약품을 섞은 비양심적인 시멘트 기업! 내 덕분에 많이 좋아졌다고? 결코 아니다. 나는 시멘트 기업을 믿지 않는다. 시멘트 업계는 지금도 황산철을 섞는 눈속임을 하고 있다. 건설경기 악화로 수년째 생존의 위기를 겪고 있는 시멘트 업계를 믿을 수 없다. 쓰레기를 시멘트 공장의 주머니를 채워주는 수단으로 여기는 한, 황산철을 섞는 것과 같은 얄팍한 속임수는 계속될 것이다.

3

쓰레기 시멘트,
이렇게 만들어진다

오늘날 시멘트 공장들은 대한민국 최대의 쓰레기 소각장이다.

지금 내가 사는 집이 어떤 유독성 쓰레기들로 만들어지는지

그 현실을 파헤쳐본다.

시멘트 공장은 합법적인 쓰레기 소각장

"쓰레기로 시멘트를 만든다고? 그게 어떻게 가능해?"

쓰레기로 시멘트가 만들어진다는 사실에 많은 이들이 의아해한다. 당연히 시멘트는 돌가루로 만드는 줄 알기 때문이다.

쓰레기로 어떻게 시멘트를 만드는지 그 과정을 자세히 살펴보자. 원래 시멘트는 석회석에 점토, 철광석, 규석을 혼합해 가로길이 60~70미터의 긴 원통형 소성로에서 유연탄으로 1400도 고온에 태워 만들었다. 그러나 지금은 석회석을 뺀 나머지가 모두 쓰레기로 대체되었다. 점토, 철광석, 규석 대신 소각재, 하수 슬러지, 제철소 슬래그, 폐주물사, 공장 오니 등 불에 타지 않는 쓰레기들이 '원료대체'라는 이름으로 소성로에 들어간다. 그리고 유연탄 대신 폐타이어, 폐고무, 폐유, 폐비닐 등의 불타는 가연성 쓰레기가 '연료대체'라는 명목으로 사용된다.

시멘트 소성로.

철을 녹이는 곳은 용광로라 하고, 시멘트가 만들어지는 곳은 소성로라 부른다. 시멘트 소성로는 우리가 생각하는 보일러 개념과는 전혀 다르다. 보일러처럼 한쪽 끝에서 가열해서는 가로길이 60~70 미터의 원통형 소성로 온도를 1400도로 유지할 수 없다. 그래서 석회석과 소각재, 분진, 석탄재, 슬래그 등과 폐타이어, 폐고무, 폐비닐 등을 혼합해 소성로 안에 함께 투입한다. 소성로 안에서 투입된 폐타이어 등이 석회석과 함께 불타며 소성로 안 온도를 높여주고, 다 타고 난 소각재가 시멘트다. 석회석과 혼합한 온갖 쓰레기를 소각하고 난 재가 오늘날 우리가 집을 짓는 시멘트라고 생각하면 된다.

한번은 KBS〈추적 60분〉피디가 전화를 걸어 이렇게 물어왔다.

"목사님, 지금 건설기술연구원에 들어와 관련 교수에게 폐타이어가 들어간 시멘트가 얼마나 위험하냐고 물었습니다. 그런데 폐타이어는 밖에서 불을 떼는 거라 위험하지 않다고 하는데요. 폐타이어가 정말 시멘트 안에 들어갑니까?"

기막힌 질문에 나는 구구절절 설명하지 않고 간단히 대답해 주었다.

"그게 바로 대한민국의 현실입니다. 교수라고 하는 관련 전문가들도 시멘트가 어떻게 만들어지는지 모르지요."

그런데 관련 전문가라고 하는 교수들조차 쓰레기 시멘트의 위험성을 모르는 이유가 있다. 시멘트 공장에서 사용하는 용어 때문이다. 시멘트 공장은 소각재, 하수 슬러지, 석탄재, 제철 슬래그 등의 비가연성 쓰레기를 '보조원료'라 하고 폐타이어, 폐고무 등의 가연성 쓰레기를 '보조연료'라 칭한다.

'보조원료'와 '보조연료'라는 명칭 때문에 사람들은 쓰레기를 시멘트 만들 때 보조로 조금 사용하거나, 보일러처럼 밖에서 불을 가하는 연료라고 생각한다. 그러나 시멘트 공장에서는 보조원료와 보조연료의 구분이 필요없다. 석회석과 함께 모두 섞어 소성로 안에서 타고 난 재가 시멘트가 되기 때문이다.

'언제부터' '왜' 쓰레기 시멘트가 만들어졌을까 |

쓰레기 시멘트는 언제부터 왜 탄생한 것일까? 2001년 3월, 시멘트 업계가 환경부 장관을 초청한 간담회 서류에 다음과 같이 쓰레기 시멘트 탄생의 비밀이 고스란히 담겨 있다.

> 1999년 8월 9일 폐기물관리법 개정 시 당사의 제안을 전향적으로 수용하여 시멘트 소성로를 소각시설의 한 종류로 인정해 줌으로써 시멘트 공장에서 적법하게 처리비를 받고 재활용할 수 있는 법적 기반은 마련되었음.

위의 말을 해석하면, 환경부가 폐기물관리법을 개정해 시멘트 공장을 쓰레기 소각장의 하나로 인정함으로써 시멘트 공장들이 합법적으로 쓰레기 처리비를 받아가며 '쓰레기 시멘트'를 만들게 되었다는 뜻이다.

시멘트 공장은 쓰레기 소각장으로 인정받아 쓰레기 처리비를 버는 것만으론 성에 차지 않았다. 위 서류엔 환경부 장관에게 쓰레기로 시멘트를 만드는데 필요한 기술개발을 위해 정책자금 지원을 해달라는 요청까지 하고 있다. 환경부는 건설경기 악화로 다 죽어가던 시멘트 공장들이 쓰레기 처리비를 받아 연명하도록 법을 개정해 주었을 뿐 아니라, 쓰레기 시멘트 만드는 기술을 개발하도록 정책자금까지 안겨주었다.

시멘트 공장을 위해 이토록 배려해준 환경부는 정작 쓰레기 시멘트가 국민 건강에 미치는 영향에 대해서는 지금까지 단 한 번도 조사해 본 적이 없다. 쓰레기 시멘트가 국민 건강에 미치는 영향에 대한 조사는 고사하고, 단 하나의 '쓰레기 사용기준'도 '시멘트제품 안전기준'도 없었다. 그저 시멘트 공장의 돈벌이를 위해 쓰레기 사용 허가만 내주었다. 지금 수많은 사람들을 발암물질 가득한 시멘트로 만든 집에서 살아가게 만든 장본인이 바로 환경부다.

그런데 시멘트 회사들은 왜 갑자기 쓰레기 시멘트를 만들게 되었을까? 건설경기 침체로 시멘트 공장들이 심각한 경영난에 시달리다 마침내 1997년 12월 한라시멘트가 부도로 당좌거래정지처분을 받았다. 그후 1998년 12월 시멘트 부문 세계 2위인 프랑스의 다국적기업 라파즈에 매각되며 라파즈한라시멘트㈜로 상호가 변경되었다. 이 과정에서 한라시멘트에는 채권단 부채 7543억 원의 탕감액을 포함해 무려 2조 원이 넘는 공적자금이 투입되었다. 덕분에 수많은 소액주주들이 피해를 봤다.

쌍용양회 역시 외환위기 뒤 워크아웃에 들어가 2005년 11월 졸업할 때까지 공적자금과 일반채권, 금융비용을 합할 경우 무려 2조 원이 넘는 돈이 투입되었다. 2015년 1월 현재, 쌍용양회 채권단은 쌍용양회 보유지분의 매각을 통해 새로운 주인을 찾고 있다. 단일 최대주주는 일본 태평양시멘트로 보유지분은 32.36퍼센트다. 쌍용양회 채권단 지분 46.83퍼센트는 각각 한국산업은행 13.81퍼센트, 신한은행 12.48퍼센트, 서울보증보험 10.54퍼센트, 한앤코시멘트홀딩스 10퍼센트씩 나눠 가지고 있다. 예정대로 채권단 지분이 매각되

시멘트 공장에서 소성로에 들어가기를 기다리는 각종 쓰레기들.

면 쌍용양회의 단일 최대주주인 일본 태평양시멘트로 경영권이 완전히 넘어갈 것으로 전망된다.

쌍용양회뿐 아니라 동양시멘트도 매물로 나와 새 주인을 찾고 있다. 이외에 또 다른 시멘트 공장도 곧 매물로 나올 것이라는 언론보도가 이어지고 있다. 이렇게 심각한 경영위기를 겪고 있는 시멘트 공장들에게 쓰레기 처리비를 벌 수 있고 원료비와 연료비를 절감할 수 있는 쓰레기 시멘트는 구세주였던 것이다.

만약 시멘트 공장들이 쓰레기를 쓰지 않으면 어떻게 될까? 딱 한마디로 표현하면, '망한다.' 몇해 전 내가 쓰레기 시멘트 문제를 공론화하자 위기를 느낀 시멘트 공장들이 주민설명회를 열었다. 충북 제천 아세아시멘트 주민설명회에서 시멘트 공장 고위 임원이 이렇게 고백했다. "우리 회사 쓰레기 안 쓰면 망합니다. 우리 회사보다 다른 회사들은 더 심각합니다."

그나마 경상수지 흑자인 시멘트 회사의 임원이 주민들 앞에서 '쓰레기 쓰지 않으면 망한다'고 고백했으니 나머지 공장들은 상황이 얼마나 심각한지 짐작할 수 있다. 결국 쓰레기는 시멘트 공장의 연명수단인 것이다.

정부가 시멘트 기업들의 경영부실을 국민의 혈세로 메워주며 목숨을 연명하도록 도와주었더니, 시멘트 기업들이 국민들에게 돌려준 것은 발암물질 가득한 쓰레기 시멘트였다. 게다가 일본 쓰레기까지 수입한다.

환경부의 한 관계자가 탄식했다. "망할 기업은 망하도록 정리해야 했는데, 쓰레기로 연명하게 한 잘못이 오늘 이토록 복잡한 문제가 되었다."

쓰레기 질량보존의 법칙

일본의 한 공장을 방문했다. 자동차를 폐차시킨 후 철을 뺀 나머지 찌꺼기를 처리하는 공장이었다. 폐차 중 철을 뺀 나머지 쓰레기를 '자동차 슈레더더스트^{shredder dust}'라고 부르는데, 범퍼, 고무, 의자 스펀지, 플라스틱 등이 여기에 해당된다.

그 공장에서 소각하는 자동차 슈레더더스트 폐기물 처리 공정을 자세히 설명해 주었다. 자동차 슈레더더스트를 소각하고 남은 재에서 먼저 구리와 동을 분리하고 나머지 찌꺼기는 따로 처리한다. 샘플로 제공된 자동차 슈레더더스트는 그저 방석 스펀지 뭉치로만 보였는데, 그것을 소각해 구리와 동을 분리해 낸다니 신기했다. 공장 시스템에 대해 자세한 설명을 들은 후 공장 안내를 받았는데, 공장 안 창고에는 자동차 슈레더더스트에서 분리해 낸 구리와 동이 가득 쌓여 있었다.

일본 폐기물 공장의 자동차 슈레더더스트.

그런데 일본의 공장에서 본 것과 똑같은 자동차 슈레더더스트를 한국의 시멘트 공장에서도 볼 수 있었다. 자동차 슈레더더스트가 시멘트 공장에 가득 쌓여 있는 이유는 무얼까? 구리와 동을 비롯해 다량의 소각재가 남는 자동차 슈레더더스트를 시멘트 제조에 사용한다는 뜻이다. 결국 슈레더더스트가 사용된 시멘트 안에는 구리와 동과 다량의 소각재가 잔류한다는 말이다.

나는 자동차 슈레더더스트를 시멘트 공장에서 사용하지 못하게 해달라고 환경부에 요청했다. 그리고 2008년 6월 환경부가 만든 '시멘트 소성로 환경관리 개선 계획안'에 따르면, 자동차 슈레더더스트, 염색폐수처리오니, 반도체폐수처리오니 등 "시멘트 공장에서 현재 사용중인 폐기물 중 분류가 부적합한 품목, 적정 처리가 우려되는 품목은 별도의 성분 분석 등을 통해 처리 제한 여부를 검토"하겠다고 했다.

그러나 자동차 슈레더더스트의 시멘트 공장 사용제한 검토는 그

3 쓰레기 시멘트, 이렇게 만들어진다

저 환경부 개선안에 써 놓은 낙서에 불과했다. 그 후로도 자동차 슈레더더스트를 비롯해 많은 유해 폐기물이 시멘트 공장에 반입되어 시멘트로 만들어졌기 때문이다.

소각재가 남지 않는다는 장점? |

시멘트 공장은 쓰레기로 시멘트를 만들며 '대용량이다. 소각 후 소각재라는 2차 폐기물이 발생하지 않는다'는 점을 장점이라고 자랑한다. 이게 과연 장점일까?

시멘트 공장이 자랑하는 장점을 다시 해석하면, '시멘트 공장은 엄청난 양의 쓰레기를 사용한다. 그러나 그 많은 쓰레기를 소각해도 따로 처리할 소각재가 남지 않는다. 모든 소각재가 시멘트가 되기 때문이다'라는 말과 같다.

그동안 시멘트 공장은 스스로 최고의 쓰레기 소각시설이라고 자랑했다. 시멘트 소성로가 완벽한 쓰레기 처리시설이라는 것이다. 그러나 쓰레기는 아무리 고온에 소각해도 유기물은 어느 정도 사라질지 모르지만 중금속은 그대로 잔존한다. 시멘트 토론회에서 이 문제를 지적하자, 토론자로 참석한 시멘트 공장 고위 임원이 다음과 같이 인정했다.

"질량보존의 법칙에 의해 시멘트 공장의 굴뚝을 통해 나가든지 시멘트 재에 남든지 두 개 중 하나입니다."

최고의 쓰레기 처리 시설이라고 자랑하던 시멘트 공장으로부터 이런 고백을 받아냈다는 것 자체가 또 하나의 성과라고 할 수 있다. 쓰레기 안에 함유된 중금속은 아무리 고온에서 소각해도 결코 사라지지 않는다.

그렇다면 쓰레기를 소각한 후 어떤 중금속이 얼마나 남아 있을까? 〈폐기물 유형에 따른 소각재의 중금속 용출 특성 연구〉라는 보고서에 소각 후 남는 재의 분석결과가 쓰레기 목록별로 자세히 나와 있다. 사용 폐기물은 석유화학 계열의 폐합성수지와 도시 폐기물과 폐타이어와 폐수 슬러지였다.

쓰레기를 소각하면 위로 뜨는 '비산재'와 바닥에 남는 '바닥재' 두 종류의 재가 발생한다. 납처럼 낮은 온도에서 휘발되는 중금속은 비산재에 더 많이 잔류하고, 구리나 크롬처럼 휘발온도가 높은 중금속은 바닥재에 더 많이 잔류한다.

쓰레기는 소각한다고 완벽하게 사라지는 게 아니다. 쓰레기가 유해 중금속이라는 재로 남는다면, 쓰레기를 많이 사용하면 할수록 거기에 남은 중금속도 많아진다는 얘기다.

그렇다면 국민 건강의 입장에서 생각해 보자. 엄청난 양의 쓰레기를 소각한 재가 시멘트가 되는 것이 과연 장점이 될 수 있을까? 자원 재활용이라는 미명 아래 엄청난 양의 쓰레기를 소각해 우리가 사는 집의 안방과 벽과 지붕을 이루는 시멘트를 만들었다. 쓰레기 시멘트란 결국 우리 집을 쓰레기 매립장으로 만들었다는 말과도 같다.

<표 2> 쓰레기 유형에 따른 소각 후 재에 남는 중금속 함량

		아연Zn	납Pb	구리Cu	니켈Ni	크롬Cr	카드뮴Cd
폐합성 수지	바닥재	2,069.0	4,473.3	3,768.9	243.8	238.7	4.0
	비산재	8,480.0	6,532.2	2792.4	152.8	112.7	124.1
도시 폐기물	바닥재	3,809.7	949.4	3,838.9	139.0	78.3	24.5
	비산재	10,259.8	4,153.3	659.4	10.5	17.1	389.9
폐타이어	바닥재	15,821.7	34.7	92.1	3.2	8.0	0.8
	비산재	115,025.2	504.1	155.3	3.2	1.9	17.0
폐수 슬러지	바닥재	411.7	22.3	57.9	217.3	77.1	ND
	비산재	3,935.8	73.0	269.9	1,773.3	78.3	2.2

쓰레기 소각재를 시멘트라는 이름으로 국민의 안방으로 가져오는 것과 쓰레기 매립장에 따로 처리하는 것 중 국민의 건강을 위해 무엇을 선택해야 하는지는 초등학생도 판단할 수 있다.

다음은 쌍용양회가 환경부에 보고한 자료를 옮긴 것으로, 쌍용양회 공장에 반입되는 쓰레기 종류와 배출 공장명이다. 시멘트 공장에서 어떤 쓰레기들이 소각되는지 목록을 살펴보자.

시멘트에 들어가는 쓰레기 목록

공정오니: ㈜퍼시픽그라스, KC, 경인화학, 삼성SDI.

폐수오니: 삼성전자, 삼성전기, 삼성SDI, 하이닉스엔지니어링, 홍원제지, 대흥건업, 한국전기초자, 신세계자원, 태경산업, 나리산업, 대명에프씨, 한국동서발전㈜ 일산복합화력, 한국남동발전㈜ 분당화력, 천안3공단, 두원스틸, DAP, 삼성토탈㈜, LGPhilipsLCD㈜, 에쓰오일㈜, 원주시상하수도사업본부, 춘천시환경자원국, 태백시수질환경소, 정선군상하수도사업소, 평창군상하수도사업소, 홍천군환경기초시설, ㈜실트론, 신평염색공단.

하수오니소각재: 청주시환경사업소, 양평군환경사업소.

석탄연소재: STX에너지, 대한펄프, (일본)북륙전력 등, 한국동서발전, 한국남동발전 동해화력.

중유연소재: 한국동서발전㈜ 울산화력본부, 한국서부발전㈜ 평택화력본부, 한국남동발전㈜ 여수화력발전처, 한국지역난방공사 대구지사, 한국지역난방공사 수원지사, 한국지역난방공사 청주지사, 한국지역난방공사 용인지사, 한국지역난방공사 분당지사, 한국지역난방공사 고양지사.

정수오니: 한국수자원공사 성남권관리단, 한국수자원공사 충주권관리단, 한국수자원공사 보령권관리단, 한국수자원공사 포항권관리단, 한국수자원공사 밀양댐관리단, 한국수자원공사 영남내륙권.

PTA부산물(MCA): SK유화.

하수건조오니: 여수시수질환경사업소, 중랑물재생센터.

유리섬유: 자체 발생.

목재분진: 라인퍼니처.

폐토너분진: ㈜LG화학.

제지슬러지소각재: 대한펄프.

폐섬유: 1군수지원사령부, 2군수지원사령부, ㈜신우환경, ㈜풍림, 자체 발생.

내장재: ㈜경북, 명성엔프라, ㈜동진환경.

단추폐기물: 덕성산업 외 19개 업체.

압축수지: 한국스미더오아시스.

폐범퍼: 은성산업.

폐우레탄: (사)한국전자산업환경협회, (사)한국전자산업환경협회.

폐타이어실밥: ㈜크리오텍, 그린월드㈜, ㈜부성리사이클링.

폐합성수지: ㈜CNN, 자체발생.

필름류: ㈜정우리사이클링.

폐석고: 계림요업㈜, 대림B&CO㈜.

폐촉매: S-Oil.

폐타이어: 대한타이어공업협회, 군부대, 완주군청, 금호타이어광주공장, 금호타이어곡성공장, 성원이엔티, 강림산업, 에스제이테크, 인더스넷, 톰슨코리아, 에코네트.

폐고무: ㈜화승알앤에이, 동일고무벨트㈜ 부산공장, 동일고무벨트㈜ 양산공장, 신일자원, ㈜강림이엔알, 새한환경㈜, 신일기계상사, ㈜신우환경, 완주군, 은성산업, 대양테크, ㈜신우환경, ㈜강림이엔알, 우진산업.

군폐물자: 2군수지원사령부.

내장재: 개미자원, ㈜동진환경, ㈜성민ES, 대한소재, 거원산업, 한림산업.

압축수지: 한국스미더오아시스.

필름류: ㈜정우리사이클링, 대광자원개발㈜, ㈜JSE, 대한청정, 일광상사, 태봉산업㈜, ㈜제일환경, ㈜국보엔이티, ㈜풍림, ㈜성원이엔티, ㈜협성리싸이클링, 개미고물상, 아세아테크㈜, 성대산업, ㈜신우환경, 청명산업, 백송.

음식물쓰레기: 자체 발생.

폐목재: 자연산업㈜, 대성리사이클링㈜, 삼우인테리어, ㈜풍림, 도울환경, 애니테크, 정호산업, 황령기업, 상보산업, 대광자원개발㈜, 내광산업㈜, 그린비젼, 대웅산업, 한국철도시설공단 충청지역본부, 포레스코, 동화기업㈜, 대성목재공업㈜, 성림이루넬, ㈜씨맥스, ㈜도울환경, 자연산업㈜, 장산환경산업, 중앙자원, 대성목재공업㈜, ㈜풍림, ㈜정호산업.

반도체 공장의 폐기물도 시멘트 공장으로

"이 사진들을 도대체 어떻게 찍었어요?" 시멘트 공장 안에 가득 쌓인 쓰레기 사진들을 보며 많은 사람들이 궁금해 한다. 아무나 들어갈 수 없는 시멘트 공장 사진이니 그럴 만도 하다.

쓰레기로 시멘트가 만들어진다는 사실을 알고 오랜 시간 고민했다. 그리고 용기를 내어 시멘트 공장의 문을 두드렸다. 적을 알아야 제대로 싸울 수 있기 때문이다. 쌍용양회 영월 공장을 구경하고 싶다는 뜻을 공장장에게 전해 달라고 쌍용양회 관계자에게 부탁했다. 일주일쯤 지나 공장장에게 전화가 와 "서울에서 전무님이 목사님을 뵙고 싶어 한다"고 했다.

드디어 약속한 날, 서울에서 온 쌍용양회 A전무와 공장장, 생산이사와 함께 커다란 탁자를 사이에 두고 마주앉았다. 쓰레기 시멘트가 안전하다는 A전무의 설명이 길게 이어졌다. 한동안 설명을 들어주었다. 그러나 나를 설득하기 위한 설명이 한없이 이어져 말을 멈추게 할 필요가 있었다.

"전무님, 오늘 제가 여기 온 것은 설명을 듣기 위함이 아니라 공장을 보고 싶어서입니다. 제가 공부를 많이 해서 전무님이 저를 설득한다고 될 문제가 아닙니다. 공장 안에 어떤 쓰레기들이 사용되는지 보여주시지요"

"안 됩니다."

당연히 예상한 대답이었다. 누가 자신들의 치부를 쉽게 보여주겠는가. 그렇다고 '안 된다'는 한 마디에 쉽게 물러설 나도 아니었다.

"제가 앞으로 시멘트 문제를 다룰 예정인데, 공장 굴뚝에 '쌍용양회'라고 쓰인 사진을 찍어 공개해도 되죠?"

"안 되죠."

공장 굴뚝의 공장 이름 공개라는 약점 앞에서 공장장이 바로 반응했다.

"쌍용양회 공장 이름은 공개 안 할 테니 공장 구경 좀 시켜주세요."

이런 협박 아닌 협박을 통해 공장 안에 쌓여 있는 각종 쓰레기의 모습을 찍어내는 데 성공했다. 아마 당시만 해도 그들은 내가 쓰레기 시멘트 문제를 이렇게 크게 사회문제화해 내리라 생각하지 못했을 것이다. 그후 현대시멘트, 아세아시멘트, 동양시멘트, 성신양회 등은 각기 다른 방법을 통해 공장 안의 쓰레기 사진을 찍었다.

쌍용양회 공장에 반입된 삼성전자 탕정공장 반도체 슬러지.

영월 쌍용양회 공장을 돌아보던 바로 그날, 눈앞에서 녹색 트럭
이 시커먼 폐기물을 붓고 나갔다. 공장을 안내해 주던 생산이사가
내게 물었다.

"목사님, 저게 뭔지 아십니까?"

시멘트 공장이란 곳을 처음 들어갔던 날이니 어떤 쓰레기인지 알
턱이 없었다. 그의 설명이 걸작이었다.

"저게 삼성전자 탕정공장 슬러지인데요. 얼마나 유해한데, 우리
가 아니면 누가 처리하겠습니까?"

삼성전자 반도체공장 슬러지가 시멘트 공장에 들어와 시멘트가
된다고? 듣는 것만으로도 끔찍했다. 그러나 삼성전자 슬러지가 반
입되는 공장은 영월 쌍용양회 공장만이 아니다. 환경부 자료에 의하
면 모든 시멘트 공장들이 삼성전자뿐 아니라 LG와 하이닉스 반도체

공장의 슬러지를 사용한다. 큰돈이 되기 때문이다. 한 관계자의 증언에 따르면, 반도체 공장의 슬러지를 전문 산업폐기물 소각장으로 보내 처리하려면 톤당 50~60만 원이 소요된다. 그러나 시멘트 공장으로 보내면 단돈 10만 원이면 처리가 가능하다는 것이다. 폐기물을 배출하는 반도체 공장은 쓰레기 처리비용을 절감하고, 시멘트 공장은 톤당 10만 원이라는 쓰레기 처리비를 버니 '누이 좋고 매부 좋은 일'이었던 것이다.

시멘트 소성로 개선을 위한 민관협의회 위원으로서 폐기물 유해성 조사를 위해 시멘트 공장들을 방문했을 때, 삼성전자 반도체 공장의 슬러지 샘플 제출을 요구했다. 다른 폐기물 샘플은 쉽게 제공했는데 삼성전자 슬러지는 모든 공장이 제출을 거부했다. 자기 공장에 반입되는 것은 인정하면서도 다른 쓰레기들과 섞여 있어 찾을 수 없다는 것이 이유였다.

왜 영화까지 등장했을까

고등학교 3학년 재학 중에 삼성전자에 입사했다. 세계 초일류 기업을 지향한다는 대한민국 최고의 회사에 취직했으니 얼마나 기뻤을까? 반도체 조립라인 검사공정에서 일하다 2010년 뇌종양 진단을 받았다. 그리고 지난 2012년 5월, 서른두 살 젊은 나이에 뇌암으로 사망했다. 이윤정 씨 이야기다. 삼성반도체에서 일한 지 1년 6개월

만에 뇌종양 판정을 받은 후 투병하던 조재성(30) 씨 역시 지난 2014년 12월 29일 뇌암으로 숨졌다.

삼성전자 백혈병 피해자 모임인 '반올림(반도체 노동자의 건강과 인권지킴이)'에 따르면 지난 2014년 8월 17일 기준, 삼성전자 반도체 부문에서 일하다 백혈병, 뇌종양 등 중증질환에 걸렸다는 제보자가 164명이며, 그중 70명이 사망했다. 또한 삼성그룹 내 전자산업 부문 계열사에서 일하다 백혈병, 뇌종양 등의 중증질환에 걸렸다는 제보자는 233명에 달한다고 한다. 이런 아픔이 많았기에 삼성전자 반도체 공장에서 일하다 죽어간 이들의 슬픈 이야기가 〈또 하나의 약속〉이라는 영화로까지 등장한 것이다.

삼성전자에 취직한 청년들이 특별히 약한 체질의 사람들도 아니었을 텐데, 왜 반도체 공장에서 근무한 많은 이들이 백혈병과 암에 걸려 고통받았을까?

《수원시민신문》은 '삼성전기, 발암 화학물질 '톨루엔' 매년 배출 논란'이라는 2011년 5월 9일자 기사에서, 환경부가 국립환경과학원 화학물질배출량 정보공개 시스템을 통해 밝힌 삼성전자가 배출한 유해물질에 대해 다음과 같이 말하고 있다.

삼성전기는 '톨루엔' 배출에 이어 중추신경계에 영향을 주는 유독물질인 '2-프로판올'을 2007년에 880킬로그램, 2008년에 7.7톤, 2009년에 2.5톤을 배출했다. '2-프로판올'은 7년간 평균 4.4톤을 배출했다. 삼성전기는 '톨루엔'과 '2-프로판올' 이외에도 환경부가 발암 2B급으로 분류한 '니켈과 그 화합물Nickel and its compounds'도 2006년에 162킬로그램, 2007년 99킬로그램, 2008년 41킬로그램, 2009년 41킬로그램을 배출했다.

답은 자명했다. 반도체 공장들은 다양한 유해물질을 사용하고 있고, 그로 인해 근로자들이 백혈병과 뇌종양에 걸린 것이다. 2014년 5월 14일, 삼성전자가 자사의 반도체 공장 근무 중 백혈병 등 중증 질환에 걸린 노동자들에게 보상하겠다고 발표했다. 2007년 3월 황유미 씨가 백혈병으로 사망한 사건을 계기로 반올림이 대책을 요구한 지 거의 7년 만의 일이었다.

이날 삼성전자는 "진작 이 문제를 해결해야 했는데 그렇지 못한 점을 마음 아프게 생각하며 이 자리를 빌려 진심으로 사과드린다"고 했다. 그런데 반도체 공장 근로자들의 건강피해 외에도 다른 문제가 숨어 있다. 반도체 제조공정에서 발생하는 유해물질이 어떻게 처리되서 어디로 가느냐.

반도체 제조공정에서 발생한 슬러지와 공정 오니와 폐유기용제들은 시멘트 공장으로 반입되어 시멘트 제조에 사용된다. 그리고 이 사실을 아는 사람은 거의 없다.

반도체 제조공정에서 발생한 폐기물은 시멘트에 아무 영향을 끼치지 않을까? 2008년 6월 환경부가 만든 '시멘트 소성로 환경관리

개선 계획안'을 살펴보자.

시멘트 소성로 환경관리 개선 계획안

- 시멘트 공장에서 현재 사용중인 폐기물 중 분류가 부적합한 품목, 적정 처리가 우려되는 품목은 별도의 성분분석 등을 통하여 처리제한 여부를 검토한다.
- 제한여부 검토대상: 자동차 슈레더더스트, 염색폐수처리오니, 반도체폐수처리오니.

환경부는 분명히 폐차에서 발생하는 자동차 슈레더더스트와 함께 반도체 폐수처리오니 등의 폐기물의 제한 여부를 검토한다고 밝혔다. 그러나 이 폐기물들은 지금도 시멘트 공장에서 사용되고 있다.

국민들은 쓰레기종량제에 의해 자신이 배출하는 쓰레기에 대한 정당한 비용을 지불한다. 그런데 물건을 생산하며 많은 돈을 버는 기업들이 쓰레기 처리비용을 줄이기 위해 유독물질을 시멘트 공장으로 보내고 있다. 유해성이 높은 물질일수록 쓰레기 처리 단가가 높으니 시멘트 공장은 이런 쓰레기 유치를 환영한다.

근로자들을 병들게 하는 반도체 공정의 폐기물이 시멘트 공장에 반입된다는 것은 쓰레기 시멘트가 근절되어야 함을 보여주는 명백한 증거다.

전 세계적으로 폐타이어를 수입하는 쓰레기청소 국가

많은 사람이 즐겨 먹는 중국 음식 짬뽕에 빠지지 않는 홍합. 그러나 사실은 홍합이 아니다. 정확한 이름은 홍합을 닮은 지중해담치다. 이 지중해담치가 마산과 창원 여수 등 전국의 양식장에서 폐타이어에 키워진다. 폐타이어를 손가락 길이로 잘게 썰어 끈에 엮어 지중해담치를 양식한다. 우리가 홍합으로 알고 먹는 것은 홍합이 아니라 폐타이어에 양식한 지중해담치다.

폐타이어는 인체에 안전한 물질이 아니다. 고속으로 달리는 자동차의 고온과 고압을 견디기 위해 다양한 유해물질이 첨가된다. 〈오마이뉴스〉는 '한국타이어, 돌연사 위험물질 사용했다'는 2008년 2월 18일자 기사에서 "한국타이어 공장에서 발암성 유기용제인 톨루엔, 자이렌, 솔벤트 등을 다루다 지난 2006년 5월부터 2007년 9월까지 노동자 7명이 급성심근경색, 관상동맥경화증, 심장마비 등으로

　　　　　3 쓰레기 시멘트, 이렇게 만들어진다

5명이 폐암과 뇌수막종양, 1명 자살 등 모두 13명이 사망한 사실이 드러났다"며 타이어 공장에 사용하는 유해물질의 위험성을 전했다. 타이어가 안전한 천연고무가 아님을 말하는 것이다.

2014년 11월 21일, 채널A 〈먹거리 X파일〉에 폐타이어의 진실을 다음과 같이 인터뷰해 주었다.

폐타이어라고 하면 많은 사람들이 천연고무라고 생각하는데, 폐타이어는 천연고무가 아니라 석유화학 기름덩어리입니다. 그 안에는 수많은 화학물질이 담겨 있어요.

채널A는 폐타이어에 양식한 지중해담치의 PAHs(다환방향족탄화수소)를 검사해 본 결과, 폐타이어에서 자란 지중해담치에서 벤조페릴렌, 인데노피렌, 디벤조안트라센 등의 발암성 물질이 자연산보다 평균 네 배 검출되었다고 방송했다. 유럽연합의 인체유해기준에는 미치지 않았지만, 그렇다고 안전한 먹거리라고는 할 수 없다는 내용이었다.

폐타이어에 양식하는 먹거리는 지중해담치만이 아니다. 우리가 생으로 즐겨 먹는 굴을 폐타이어에 양식하는 곳도 많았는데, 다행히 지금은 인체유해성 때문에 폐타이어를 사용하는 곳이 일부에 불과하다.

어민들이 지중해담치와 굴을 폐타이어에 양식하는 이유는 편리

이렇게 가늘게 자른 폐타이어에 해산물을 양식한다.

함과 경제성 때문이다. 폐타이어는 수년 동안 반복 재사용이 가능할 뿐만 아니라 양식작업도 편리해 어민들이 애용한다. 어민들은 폐타이어에 지중해담치와 굴을 양식하는 것을 폐타이어 재활용이라고 말한다. 그러나 사람의 건강보다 편리함과 경제성만 추구하는 것은 잘못된 재활용이다.

현재 국내에서 폐타이어는 인조잔디, 보도블록, 고무밧줄, 고무발판 등 다양하게 재활용된다. 폐타이어의 재활용 중 가장 잘못된 사례는 쓰레기 시멘트다. 시멘트 공장마다 폐타이어가 산을 이루고 있다. 폐타이어는 열량이 높아 비싼 유연탄을 대신해 줄 수 있으니 시멘트 공장의 연료비를 절감해 주는 효자다. 쌍용양회 공장에는 폐타이어를 사용해 연간 28억 원을 절감한다는 팻말이 붙어 있을 정도다.

폐타이어에 500도의 열을 가하면 50퍼센트의 중유와 카본블랙과 철심으로 분리된다. 또 〈폐기물 유형에 따른 소각재의 중금속 용출

3 쓰레기 시멘트, 이렇게 만들어진다

특성 연구)에 따르면, 폐타이어를 완전 소각하면 비산재에는 아연 115,025mg/kg, 납 504.1mg/kg, 구리 155.3mg/kg, 카드뮴 17.0mg/kg 이 검출되고, 바닥재에는 아연 15,821.7mg/kg, 구리 92.1mg/kg, 납 34.7 mg/kg의 순으로 유해 중금속이 남는다고 밝히고 있다. 폐타이어 소각재에 다량의 아연과 납 등이 남고, 이 중금속이 결국 시멘트가 된다.

70미터에 이르는 기다란 시멘트 소성로의 온도를 1400도로 유지하기 위해 폐타이어와 폐고무 등의 가연성 쓰레기를 석회석과 함께 혼합해 투입한다. 시멘트 소성로 안에 투입된 폐타이어는 자신을 태워 소성로의 온도를 높여주고, 타고 난 재는 자연스럽게 시멘트가 된다. 쓰레기로 만든 시멘트에 발암물질과 유해 중금속이 많은 이유 중 하나다.

진짜 자원재활용 |

시멘트 공장에서 폐타이어를 처리하지 않으면 산더미처럼 쌓인 폐타이어를 어떻게 할 거냐고 물어오는 사람들이 있다. 폐타이어의 재활용 방법은 아주 다양하다. 한 재활용업체 부회장은 폐타이어를 잘게 분쇄해 고무와 철심을 분리하는 기술이 있는데, 환경부가 자원재활용에 쓸 폐타이어를 주지 않는다고 하소연했다.

대한민국의 폐타이어 재활용 기술은 그 어느 나라보다 뛰어나다.

폐타이어를 중유와 카본블랙과 철심으로 분리하는 기술을 외국에도 수출할 정도다. 2014년 9월 15일자 《머니투데이》는 '동성홀딩스, 동성에코어 폐타이어 플랜트 中공장 준공'이라는 기사를 통해 동성홀딩스 기업이 폐타이어 열분해 에너지화 플랜트 기술로 세계시장 공략을 본격화한다고 보도했다.

국내 기업들이 세계에서 인정받는 폐타이어 재활용 기술력을 소유하고 있는데, 왜 국내에는 폐타이어 재활용 공장을 짓지 않을까? 환경부 덕에 대부분의 폐타이어가 시멘트 공장으로 가서 재활용할 폐타이어가 남아 있지 않기 때문이다. 폐기물을 이용해 발전소 건설을 추진했던 한 사람은 환경부가 모든 폐기물을 시멘트 공장으로 보내 발전소에 사용할 폐기물이 없다고 하소연하는 편지를 보내오기도 했다.

국내 시멘트 공장이 얼마나 많은 폐타이어를 사용하는지 일본과 비교해 보자. 한국폐타이어공업협회 자료에 따르면 2006년 폐타이어 발생량의 61.2퍼센트를 시멘트 공장이 사용했고, 12퍼센트가 고무분말과 밧줄, 재생타이어 8.4퍼센트, 중고차 장착 수출 8.7퍼센트 등으로 활용되었다. 일본 시멘트 공장의 경우 2006년 일본 폐타이어 발생량의 15.9퍼센트를 사용했고, 2007년에는 더 줄어들어 13.9퍼센트만을 시멘트 제조에 사용했다.

2006년 일본은 7300만 톤의 시멘트를 생산했고, 한국은 4900만 톤의 시멘트를 생산했다. 시멘트 생산량이 훨씬 많은 일본에서도 우

수입된 일본산 폐타이어.

리나라보다 폐타이어를 적게 사용한다는 사실을 쉽게 알 수 있다.

대한민국의 시멘트 공장은 국내에서 발생한 폐타이어의 61.2퍼센트를 사용했다. 그것으로도 부족해 일본의 폐타이어까지 수입해 사용했다. 대한민국 시멘트가 외국 시멘트에 비해 얼마나 유해한지 단적으로 증명해 주는 사례다.

그런데 최근 더 큰 문제가 있다는 사실을 알았다. 국내 시멘트 공장들은 일본의 폐타이어 수입에 그치지 않고 미국, 호주, 영국, 독일, 이태리 등 전 세계에서 폐타이어를 수입하고 있다. 시멘트 공장의 작은 이익을 위해 대한민국을 전 세계 쓰레기청소 국가로 만들고 있는 중이다.

이 땅의 환경을 지켜야 할 환경부가 오히려 시멘트 공장을 통한

국토 오염을 방조하고 있는 것이다. 폐타이어와 쓰레기로 시멘트를 만드는 것은 결코 자원재활용이 아니다.

폐부동액의 진실

4대강사업의 녹조라떼도 아닌데 하천이 온통 녹색으로 변했다. 맑디맑던 시골의 작은 하천이 왜 녹색으로 변했을까? 범인은 바로 곁에 있는 시멘트 공장이었다.

2007년 2월 25일, 쌍용양회 영월 공장에서 폐부동액이 유출되어 인근 하천을 오염시킨 적이 있다. 전국의 자동차와 항공기 폐부동액과 대형 건물의 에어컨 폐냉매를 모아 시멘트 제조에 사용하던 액상 폐기물이었다. 시멘트 공장에서 왜 하천을 오염시킬 만큼 많은 양의 폐부동액을 보관하고 있었을까? 원료도 연료도 되지 않는 폐부동액과 에어컨 폐냉매가 시멘트 제조에 왜 필요할까?

이를 알기 위해서는 시멘트 제조 공정에 대한 이해가 필요하다. 폐타이어, 폐고무, 폐유, 하수 슬러지, 제철 슬래그, 소각재 등을 석회석과 함께 혼합해 고온에 소각하면 '클링커'라는 까만 덩어리가

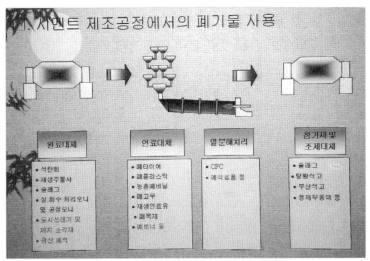

'첨가제대체'라는 이름으로 폐부동액이 시멘트 제조에 사용된다.

된다. 이 클링커를 곱게 분쇄해야 시멘트가 된다. 문제는 클링커를 분쇄만 하면 시멘트 가루가 이내 굳어져 오랜 시간 보관할 수 없다는 것이다. 클링커를 분쇄해 시멘트로 만드는 과정에 시멘트가 굳는 것을 방지하기 위해 응결지연제를 첨가한다. 예전엔 응결지연제로 석고를 사용했으나 지금은 발전소에서 발생한 폐석고와 폐부동액과 폐냉매가 사용된다. 폐부동액과 폐냉매 등에 함유된 에틸렌글리콜과 프로필렌글리콜 성분이 시멘트 가루가 굳어지는 걸 방지해 주기 때문이다.

시멘트 공장이 응결지연제로 사용하는 폐부동액의 종류는 가스공사에서 동결방지용으로 사용하던 열매체용 폐부동액과 대형건물 및 산업체에서 빙축열시스템으로 사용하는 폐냉매, 항공기 날개 결

빙 방지용 폐부동액과 폐차장과 카센터에서 수거한 자동차용 폐부
동액 등이다. 시멘트 공장에 반입되는 폐부동액 배출처는 대한항공,
아시아나항공 등 항공기 회사를 비롯해 삼성병원, 동양백화점, 현대
백화점 등 대형 건물이었다.

시멘트 공장들이 쓰레기로 시멘트를 만들며 입에 달고 있던 변
명은 '시멘트 소성로는 고온이라 쓰레기의 유해성이 사라진다'였다.
그러나 응결지연제로 시멘트에 첨가하는 폐부동액과 폐냉매는 고
온의 소각 과정을 끝낸 후 분쇄 과정에서 넣는 것이다. 그렇다면 소
각 후 첨가제로 사용하는 폐부동액과 폐냉매에 함유된 인체 유해물
질은 어떻게 되는 것인지 묻고 싶다.

2008년 10월, 환경부 국정감사에서 박준선 의원이 폐부동액 사용
의 위험성을 따졌다. 환경부 국정감사 녹취록을 옮겨본다.

박준선 의원: 증인, 지금 이 사진 보이십니까? 쌍용양회 영월 공장 바
로 부근에 있는 하천인데, 이 사진 보신 적 있어요? 이게 폐부동액과
폐냉매가 유출되서 나온 색깔이라는데, 맞아요? 그러니까 하천에 방
류되고 있는 것은 맞죠? 항공기 부동액이나 에어컨 폐냉매 이런 것들
이 시멘트 공장에서 어떤 용도로 사용되죠? 시멘트 소성로에서 나오
는 시멘트 가루에다가 하는 것이에요? 소성로에다 하는 것이에요?

증인(쌍용양회공업 ○○○본부장)**:** 소성하고 난 다음에 반제품이라는 클링
커입니다.

박준선 의원: 그러면 시멘트 완제품에는 그게 남아요, 안 남아요?

증인: 거의 안 남습니다.

박준선 의원: 거의 안 남는다는 게 남긴 남는다는 겁니까?

증인: 제로라고는 못합니다.

박준선 의원: 제로라고는 보장 못하지요?

증인: 네.

박준선 의원: 그러면 자원순환국장, 폐부동액 폐냉매 이것이 인체에 유해한 거예요, 무해한 거예요?

정연만 환경부 국장(현 환경부 차관): 인체에 유해합니다.

폐부동액의 주성분인 에틸렌글리콜과 프로필렌글리콜은 동결방지, 과열방지, 부식방지를 위해 사용한다. 간혹 자동차에서 누수되어 히터 부위를 타고 흘러들면 두통을 일으키기도 하는 건강에 해로운 물질이다. 겨울철 건설공사 현장에서 시멘트 배합 시 얼지 말라고 물과 혼합해 사용하는데, 물로 오인해 커피나 컵라면을 끓여 먹다가 종종 사망사고가 발생하기도 한다.

2012년 12월 26일자 《충청타임즈》는 '또 부동액 물로 착각… 공사장 관리부실 논란'이란 제목의 기사에서 부동액의 위험을 다음과 같이 전한다.

지난달 충북 제천 대학 기숙사 공사현장에서 근로자 7명이 물과 혼합한

3 쓰레기 시멘트, 이렇게 만들어진다

부동액으로 끓인 라면과 커피를 먹고 의식을 잃고 쓰러진 사건이 발생한 지 불과 한 달도 지나지 않은 지난 23일 경기도 파주 군부대 막사 신축공사 현장에서 똑같은 사고로 인부 7명이 복통과 구토증상을 보이며 병원으로 후송됐다. 앞서 지난 1월에는 전북 고창군 빌라 신축 현장에서 인부 8명이 부동액이 든 물로 컵라면을 끓여 먹다 병원으로 후송돼 1명이 숨지기도 했다.(…) 이런 부동액을 사람이 섭취할 경우 에틸렌글리콜이란 성분 때문에 급성신부전증을 야기하는 등 섭취량에 따라서는 사망에까지 이를 수도 있다.

그동안 환경부는 시멘트 공장에서 지정폐기물은 사용하지 않는다고 주장해 왔다. 2006년 환경부가 국회에 제출한 국정감사 자료에 따르면, 쓰레기 사용을 허가해 주고 관리를 제대로 하지 않은 이유는 시멘트 공장에서 지정폐기물을 사용하지 않기 때문이라고 했다. 그러나 이는 거짓말이다. 쌍용양회가 2001년부터 응결지연제로 사용한 폐부동액과 폐냉매 등은 명백한 유해성 지정폐기물이기 때문이다. 원주지방 환경청에서는 폐부동액과 폐냉매 등을 사용할 수 있도록 '지정폐기물 중간처리업 허가'를 내주기까지 했다.

쌍용양회는 폐부동액을 응결지연제로 사용하며 "유해 폐기물을 폐자원으로 재활용하여 국가자원 절약에 기여하고, 원가절감 기대"라는 효과와 장점이 있다고 밝혔다. 그러나 폐부동액을 시멘트 응결지연제로 사용했을 때 과연 국가적으로 얼마나 큰 자원절감이 될까? 경영 위기로 한 푼이 아쉬운 시멘트 공장에게 큰돈이었을 뿐이리라.

2001년 10월 24일자 《매일경제》는 '쌍용양회, 폐부동액 처리기술 개발'이라는 제목의 기사에서 "시멘트 업계 전체가 연간 1만 톤의 첨가제를 사용하고 있는데, 이를 폐부동액으로 대체하면 약 100억 원의 비용을 절감할 수 있다"고 전하고 있다. 결국 지정폐기물을 시멘트 제조에 사용하는 목적은 단 하나, '돈' 때문이었다.

오늘날 우리가 살아가는 집은 '연료대체' '원료대체' '첨가제대체'라는 미명하에 수많은 폐기물로 만든 시멘트로 지어졌다. 쓰레기를 시멘트에 사용하기 위한 논문들이 참 많다. 시멘트 업계에서 관련학과 교수들에게 용역을 주고 논문이 작성되면, 그 다음엔 쓰레기가 시멘트의 재료로 자연스럽게 반입된다. 그러나 쓰레기로 시멘트가 만들어졌을 때, 그 안에서 살아가는 사람들의 건강에 미치는 영향에 대한 논문은 단 한 편도 찾아볼 수 없다.

30년간 매립된 쓰레기로 시멘트를 만든다고?

인천시 경제자유구역 개발사업 현장. 이곳이 과거 쓰레기 매립장이었다는 사실을 아는 사람은 별로 없다. 매립된 쓰레기가 썩어가며 가스가 배출되는 곳에 도시를 건설할 수는 없다. 당연히 오래전에 묻었던 쓰레기를 파냈다. 문제는 이 쓰레기를 어떻게 처리하느냐다. 사업 주체인 한국토지공사는 쓰레기를 가장 싸게 처리할 방법을 찾아냈다. 시멘트 공장이었다.

인천 영종도 청라지구라 부르는 이곳은 1980년대 인천시의 비위생 매립장이었다. 산업쓰레기와 생활쓰레기, 그리고 건축폐기물이 함께 혼합 매립된 곳이다. 건축폐기물 중에는 석면도 포함된다. 석면은 최근 지정폐기물로 정해지기 전까지는 일반 매립장에 버렸다. 비위생 매립장 청라지구의 쓰레기에는 당연히 석면을 비롯해 온갖 유해물질이 함유되어 있을 가능성이 있다.

토지공사는 가연성 폐기물만 선별해 시멘트 공장으로 보낸다고 주장했다. 그러나 선별이라는 게 흙을 털어내는 수준에 불과하다. 30년간 땅에 매립되었던 쓰레기를 깨끗하게 세척할 수 있는 것도 아니고, 토사로 뒤덮였던 쓰레기에는 당연히 석면 등의 위험물질이 혼재할 것이다.

토지공사의 쓰레기용역 공고 내역을 자세히 살펴보니 "폐기물 안에 5퍼센트의 토사가 함유될 수 있고, 상태에 따라 이물질 함유량, 크기 등의 차이가 있을 수 있다"며 충분히 검토 후 입찰에 참가하라고 친절하게 안내했다. 한 마디로 위험물질이 포함된 불안전한 쓰레기라는 말이다.

특히 이 쓰레기 매립장은 갯벌 위에 조성된 곳이다. 그러니 토지공사 발주 내역이 인정하듯 함수율이 높다. 여기서 수분이란 철근을 부식시키는 염분을 의미한다. 결론은 시멘트의 안전성을 위협하는 쓰레기라는 것이다. 이런 위험한 쓰레기를 가져가려는 시멘트 공장이 과연 있을까?

한국토지공사가 추진한 쓰레기처리사업의 내용은 다음과 같다.

1. 용역명: 인천 청라지구 비위생 매립폐기물 3원선별후 가연성 폐합성
   수지 폐기물처리용역.
2. 위치: 인천광역시 서구 경서동, 원창동, 연희동 일원.
3. 목적: 인천경제자유구역 개발사업 청라지구 내 비위생매립지 굴착/
   선별 작업된 가연성 폐합성수지 폐기물을 정부시책인 저탄소 녹색
   발전 및 지구온난화 방지 최소화와 관련하여 지구 내 매립폐기물 중
   가연성폐기물을 친환경적이며 경제적으로 적정하게 처리하는데 목
   적이 있음.
4. 용역내용
   • 대상폐기물: 청라지역 가연성 폐합성수지 등 생활계 가연성 폐기물.
   • 용역내용
     가. 1차 운반(현장−중간처리장): 8만 3000톤.
     나. 중간처리비(재활용, 가연성−파쇄): 8만 3000톤.
     다. 잔재처리(파쇄 후 잔재물 처리): 4150톤.
     라. 2차 운반(중간처리장−시멘트 공장): 7만 8850톤
   • 설계금액 : ₩ 7,940,361,000(VAT포함)

간단히 정리하면, 쓰레기 매립장에 묻힌 가연성 쓰레기 8만 3000

톤을 79억 4000여만 원에 시멘트 공장으로 처리하는 사업이었다. 토지공사는 매립 쓰레기를 시멘트 공장으로 보내는 용역 입찰을 공고했다.

정부기관 스스로 불법을

청라지구 쓰레기를 시멘트 공장으로 보내는 데에 아무 문제가 없었을까? 쓰레기 매립장에 묻힌 쓰레기는 최종처리된 쓰레기다. 최종처리된 쓰레기를 다시 캐내 중간처리업체를 통해 시멘트 공장에서 재활용한다는 것은 대한민국 어떤 법에서도 그 근거를 찾아볼 수 없다.

쓰레기의 안전한 재활용을 위해서는 쓰레기 발생처가 명확해야 한다. 그러나 청라지구에 묻힌 쓰레기는 30년 동안 마구 매립된 쓰레기들이다. 발생처는 고사하고 어떤 쓰레기인지조차 구분할 수 없다.

애초에 토지공사가 설계한 쓰레기 처리량은 11만 톤이었다. 그런데 2007년 1월부터 2008년 10월까지 1차 7만 8000톤, 2차 9만 톤의 쓰레기를 쓰레기 전문 소각장에서 처리하고도 8만 3000톤이나 남았던 것이다. 결국 쓰레기 처리비용을 줄여 토지개발 사업비를 절감하기 위한 몸부림으로 시멘트 공장을 끌어들인 것이다. 쓰레기를 소각장에 보내면 처리비용이 톤당 26만 6000원인데 비해 시멘트 공장으로 보내면 톤당 10만 원에 불과했기 때문이다.

2009년 5월, 한국토지공사가 작성한 〈가연성 폐기물 시멘트 연료화 추진 내용〉이란 보고서는 외자유치와 국가경제까지 들먹이며 다음과 같이 상세하게 설명한다.

동 폐기물 발생 지역은 외자유치 지역으로 일반 소각업체의 경우 톤당 26만 6000원의 비용이 소요되나 보조연료화 시 톤당 10만 원 미만으로 처리할 수 있어 약 150억 원의 처리비용을 절감하여 외자유치 지역의 토지원가를 낮출 수 있어 외자유치 활성화에도 기여하여 국가경제에도 도움이 될 것으로 판단.

토지공사가 시멘트연료화 입찰을 공고하자, 시멘트 공장들은 중간처리업체와 수탁협의서를 작성해 입찰에 응할 준비를 했다. 한 푼이 아쉬운 시멘트 공장에게 72억 원은 큰돈이었기 때문이다.

매립 쓰레기가 시멘트 공장으로 반입되는 것을 막을 방법을 찾아야 했다. 한 가지 묘안이 떠올랐다. 마침 친분이 있던 《충청신문》 박종철 기자에게 관련 보도를 요청했다. 박 기자는 '인천 청라지구 폐기물 8만 3천 톤, 충북에 오나 쓰레기 시멘트 제2의 쓰나미 사태 예고'라는 제목의 기사를 신문 한 페이지 가득 채웠다. 단 한 줄의 광고도 없었다. 신문을 들고 인쇄소로 달려갔다. 신문과 똑같이 인쇄해 전국의 각 시멘트 공장 지역 주민들에게 수천 부씩 보냈다.

인천의 비위생 쓰레기 매립장에 묻혀 있던 쓰레기가 자기 마을 시멘트 공장에 들어온다는 소식이 전해지자 난리가 났다. 마을 주민들이 시멘트 공장에 강력 항의를 했다. 마침내 2009년 6월 16일, 현대시멘트 공장은 지역주민의 동의 없이 쓰레기를 절대 받지 않겠다고 확약서를 작성해 주민 대표에게 보냈다.

쓰레기 처리비 절감을 위해 매립 쓰레기를 시멘트 공장으로 보내려던 계획이 무산되자 토지공사가 다급해졌다. 그래서 쓰레기를 받아주면 톤당 5000원 플러스 알파를 마을에 기부하겠다고 시멘트 공장의 마을 주민들을 유혹했다. 그러나 주민대표들 마음대로 할 수 있는 단계는 이미 지난 때였다. 인쇄된 신문기사가 마을 주민들에게 배포되었기 때문이다.

결국 인천 청라지구의 매립 쓰레기는 시멘트 공장에 반입되지 못했다.

재벌 시멘트 회사의 약속과 거짓말

쓰레기 시멘트가 개선되었다는 시멘트 공장의 주장을 나는 믿지 않는다. 기업의 생존을 위해 쓰레기에 의존하며 상습적으로 거짓말 하는 모습을 수없이 목격했기 때문이다.

2005년 3월 KBS 환경스페셜 〈콘크리트, 생명을 위협하다〉에서 국내 처음으로 시멘트 중 발암물질 6가크롬 문제가 제기되었다. 방송 후, 한국시멘트협회가 요업기술원에 용역을 의뢰해 국내 시멘트의 유해물질을 조사했다.

2006년 5월, 요업기술원이 최종 보고한 〈시멘트 중 중금속 함량 조사 연구〉에는 국내 시멘트 공장별 6가크롬 저감 계획이 자세히 나와 있다. 대부분의 시멘트 공장들이 크롬 1800mg/kg 이하의 폐기물만을 사용해 발암물질 6가크롬 20mg/kg을 준수하겠다고 발표했다. 폐기물 중 크롬 함량이 높을수록 6가크롬으로 전환되는 비율도 높기 때문이다. 7개 시멘트 회사 중 동양시멘트는 1000mg/kg 이하라는 가장 강력한 저감계획을 내놓았다.

동양시멘트(주)

- 부 원료 및 보조연료 재생자원 기준치 강화 1000mg/kg 이하 사용.
- 시멘트 중의 6가크롬 평균 18.8(최대 29.0)mg/kg 이하 저감목표 관리 계획.

과연 2006년 5월 발표된 위의 보고서 내용대로 동양시멘트는 약속을 지켜 크롬 1000mg/kg 이하의 폐기물만 사용해 안전한 시멘트를 만들었을까?

2007년 가을, 국내 모든 시멘트를 구입해 분석했다. 다른 시멘트 제품들은 목표치인 20~30mg/kg 이내의 6가크롬이 검출되었는데, 동양시멘트는 무려 110.4mg/kg의 6가크롬이 검출되었다. 환경부가 안전하다는 기준 20mg/kg의 5배가 넘는 수치였다. 눈으로 보고도 믿겨지지 않는 발암 시멘트였다.

환경부가 인정하는 국내 최고의 공인기관인 요업기술원과 한국화학시험연구원 두 곳에 다시 분석을 의뢰했다. 결과는 크게 달라지지 않았다. 77mg/kg과 73mg/kg으로 환경부 안전기준의 4배 가까운 수치였다.

쓰레기 시멘트의 유해성 논란이 한창이던 2007년 가을에 생산된 시멘트였다. 아무도 쓰레기 시멘트의 유해성을 지적하지 않던 옛날보다 많이 개선된 시멘트였을 것이다. 게다가 크롬 1000mg/kg 이하의 쓰레기를 사용함으로써 6가크롬 20mg/kg 이하의 안전한 시멘트를 만들겠다고 약속한 2006년 5월 이후에 생산된 시멘트였다. 시멘트 안의 발암물질은 이토록 심각했다.

속이기 위한 임시방편으로서의 약속 |

왜 동양시멘트의 시멘트에서 유독 발암물질이 높게 검출되었을까? 그 이유를 보여주는 한 장면을 잡았다. 여명이 밝아오자 밤새 바다에 정박해 있던 배가 삼척항으로 들어오기 시작했다. 'SKY LADY'라고 쓰여 있는 화물선이 삼척항 동양시멘트 부두에 정박했다. 드디어 뚜껑이 열렸다. 포클레인이 배에서 시커먼 철 슬래그를 퍼 내렸고, 그것을 덤프트럭들이 연신 동양시멘트 공장으로 운반했다. 스카이레이디호가 실어온 쓰레기는 일본의 제련소에서 나온 철 쓰레기였다.

여기엔 놀라운 사연이 숨어 있었다. 쌍용양회가 일본에서 크롬 함유량이 7000mg/kg이 넘는 철 슬래그를 수입했다. 그러나 크롬 함량이 너무 높아 시멘트 중 발암물질이 다량 발생하자 2005년 4월, 스스로 수입을 중단했다. 그러자 놀라운 일이 벌어졌다. 쌍용양회가 일본의 철 슬래그 수입을 중단하자, 동양시멘트가 일본으로 달려가 톤당 2~3만 원의 쓰레기 처리비를 받고 그것을 국내로 들여온 것이다.

동양시멘트는 여전히 대한민국에서 알아주는 재벌 기업에 속한다. 그런데 다른 기업이 수입을 중단한 유해 폐기물을 쓰레기 처리비를 벌기 위해 수입하다니, 놀라울 뿐이다. 동양시멘트가 크롬 함량이 7000mg/kg이 넘는 철 슬래그를 수입했다는 것은 발암물질을 수입했다는 것과 똑같은 이야기다. 폐기물 안의 크롬이 시멘트 소성로에서 1000도 이상의 열을 받으면 발암물질 6가크롬으로 전환되기 때문이다.

동양시멘트가 잘 몰라서 이런 유해 쓰레기를 수입한 것은 아니다. 2006년 5월, 요업기술원이 최종 보고한 〈시멘트 중 중금속 함량 조사 연구〉에 크롬 1000mg/kg 이하의 폐기물 사용하겠다고 약속했기 때문이다. 이렇게 크롬의 위험성을 잘 아는 재벌 기업이 고작 톤당 2~3만 원의 쓰레기 처리비를 받기 위해 크롬 함량이 7000mg/kg이 넘는 쓰레기를 수입했다는 것은 어떤 변명으로도 용납될 수 없다. 동양시멘트의 철 슬래그 수입은 내가 철 슬래그 수입 현장 사진을 찍어 기사를 내보낸 후에야 중단되었다.

MBC 기자와 함께 삼척에 위치한 동양시멘트를 찾아간 적이 있다. 그때 일본에서 수입한 문제의 철 슬래그에 대해 물었다. 그러자 7000mg/kg이 아니라 3000mg/kg 이내의 철 슬래그만 수입했다고 대답했다. 그런데 건너편에 앉아 있던 관계자가 눈짓을 하자 이내

크롬이 함유된 일본산 철 슬래그가 수입되는 현장.

말을 바꿨다. 2005년 3월 이후 일본에서 철 슬래그를 수입한 적이 없다는 것이다.

2005년 3월은 쌍용양회가 일본 철 슬래그 수입을 포기한 시점이다. 동양시멘트가 그 직후부터 일본의 철 슬래그를 수입했다는 사실을 이미 다 알고 있는데, 뻔한 거짓말을 하는 사람들에게 더 이상 질문할 필요가 없었다.

시멘트의 안전을 위해 크롬 1000mg/kg 이하의 폐기물만 사용하겠다고 약속한 동양시멘트였다. 그러나 현실은 몇푼의 돈을 벌기 위해 일본에서 크롬 함유량 7000ppm이 넘는 쓰레기를 수입하는 치졸한 기업에 불과했다. 이런 비양심적인 기업의 자발적인 개선을 믿을 수 있을까?

또 동양시멘트 공장 뒷산에 석탄재와 유연탄을 쌓아놓아 환경오염을 불러일으킨다는 제보를 받고 그곳에 몰래 숨어들어간 적도 있다. 역시 일본에서 수입한 석탄재가 산처럼 쌓여 있었다. 더 놀라운 것은 그 석탄재 주변이 녹색 침출수투성이라는 사실이다. 게다가 어마어마한 양의 유연탄이 산 언덕 가득 쌓여 있었다. 일본 석탄재와 유연탄이 주변 마을로 날아간 것은 너무도 당연했다. 아무리 둘러봐도 비산먼지를 예방하기 위한 장치는 없었다. 심지어 유연탄에서 발생한 시커먼 침출수도 사방으로 흘러내렸다. 동양시멘트 공장 뒷산은 온통 불법 천지였다.

그 자리에서 원주지방 환경청에 전화했다. 오염된 현장을 설명하며 환경법 위반 여부를 물었다.

"유연탄일지라도 비산먼지와 침출수가 발생하면 당연히 불법이요, 석탄재 불법 야적과 침출수 발생은 폐기물관리법 위반이고, 비산먼지관리기준 위반입니다."

크롬 함량 7000mg/kg이 넘는 철 슬래그를 수입하는 것도 모자라 동양시멘트는 오랜 기간 불법 야적까지 저질렀다. 어떻게 그럴 수 있었을까? 해당 관할 관청인 삼척시와 강원도청, 그리고 환경부의 묵인과 방관이 없었다면 불가능했을 것이다.

4

일본의 쓰레기 식민지로
전락한 대한민국

시멘트 회사들은 심지어 일본 쓰레기까지 수입해서 시멘트를 만든다.

세계 경제 10위를 꿈꾸는 대한민국이 일본 쓰레기 처리 국가로 전락한 이유를 살펴보고,

쓰레기 처리비를 받기 위해 일본 쓰레기를 수입하며 우리의 자긍심까지 팔아먹는

대한민국 시멘트 회사의 슬픈 현실을 고발한다.

일본 석탄재를 수입하는 세계 유일의 나라

강원도 삼척항에서 가장 가까운 모텔을 잡았다. 그러나 편히 잠을 잘 수가 없었다. 일본에서 쓰레기를 실어온 배가 바로 눈앞에 있으니 잠이 올 리 없었다. 혹시나 한밤중에 하역작업을 하지 않을까 싶어 항구 주변을 밤새 맴돌았다.

드디어 동이 트기 시작하자 포클레인으로 석탄재를 항구 바닥에 퍼 내렸다. 석탄재는 다시 덤프트럭에 담겨 시멘트 공장으로 운반되었다. 삼척항 바닥은 석탄재로 넘쳐흘렀고, 심지어 시커먼 침출수가 바다로 유입되기까지 했다.

한국은 후쿠시마 핵발전소 사고 이후 방사능 오염이 우려되는 일본 고철 수입이 오히려 증가한 이상한 나라다. 그뿐 아니다. 일본의 화력발전소 쓰레기인 석탄재를 수입하는 전 세계에서 유일한 나라다.

対象物	輸出の目的	相手国	輸出報告の重量（トン）	輸出確認の重量（トン）
石炭灰	セメント製造の粘土代替原料	韓国	7,591	*71400
石炭灰	セメント製造の粘土代替原料	韓国	7,132	*17470
石炭灰	セメント製造の粘土代替原料	韓国	22,018	*80000
石炭灰	セメント製造の粘土代替原料	韓国	3,513	*40500
石炭灰	セメント製造の粘土代替原料	韓国	1,021	*2500
石炭灰	セメント製造の粘土代替原料	韓国	1,500	*9360
石炭灰	セメント製造の粘土代替原料	韓国	7,409	*100000
石炭灰	セメント製造の粘土代替原料	韓国	8,988	*21400
石炭灰	セメント製造の粘土代替原料	韓国	28,529	*58700
石炭灰	セメント製造の粘土代替原料	韓国	2,164	*4000
石炭灰	セメント製造の粘土代替原料	韓国	1,514	*3120
石炭灰	セメント製造の粘土代替原料	韓国	162,739	*184800
石炭灰	セメント製造の粘土代替原料	韓国	16,375	*21000
石炭灰	セメント製造の粘土代替原料	韓国	999	12,000
石炭灰	セメント製造の粘土代替原料	韓国		21,000
石炭灰	セメント製造の粘土代替原料	韓国		21,000

일본 석탄재 수출 현황. 수입국은 한국뿐이다.

일본 환경성 홈페이지는 매년 폐기물 처리현황을 발표한다. 이중 석탄재 처리 현황을 보면, 수출 대상국이 '한국, 한국, 한국, 한국, 한국, 한국…'만 끝없이 이어진다. 일본 석탄재를 수입해 시멘트를 만드는 나라는 전 세계에서 유일하게 한국뿐이다.

석탄재의 위험성

2014년 가을, 추수가 한창인 서산 천수만 들녘에 다녀왔다. 보령화력발전소에서 발생한 석탄재를 농경지 사이 도로건설 기층재로 사용하고 있었다. 국내 화력발전소에 넘쳐나는 석탄재를 처리할 길이 없어 농경지 오염에도 불구하고 도로 기층재로 사용한 것이다. 석탄재가 수로와 만나 시커먼 침출수가 농경지로 흘러들고 있었다.

농경지로 흘러드는 석탄재는 주변 환경에 아무 문제를 일으키지 않을까? 석탄재의 위험성에 관한 자료를 살펴보자. 화력발전소의 석탄재가 인근의 표고버섯 재배 농가에 날아가 생산량을 감소시켰다며 환경분쟁조정위원회가 배상판결(2002년 11월 18일)을 내린 적이 있다. 표고버섯은 ph4.5~6.5 약산성에서 잘 자라는데, 석탄재 먼지는 ph8.1로 약알칼리라서 표고버섯의 성장에 문제를 일으킬 수 있다는 판결이었다.

《한겨레》는 2002년 5월 1일자 '석탄재로 지은 건축물 우리 곁으로'란 기사에서 석탄재가 물을 만날 때의 위험성을 다음과 같이 지적했다.

경남 김해시 인제대학교 환경시스템공학부 황인영 교수는 '석탄재 적치장 근처 하천 등에서 수서생물의 번식률 저하, 어린 개체의 기형 발생, 사망률 증가, 성장률 저하 등의 현상이 발생하고 있는데 이런 현상이 석탄재와 관련이 있는 것으로 밝혀지고 있다.(…) 석탄재 안에는 환경과 인체에 해로운 비소나 셀레늄 등 중금속과 다환방향족화합물이 들어 있어 석탄재 재활용제품에 대해서도 환경안전성평가가 필요하다.

엘 라이힌더스J. Reijnders가 쓴 〈연소재의 이용과 관리, 처분에 대한 조사Disposal, uses and treatments of combustion ashes: a review〉라는 논문을 찾았다. 세계 다양한 연구들을 취합해 석탄재의 위험성을 잘 정리해 놓은 이 논문은 석탄재 사용의 위험을 다음과 같이 경고한다.

석탄재는 상당한 양의 우라늄^U, 토륨Th, 라돈^{Ra}과 같은 방사성 원소들을 함유하고 있다. 따라서 이런 재들이 실내 노출로 이어지는 건축자재로 사용될 때 문제는 심각하다. 석탄재는 동물의 기형아 출생을 유발하며, 식물성·동물성 플랑크톤에 부정적인 영향을 끼친다.(…) 석탄재를 물속에 넣을 때, 비소, 붕소, 베릴륨^{Be}, 크롬, 망간^{Mn}, 몰리브덴, 납, 인, 안티몬^{Sb}, 셀렌, 바나듐^{V}과 아연 등으로 인한 심각한 환경장애가 일어날 수 있다.(…) 폴란드에선 석탄재에서 아연, 텅스텐, 베릴륨과 카드뮴이 고도로 침출되는 사례가 있었다. 러시아와 중국에서는 석탄재에서 게르마늄을 추출하는 것을 선호한다.(…) 폴란드에서는 지금까지 알루미늄 생산을 위해 석탄재가 사용되었다.

국내에도 넘쳐나는 석탄재 |

국내 화력발전소마다 쌓여가는 석탄재 처리에 어려움을 겪고 있다. 몇해 전 동해화력발전소는 매립장이 포화상태가 되어 새로운 석탄재 매립장 건설을 추진하고 있었다. 삼천포화력발전소 역시 세 개의 매립장을 운영중인데, 제1회 처리장은 2013년 4월 현재 매립용량의 97.6퍼센트, 제2회 처리장은 매립용량의 69.5퍼센트, 제3회 처리장은 매립용량의 82.9퍼센트가 매립되었다.

농경지 오염 우려에도 불구하고 천수만도로 건설에 석탄재를 기층재로 사용한 것도 보령화력발전소가 석탄재 처리에 큰 어려움을 겪고 있었기 때문이다.

화력발전소마다 석탄재 처리에 어려움을 겪자 불법으로 매립하는 일이 곳곳에서 벌어지는 실정이다. 2014년 1월 3일, 충남 보령에서 불법으로 석탄재를 매립하는 현장을 JTBC 손석희 앵커는 다음과 같이 보도했다.

우리나라 화력발전소에서 태우고 남은 '석탄재'를 농경지에 불법으로 파묻는 모습이 저희 JTBC 카메라에 포착됐습니다. 석탄재의 양이 하도 많아 거대한 탄광을 연상케 할 정도였습니다. 문제는 석탄재가 끊임없는 유해성 논란에 시달려왔다는 건데요. 환경부에선 일부 석탄재에서 납과 비소가 검출됐다는 결과를 발표해 충격을 주기도 했습니다. 아무도 없는 새벽, 은밀한 석탄재 투기 현장을 취재했습니다.(…)

국내 화력발전소마다 석탄재가 쌓여 있는데, 시멘트 공장들은 왜 일본에서 석탄재를 수입해 올까? 일본에서 쓰레기 처리비로 많은 돈을 주기 때문이다.

환경부 자료에 의하면 2013년 한 해 동안 일본 석탄재를 쌍용양회가 61만 톤, 동양시멘트 41만 톤, 한라시멘트 11만 톤, 한일시멘트 17만 톤 수입했다. 그리고 국내 시멘트 공장들이 일본에서 쓰레기 처리비용으로 받은 돈이 쌍용 296억 원, 동양시멘트 85억 원 등 총 443억 원에 이른다. 국내 시멘트 공장들은 시멘트를 만들어 팔기도 전에 일본에서 받는 쓰레기 처리비용만으로도 엄청난 돈을 벌 수 있기 때문에 열심히 일본 쓰레기를 수입하는 것이다.

〈표 3〉 일본산 수입 석탄재 현황(단위: 톤, 출처: 환경부)

구분	2011년	2012년	2013년	2014년 6월 말
동양시멘트	363,153	405,892	416,452	165,016
쌍용양회공업	580,696	586,424	641,002	231,100
한일시멘트	45,557	137,608	174,984	72,223
라파즈한라시멘트	121,371	101,511	115,199	82,716
합계	1,110,777	1,231,435	1,347,637	551,055

일본에서 석탄재를 매립하려면 톤당 20만 원의 쓰레기 처리비용이 든다. 그런데 단돈 5만 원만 주면 한국의 시멘트 공장들이 와서 석탄재 쓰레기를 서로 가져가기 위해 경쟁한다. 한국 시멘트 기업들이 일본의 쓰레기를 치워주니 일본은 국토도 청결해지고 쓰레기 처리비용도 절감하는 이중의 효과를 본다.

  국내 시멘트 공장들이 일본에서 던져주는 쓰레기 처리비를 받아 주머니를 채운 덕에 우리나라 국민들은 일본 쓰레기로 만든 집에서 살아가게 되었다. 오늘 내가 살고 있는 집, 국내 쓰레기만이 아니라 일본 쓰레기까지 들여와 지었으니 메이드 인 재팬(made in japan)이라고 기뻐해야 하는 걸까?

30일 천하로 끝난 일본 쓰레기 독립

"제가 오늘 여기 온 것은 질문하기 위함이 아닙니다. 일본에서 한국으로 보낸 석탄재, 철 슬래그, 폐타이어 등의 쓰레기들이 한국에 들어와 이렇게 환경오염을 일으키고 있습니다. 한국과 일본 양국의 우호관계를 위해 더 이상 일본 쓰레기를 한국으로 보내지 말기를 부탁드립니다."

일본 환경성에서 한국의 환경부와 일본 환경성 간의 회의가 마무리되어 가던 순간, 내가 일어나 일본 환경성 사람들을 향해 던진 폭탄 발언이다.

일본 쓰레기로부터 독립한 적이 있다. 지난 2006년부터 쓰레기 시멘트의 유해성을 지적하며 여론을 크게 일으키자 2007년 10월 24일, 쓰레기 시멘트 개선을 위한 민관협의회가 구성되었다. 나는 외국의 시멘트 공장 관리 실태조사를 위해 유럽에 견학 가자고 환경부

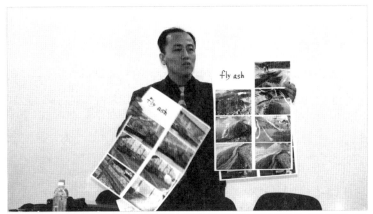
일본 환경성을 방문해 쓰레기 수출을 금지해야 하는 이유를 설명하는 필자.

에 제안했다. 환경부는 비용이 많이 든다며 일본으로 결정했다. 실은 환경부가 해외 시멘트 공장 견학 제안을 거절할 줄 알았는데 일본이라도 간다니 다행이었다.

나는 일본 쓰레기 독립을 위한 비장의 무기를 준비했다. 그동안 국내 시멘트 공장들이 석탄재, 철 슬래그, 폐타이어 등의 일본 쓰레기를 수입하는 현장 사진들이었다. 일본 쓰레기를 수입하며 하역 과정에서 바다를 오염시키고, 수입해 온 쓰레기를 공장 뒷산에 불법 야적해 시퍼런 침출수로 환경오염을 일으킨 사진들을 커다란 도화지에 종류별로 붙였다. 일본 쓰레기 수입 현장을 찍기 위해 동해항과 삼척항에서 날밤을 새고, 시멘트 공장에 잠입해 힘들게 찍어낸 사진들이었다. 불법 현장을 찍고 나오다 붙들려 삼척경찰서장까지 출동한 후 몇 시간 만에 풀려난 적도 있으니, 결코 쉽게 찍은 사진들

4 일본의 쓰레기 식민지로 전락한 대한민국

이 아니다.

드디어 일본 환경성을 방문한 2008년 1월 31일, 일본 환경성 직원들이 시멘트 공장 관리를 어떻게 하는지 설명했다. 사전에 준비된 질문과 답이어서 건질 만한 내용은 별로 없었다. 회의가 한창 무르익어갈 때 나는 손을 들고 일어났다. 일본 환경성 직원들에게 일본의 쓰레기를 수입하는 현장 사진을 보여주며 한일 양국의 우호관계를 위해 더 이상 한국으로 쓰레기를 보내지 말아달라고 부탁했다. 그리고 그 사진자료를 선물로 넘겨주었다. 시퍼런 침출수가 줄줄 흐르는 사진을 돌려보며 일본 환경성 직원들은 난감해했다.

일본 환경법에 따르면, 폐기물을 처리하는 업체가 환경오염을 일으키면 폐기물을 잘못 처리한 업체만이 아니라 폐기물을 배출한 업체까지 처벌을 받는다. 일본 쓰레기가 한국에 와서 환경오염을 일으켰으니 그 책임이 당연히 일본에도 있는 것이다. 한국으로 보낸 일본 석탄재는 일본 환경성의 허가 아래 이뤄진 것이기 때문이다.

쓰레기 구걸 공문을 보낸 대한민국 환경부 |

이런 충격 요법을 쓴 덕에 일본 폐기물의 한국 수입이 중단되었다. 그러나 힘들게 얻어낸 일본 쓰레기 독립은 고작 한 달 만에 끝났다. 대한민국 환경부 산업폐기물과 최종원 과장이 쓰레기를 보내달라고 구걸하는 공문을 일본 환경성에 보냈기 때문이다. 최 과장은

수신: 키무라 과장님, 산업폐기물과, 일본 환경성	受信：日本環境省、産業廃棄物課、Kimura課長

수신: 키무라 과장님, 산업폐기물과, 일본 환경성
제목: 시멘트 업체의 석탄재 수출·입 관련 협조 요청

키무라 과장님께

지난 1월 일본의 시멘트사 및 환경성 방문시 보여 주신 후의에 감사드립니다. 또한 2월 26일 "시멘트 소성로 환경관리 개선 국제토론회"에 Yasushi Tsukijihara 사무관이 참석하여 일본 환경성의 제도와 경험을 공유할 수 있게 협조해 주신 것도 감사를 드립니다.

지난 번 일본 환경성 방문시 한국측 지역주민이 문제를 제기했던 석탄재 수출·입건과 관련하여 현황을 조사한 결과, 국내 3개 회사에서 일본의 석탄재를 수입사용하고 있고 대부분 잘 관리가 되고 있으나, 일부회사에서 하역작업 과정에서 비산 방지를 위한 시설과 조치가 미흡하였던 것으로 조사되었습니다.

그러나 이번 건을 계기로, 일본에서 석탄재를 수입하는 모든 국내 회사들로 하여금 석탄재 수입과 하역과정에서 환경오염을 최소화하도록 시설을 보완하고 작업방법을 개선하는 등 "석탄재 수입 환경관리 개선계획"을 수립하여 추진하도록 조치하겠습니다.

따라서 기존에 한국의 시멘트사와 일본 측 석탄재 수출사간에 체결한 계약에 따라 석탄재 수입을 재개하도록 조치해 주실 것을 요청합니다. 아울러 일본 측의 석탄재 수출시에도 석탄재 수출입과정에서 환경오염 문제가 제기되지 않도록 관리를 철저히 하도록 조치해 주시기 바랍니다.

감사합니다.

2008.3.5
최종원, 산업폐기물과장
대한민국 환경부

題目：セメント業社の石炭がらの輸出・入関連協力要請

Kimura課長に

去る1月の訪問時に日本のセメント会社及び環境省を訪問した時、見せてくださった厚意に感謝いたします。また 2月 26日 "セメント焼成炉の環境管理改善をため国際シンポジウム"に Yasushi Tsukijihara課長補佐が参加し、日本環境省の制度と経験を共有することができるように協力してくださったことにも感謝いたします。

この前、日本環境省の訪問の際、韓国側の地域住民が問題を申し立てた石炭灰の輸出・入件と係わって現況を調査した結果、国内の3個会社で日本の石炭がらを輸入・使用していました。大部分の場合よく管理されていたが、一部会社が荷役作業過程で飛散防止のための施設と措置が充分でなかったことが分かりました。

それで、この件をきっかけに日本から石炭がらを輸入しているすべての会社に対して石炭がらを収入及び荷役過程で環境汚染を防止する施設補完と作業方法の改善などを行うように "石炭がら輸入の環境管理改善計画"を樹立して実施するように措置しました。

したがって、韓国のセメント社と日本側の石炭がらの輸出社の間に締結されている契約によって石炭がらの輸出を再開するように措置してくださることを更請します。同時に日本の石炭がらの輸出時にも石炭がらの輸出入過程で環境汚染の問題が起らないように徹底的に管理するように措置してくださることをお願い致します。

ありがとうございます。

2008.3.5
韓国、環境部
産業廃棄物課長 崔鍾元

우리나라 환경부가 일본 환경성에 보낸 석탄재 수출 구걸 공문.

일본에 보낸 편지에서 지난번 일본 환경성에서 지역 주민(최병성)이 지적한 문제는 다 해결되었으니 다시 쓰레기를 수입할 수 있게 해달라고 요청했다. 이런 일을 한 나라의 환경부 직원이 아무렇지 않게 할 수 있는 대한민국은 과연 정상적인 나라일까?

게다가 감사원 감사 결과, '지역 주민(최병성)이 제기했던 문제가 해결되었다'는 말은 거짓말로 드러났다. 현장조사도 없이 앞으로 개선하겠다는 동양시멘트 공장의 말만 듣고 일본에 공문을 보낸 것이다. 일본 석탄재 수입이 재개된 후, 석탄재 분진이 날려 삼척항 어민들이 동양시멘트를 경찰서에 고발하는 사태까지 발생했다.

2008년 환경부 국정감사에서 박준선 의원은 일본에 쓰레기 수입 공문을 보낸 최종원 과장을 불러세워 다음과 같이 질책했다.

최종원 과장 나와 있습니까? 키무라 과장 알아요? 일본 환경성의 산업폐기물 과장에게 석탄재 수입을 잠시 중단하고 있는데 일부 회사의 하역작업에서 미흡한 조치가 다 해결되었으니 수입을 재개해 달라는 편지 보낸 적 있어요? 아니, 대한민국 환경부의 과장이 할 일 없어서 이런 편지나 보내고 있습니까? 아까 조원진 의원님 말씀하셨죠? 석탄재 수입 전면 중단조치 해야 된다고. 그런데 환경부의 과장이 할 일 없어서 이렇게 일본에 수입 재개를 해달라고 요청하는 편지를 보내요? 그리고 석탄재 수입 환경개선 계획에 따라서 뭘 조치를 했기에 시멘트 업자들이 수입하는 데 도와주는 공문을 일본에 보내요? 일본의 키무라 과장이 속으로 안 비웃었겠어요?

2008년 가을 환경부 국정감사에서 국회의원들은 일본 쓰레기 수입을 중단하라고 요구했다. 그러나 환경부 정연만 자원순환국장(현 환경부 차관)은 민간 기업들이 이익 때문에 수입하는 것을 막을 길이 없다고 대답했다. 그렇다면 민간 기업의 쓰레기 수입을 위해 왜 환경부가 일본 환경성에 구걸 공문을 보낸 것일까?

답은 하나다. 일본 쓰레기 수입이 큰돈이 되기 때문이다. 2015년 현재, 쌍용양회와 동양시멘트가 매물로 나와 새로운 주인을 찾고 있다. 이처럼 경영이 어려운 시멘트 공장에게 일본으로부터 받는 쓰레기 처리비는 엄청난 돈이다. 또 일본은 대한민국으로 석탄재를 보내지 않으면 화력발전소 가동을 멈춰야 하는 중대한 상황이다. 대한민국은 전 세계에서 일본 석탄재 쓰레기를 처리해 주는 유일한 국가다.

중단되었던 일본 쓰레기 수입 문제를 환경부의 일개 과장이 혼자 결정하진 않았을 것이다. 힘들게 수입 중단시킨 일본 쓰레기를 누가, 왜 다시 수입하도록 지시했는지 알고 싶다. 그가 누구인지, 왜 그렇게 지시했는지 정말 알고 싶다.

혹시 당신 집은 일제가 아닐까 |

당신이 살고 있는 집도 일본 쓰레기로 만들어졌을지 모른다. 한국시멘트협회 자료에 의하면, 2013년 시멘트 출고량에 따른 시멘트 회사별 국내 점유율은 쌍용양회(20퍼센트), 한일시멘트(13.2퍼센트), 동양시멘트(12.5퍼센트), 한라시멘트(12.3퍼센트) 등이 총 58퍼센트에 이른다. 일본에서 쓰레기를 수입해 오는 네 개 회사의 시멘트 점유율이 58퍼센트니, 국내 아파트 중 58퍼센트는(1999년 이후 지어진 아파트 기준) 일본 쓰레기로 건설되었다는 뜻이다.

무분별하게 수입되는 일본 고철의 슬래그가 사용된 시멘트까지 따진다면, 결국 우리가 살고 있는 대부분의 집은 일본 쓰레기로 만들어진 'made in japan'이다.

산적한 국내 쓰레기 처리를 위해 시멘트 제조에 쓰레기를 사용할 수 있도록 허가해 주었더니, 쓰레기 처리비를 더 준다고 일본에서 쓰레기를 수입하고 있다. 한편에서는 처리할 길 없는 국내 석탄재가 하늘 높이 쌓여가 국토 오염이 날로 심각해지는데 말이다.

게다가 2014년 가을 환경부 국정감사에서는 새정치민주연합 이인영 의원이 일본에서 수입되는 석탄재에 세슘 등의 방사능 위험이 있다는 문제를 제기했다. 전 세계에서 일본의 석탄재 쓰레기를 처리해 주는 유일한 나라 대한민국이란 오명을 이젠 벗어버려야 하지 않을까.

거짓말 위의 거짓말

다음은 2008년 10월 6일, 추미애 환경노동위원회 위원장의 환경부 국정감사 마무리 발언이다.

시멘트 소성로 문제가 많이 제기됐습니다. 장관님께서도 당황스러울 정도로 증인들이 완강하게 버티는 것을 보셨을 겁니다. "규정이 없습니다. 우리는 법 위반한 죄인이 아닙니다"라고 합니다. 그래서 법률위반뿐만 아니라 법률 제정이 안 되었다는 이유로 법망을 빠져나가고 있습니다. 아무리 돈이 최고라고 하더라도 불량 유해 쓰레기에 대해 시민단체들이 문제제기를 하는데도 불구하고 간 크게 계속 수입해서 시멘트를 찍어내는 것은, 또 그렇게 해도 아무 잘못이 없다고 당당하게 이야기하는 그런 분들을 보셨을 겁니다. 저렇게 증인들이 당당하고 잘못을 시인하지 않을 수 있도록 수년간 방치했다는 것은 환경부

행정에 허술한 점이 많기 때문이라고 생각합니다. 그래서 이 부분에 대해 조속한 조치가 있어야 된다고 생각합니다.

어떤 일이 있었기에 이런 발언이 나왔을까? 일본에서 석탄재를 수입하는 시멘트 공장 관계자들이 환경부 국정감사에 증인으로 출석했는데, 그들의 거짓말과 불손한 태도를 질타한 것이다.

석탄재는 비산재와 바닥재로 구분된다. 그동안 시멘트 공장 관계자들은 바닥재는 염분이 많아 사용이 불가능하고, 국내에 부족한 비산재만 수입한다고 주장해 왔다. 이날 환경부 국정감사에 증인으로 출석한 쌍용양회 관계자 역시 일본 석탄재 중 비산재만 수입할 뿐 바닥재는 절대 수입하지 않는다고 주장했다.

그러나 이 거짓말은 금방 탄로났다. 조원진 의원이 일본 환경성과의 질의응답 문서를 공개했기 때문이다. 일본 환경성에서 온 답변은, 일본 화력발전소의 바닥재와 비산재를 혼합해 한국으로 보냈다는 것이었다. 게다가 조원진 의원이 일본 석탄재를 직접 시료채취해 분석한 결과 염분이 높은 바닥재임이 드러났다. 또 일본에서 수입되는 석탄재가 국내 화력발전소에서 발생하는 석탄재보다 구리, 납, 카드뮴, 비소 등의 중금속 함량이 더 높은 유해물질임을 밝혀냈다.

조원진 의원은 환경부와 시멘트 공장 관계자들을 나무라며 다음과 같은 내용으로 일본 석탄재 수입 중단을 촉구했다.

지금 국내에서 석탄재를 처리 못해 매립하고 있는데, 이 비용이 총 3000억 원 정도 됩니다. 매립비용까지 지출하며 토양오염을 감수해 가며 국내 석탄재를 매립하는데, 일본 석탄재를 돈을 받고 수입한다는 게 사회적으로나 도덕적으로 용납되는 행동으로 보입니까? 유해물질이 아니면 일본에서 돈을 주겠습니까? 일본의 유해물질을 수입한다는 것은 기업의 양심에도 어긋나는 것입니다. 이제 잘못된 것은 바꾸고, 기업들의 도덕적 비양심도 바꿉시다. 일본의 유해물질을 돈을 받고 수입하고, 우리의 유해물질은 또 돈을 들여 매립하는 것을 바꿉시다. 이건 국민 자존심 문제입니다.

추미애 위원장은 정리 발언에서 "이득이 된다는 이유로 우리의 쓰레기 자원을 재활용한다는 본래 목적을 벗어나 이런 일이 벌어진다는 것은 환경부가 제대로 법령을 정비해야 될 사항"이라며 환경부에 법 개정을 촉구했다.

사장님, 수입량 줄이겠다던 약속 잊으셨나요? |

2008년 가을 환경부 국정감사에서 일본 석탄재 수입 문제가 크게 대두되자, 2009년 9월 환경부와 시멘트 업계, 한국전력 3자가 자발적 협약을 맺었다. 일본 석탄재 수입량을 점차 줄이고 국내 석탄재 활용을 늘려가겠다는 내용이었다.

자발적 협약을 맺은 지 5년이 흐른 지금, 일본 석탄재 수입은 얼마나 줄었을까? 지난 2014년, 환경부 담당 사무관에게 전화를 걸었다. 담당자는 말했다. 일본 석탄재 수입이 오히려 증가했다고!

일본 석탄재 수입량을 줄이자고 환경부와 시멘트 공장과 한국전력이 자발적 협약을 맺었는데, 결과는 정반대였다. 심지어 일본 후쿠시마 핵발전소 사고가 발생했음에도 한국의 시멘트 공장들은 일본의 석탄재를 더 많이 수입했다. 일본의 석탄재 수입량만 증가한게 아니라 새로 대열에 합류한 회사도 생겼다. 2010년부터 한일시멘트도 일본 석탄재 수입에 가세했다. 일본에서 쓰레기 처리비를 많이 주기 때문이다. 그동안 쌍용양회, 동양시멘트, 한라시멘트가 일본 석탄재를 수입하며 쓰레기 처리비로 막대한 돈을 버는 것이 배아팠는데, 마침내 한일시멘트도 합류하게 된 것이다. 어떻게 이런 일이 가능했을까?

한동안 여야 국회의원들은 4대강사업 논쟁에 몰두했다. 수년간 쓰레기 시멘트 참고인으로 국정감사에 출석했던 나도 4대강사업 참고인으로 국회에 출석하기도 했다. 4대강사업 덕에 쓰레기 시멘트 문제가 잠잠해지자, 한일시멘트가 일본 쓰레기 수입 행렬에 동참했고, 그 사실을 아무도 알지 못했다. 일본 석탄재 수입을 줄여가자는 자발적 협약은 쓰레기 처리비 앞에서 아무것도 아닌 것이 되었다. 돈 앞에서는 대한민국의 대기업이라는 체면도 아무 소용없었던 것이다. 시멘트 회사들에게 4대강사업은 구세주였다.

최근 일본 석탄재 수입에 대한 환경부의 입장을 물었다. 앞으로 국내 석탄재 활용이 증가할 것이기 때문에 일본의 석탄재 수입량이 줄어들 거라는 한가한 소리를 늘어놓았다. 이미 6년 전 국정감사에서 국회의원들이 수입중단을 촉구했고, 환경부 주도로 자발적 협약을 맺었음에도 오히려 수입량이 증가했다. 그런데 앞으로 수입이 줄어들 거라는 막연한 소리를 늘어놓는 환경부에게 과연 일본 석탄재 수입을 규제할 의지가 있기는 한 걸까? 일본 석탄재는 시멘트 공장들에게 엄청난 돈줄이고, 환경부는 일본에 쓰레기 구걸 공문을 보낼 만큼 시멘트 공장의 뒤를 봐주는 든든한 백이었다는 사실을 기억해야 한다.

2009년 봄, 감사원에서 만난 한 감사관이 재미난 이야기를 들려주었다. 시멘트 공장에서 찾아와 앞으로는 일본에서 수입하는 쓰레기에 대한 세금을 성실하게 납부하겠다고 했다는 것이다.

그에 앞서 나는 시멘트 공장들이 일본에서 쓰레기 처리비로 받은 돈에 대해 어떻게 세금을 내고 있는지 확인하기 위해 관세청에 문의했었다. 관세청은 근거가 없어 지금까지 세금을 물리지 못했다고 했다. 돈을 주고 물건을 사온 것도 아니고 돈을 받고 물건을 수출한 것도 아니다. 쓰레기 처리비를 받고 폐기물을 들여온 것이다. 관세법상 이런 일에 대해 세금을 징수한 사례가 없다고 했다.

쓰레기 수입으로 엄청난 돈을 벌면서도 세금을 내지 않는 문제에 대해 제대로 감사할 것을 감사관에게 요청했다. 그러자 "도둑이 제발 저리다"는 옛말처럼, 감사원이 감사를 착수하자마자 시멘트 공장에서 자발적으로 찾아와 앞으로는 세금을 내겠다고 말한 것이다.

시멘트 공장의 허락을 받는 환경부

2014년 11월, 월간《신동아》기자와 통화를 했다. 일본 석탄재 수입 문제를 보도하기 위해 환경부에 수시로 정보공개를 요청하던 기자였다. 그 기자는 놀라운 소식을 전해 주었다. 환경부에 석탄재 수입에 대한 정보공개를 요청하면, 바로 그 다음날 시멘트 공장에서 전화가 온다는 것이다. 환경부가 정보공개 신청 사실과 함께 기자의 개인 정보를 시멘트 회사에 넘겨준 것이다.

기자가 신상정보를 넘겨준 것에 대해 환경부에 따지자 석탄재 수입 정보를 공개해도 되는지 시멘트 공장에게 묻기 위함이었다는 변명을 늘어놓았다고 한다.

일본 석탄재 수입량과 방사능 오염 조사결과에 대한 정보공개 여부를 왜 환경부가 시멘트 공장의 허가를 받아야 하는 걸까? 환경부는 국민의 세금으로 월급을 받는 공무원들인데, 왜 시멘트 공장의 영업사원 역할을 하고 있는 걸까? 내가 일본 환경성에 가서 어렵사리 일본 쓰레기 수입을 중단시켰을 때에도 환경부는 일본에 쓰레기 구걸 공문을 보내 중단된 일본 쓰레기 수입을 재개하도록 했다. 그 덕분에 우리 국토는 일본 쓰레기로 오염되었다.

이제 국민들이 깨어나야 한다. 최근 아파트 신축 현장의 입주자들이 일본에서 석탄재를 수입하는 회사의 시멘트를 사용하지 말라고 건설사에 요청했고, 건설사도 이에 부응했다. 정부가 제 역할을 못하니 깨어난 국민들 스스로 자신의 권리를 찾기 시작했다. 일본 쓰레기 수입이 완전히 중단되는 그날까지, 이 바람이 더욱 거세게 불기를 소망한다.

일본 쓰레기를 되돌려 보내다

수출입 컨테이너 박스가 산더미처럼 쌓여 있는 부산항. 컨테이너 박스를 열자 악취가 진동했다. 드디어 악성 일본 쓰레기를 재활용 물품으로 위장해 한국으로 수입하는 현장을 잡는 순간이었다.

이른 아침 KTX 열차를 타고 부산으로 출발했다. 부산 세관으로 바로 달려갔다. 모든 수출입 물품은 세관에 신고하게 돼 있기 때문이다. 그러나 일본에서 들여온 불법 쓰레기를 확인하는 일은 생각처럼 쉽지 않았다. 불법 수입된 폐기물을 직접 확인하기까지 부산 세관에 쪼그려 앉아 네 시간이 넘도록 전화를 해야 했다.

내가 입수한 정보는 "악성 쓰레기가 일본 센다이항에서 부산항으로 '고무 부스러기'라는 이름으로 8월 14일 입항되었다"는 것이 전부였다. 그러나 부산 세관 관계자는 "일본 센다이항에서 고무 부스러기 항목으로 입항한 배가 너무 많아 확인할 수 없다"고 했다. 도

대체 얼마나 많은 쓰레기가 일본에서 수입되는지 충격이었다.

그냥 발길을 돌릴 수는 없었다. 수입된 컨테이너 박스의 화물번호와 화주 등을 알아내기 위해 추가정보를 수집했다. 몇 시간 동안 대구지방환경청, 낙동강유역환경청 등 사방으로 전화했다. 드디어 수입 물건 번호를 찾았고, 현재 부산항 4번 부두에 있다는 사실을 확인했다.

그러나 찾아냈다는 기쁨도 잠시였다. 부산항 부두에 물건이 있다고 해도 수입통관 전까지는 '남의 땅'이라는 법적 해석 때문에 세관에서도 마음대로 물건을 보여줄 수 없다는 것이다. 앞이 깜깜했지만 포기할 수는 없었다. 마지막 희망은 통관절차를 확인하는 것이었다. 다시 여기저기 수소문 끝에 통관절차를 밟았음을 확인했다.

또 다시 넘어야 할 산이 있었다. 수입한 화주의 허락 없이 마음대로 물건을 보여줄 수 없다는 것이다. 가끔 밀수 정보가 들어와 확인해 보지만, 거짓 정보가 많다는 것이다. 악성 쓰레기가 수입되었다고 세관을 설득하고 또 설득했다. 그리고 드디어 직접 물건을 확인해 보기로 했다. 그런데 웬걸, 또 하나의 절차가 남았다. 일반인이 부산항 부두에 들어가려면 부산 항만청과 국정원의 허가를 받아야 한다는 것이다. 부산항 출입허가를 받기까지 또 한참의 시간이 필요했다. 불법 쓰레기 수입 현장을 잡기까지 쉬운 일이 하나도 없었다.

눈앞에 펼쳐진 일본 악성 쓰레기 |

　부산항은 역시 대한민국 최대의 수출입 항구였다. 사방이 컨테이너 박스 더미들로 산을 이루고 있었다. 드디어 찾았다. 컨테이너 박스가 땅으로 내려졌다. 컨테이너 박스를 여는 순간 악취가 코를 찔렀다. 수입된 두 개의 컨테이너 박스 안에 1톤짜리 마대자루가 총 111개 가득 담겨 있었다. 지게차로 자루를 꺼내 풀었다. 현장 검증에 함께한 세관 조사관들의 눈이 휘둥그레졌다. 수입신고서에는 재활용을 위한 고무 부스러기라고 적혀 있었지만, 자루 안에는 에스컬레이터 손잡이 토막들과 천막천 찌꺼기 등 쓸모없는 쓰레기로 가득했다. 게다가 진드기, 날파리, 거미류 등 온갖 벌레도 함께 뒤섞여 있었다.

　일본 쓰레기를 바라보며 참 서글펐다. 일본에서 처리 못하는 온

일본에서 부산항으로 수입된 악성 쓰레기 적발 현장.

갖 쓰레기까지 돈만 되면 수입해 오는 대한민국의 현실이 마음 아팠다. 세계 10대 경제대국을 꿈꾸는 대한민국에서 이런 일이 벌어지다니 현장을 보고도 믿겨지지 않았다.

쓰레기의 유해성 분석을 위해 종류별로 한 봉투 담아와 국내 최고 분석기관에 의뢰했다. 비용이 들어도 정확한 사실관계를 따지기 위해 분석은 필수였다. 드디어 결과가 나왔다. 염소^{Cl} 농도가 무려 15.6~16.4퍼센트였다. ppm 단위로 환산하면 15만 6000~16만 4000ppm이다.

염소가 다량 함유된 폐기물은 소각될 때 다이옥신을 발생시킬 뿐만 아니라 휘발성 중금속을 활성화시켜 유해 중금속을 더 많이 배출한다. 이런 고농도의 염소가 함유된 쓰레기는 소각하기 어려운 유독성 폐기물이다. 일본의 시멘트 공장에서 사용하는 폐기물의 염소 기준이 1000ppm 이내이니, 일본 시멘트 공장의 염소 기준 156~164배에 이르는 악성 쓰레기가 수입된 것이다. 일본에서 처리 못하는 악성 쓰레기를 단돈 3만 원(1톤당)을 받고 한국으로 들여온 것이다.

집에 돌아와 일본 환경성에 메일을 보냈다. 일본에서 불법 폐기물이 한국으로 들어왔으니 일본으로 가져가 다시는 이런 일이 반복되지 않도록 처리해 달라는 내용이었다. 며칠이 지나 일본 환경성에서 회신이 왔다.

연락 감사합니다.

9월 6일 일본 환경성에 통보해 주신 한국으로의 수출사건에 대해 대응 상황을 연락드립니다. 일본 환경성에서는 최병성 님으로부터 통보받은 후 9월 10일에 수출업자인 유한회사 요로즈야에 대해 조사했습니다. 또한 지금 반송수속을 진행 중에 있습니다. 일본에 입항한 후 화물상황을 확인하고, 일본의 법령 위반 여부를 조사할 예정입니다. 조사결과 및 그 후의 대응에 대해 다시 연락드리겠습니다.

일본 환경성 폐기물 불법투기 대책실.

그로부터 한 달이 지난 뒤, 일본에서 조사결과에 대한 회신이 왔다.

일본으로 반송된 화물에 대해 조사를 실시해 그 결과를 연락드립니다. 일본 환경성 조사 결과, 화물은 두 개의 컨테이너에 111개 백으로 적재되어 있었고, 총 중량은 4만 2550킬로그램이었습니다. 화물내용을 조사한 결과 에스컬레이터의 고무손잡이 등을 파쇄한 것으로 눈에 띄는 이물질의 혼입은 발견되지 않았습니다.

본 화물의 이용목적은 시멘트 공장에서 보조연료로서의 성상에 영향을 주지는 않는 것이었습니다. 냄새는 있었지만 부패악취에 의한 생활환경에 악영향을 미칠 만한 악취라고는 할 수 없고, 벌레의 발생이나 염화비닐 조각의 존재에 대해서도 확인할 수 없었습니다.

이에 따라 본 건에 대해서는 일본 국내법령의 위반은 인정되지 않았기에 본 화물은 수출자가 인수해 갔습니다. 한국의 폐기물관리법 위반에 대해서는 좀더 자세히 한국 환경부에 확인 중에 있습니다. 일본 환경성에서는 한국의 폐기물관리법의 개정 내용을 확인하고, 일본의 사업자에게 주지시키도록 노력하겠습니다.

일본 환경성 폐기물 불법투기 대책실.

일본 환경성에서 온 답은 거짓이다. 염소 16만ppm이 넘는 악성 쓰레기는 일본의 시멘트 공장에서는 절대 사용할 수 없는 폐기물이기 때문이다. 그러나 시멘트 공장으로 가기 위한 폐기물이라고 해야 더 이상의 문제가 발생하지 않기 때문에 거짓말을 둘러댄 것이다.

일본 환경성이 한국의 시멘트 공장으로 가기 위한 폐기물이었다고 밝히자, 한국의 시멘트협회가 발끈하고 나섰다. 국내 시멘트 공장에서는 그런 폐기물을 사용하지 않으며, 일본의 수출회사 요로즈야를 허위사실 유포 및 명예훼손으로 강력히 대응하겠다고 했다.

쓰레기를 일본으로 되돌려보내는 데 성공했으니 내 역할은 끝났다. 한국의 시멘트 공장과 일본 회사의 진흙탕 싸움에 내가 더 이상 관여할 필요는 없었다.

수출입신고제라는 꼼수 |

그동안 국내 시멘트 공장들은 일본에서 쓰레기 처리비를 받고 엄청난 양의 석탄재와 철 슬래그 등의 폐기물을 수입했다. 일본 쓰레기의 국내 수입 금지를 환경부에 요청했지만, 환경부는 쓰레기 수입을 금지할 의지가 없었다. 오히려 시멘트 공장들의 일본 쓰레기 수입을 발 벗고 도와준 환경부 아니었던가!

일본 쓰레기 수입으로 큰돈을 벌고 있던 시멘트 업계에게 수입 금지는 막대한 손실을 의미했다. 게다가 정연만 환경부 자원순환국장은 국정감사에서 "이윤추구가 기업의 목적인데, 쓰레기 처리비를 더 많이 주는 일본에서 쓰레기를 수입해 오는 것을 막을 수 없다"라고 말하기도 했다.

시멘트 공장들이 일본에서 쓰레기 수입을 계속하려면 편법이 필요했다. 일본 쓰레기 수입에 대한 여론도 따갑고, 무언가 해야 했다. 그때 환경부가 만든 꼼수가 '수출입신고제'였다. 이전엔 누가 어떤 쓰레기를 얼마나 수입했는지 몰랐지만, 수출입신고제로 인해 폐기물 관리가 가능해졌다는 논리였다. 그러나 내가 원한 것은 '신고'가 아니라 '금지'였다.

환경부가 수출입신고제를 만들자 일본의 쓰레기업자들이 환호성을 질렀다. 이제 합법적으로 악성 쓰레기를 한국으로 보낼 길이 열렸기 때문이다.

환경부는 2008년 8월 4일부터 '사전신고제'를 통해 폐기물의 불법 수입과 유통을 막을 수 있다고 호언장담했다. 그런 한국의 환경부를 비웃기라도 하듯 8월 14일 요로즈야라는 일본의 폐기물처리 회사가 부산항으로 악성 폐기물을 수출한 것이다.

만약 내가 되돌려 보내지 않았다면, 얼마나 많은 악성 쓰레기가 국내로 들어와 대한민국을 오염시켰을지 생각만 해도 끔찍하다. 일본으로 되돌려 보낸 쓰레기가 컨테이너 두 개 분량 42톤이었는데, 이 회사가 한국으로 보내기 위해 일본 현지에 모아놓은 쓰레기가 5000톤이 넘었다는 사실을 확인했기 때문이다.

환경부는 자신들이 왜 존재해야 하는지조차 잃어버린 사람들로 전락한 것 같다. 부산 세관에 가기 전, 대구지방환경청에 일본 쓰레기불법 수입 사실을 알리고 수사협조를 요청했다. 대구지방환경청은 수사권한을 가진 수사관이 낙동강유역환경청에 있다고 했다. 낙동강유역환경청에 전화하니 자기 관할이 아니라고 모르쇠로 일관했다. 부산으로 내려가는 열차 안에서, 그리고 부산 세관에서 환경청과 수시로 통화했다. 그러나 환경부 담당자는 단 한 사람도 현장에 나오지 않았다. 심지어 사실 확인을 위해 수차례 전화를 부탁했지만, 환경청에서는 단 한 통의 전화도 걸려오지 않았다.

5

쓰레기 시멘트의
실상과 허상

쓰레기 시멘트가 쓰레기 재활용이라고?

외국에서는 쓰레기 시멘트를 어떻게 평가할까?

또한 쓰레기 시멘트로 인해 발생하는 환경 재앙들은 무엇인지

쓰레기 시멘트 안에 감춰진 진실을 파헤쳐본다.

10년 만에 만들어진 배출가스 규제항목

'외국도 쓰레기로 시멘트를 만든다.' 환경부와 시멘트 공장들이 쓰레기 시멘트를 합리화하며 내세운 핑계다. 그렇다면 외국 시멘트와 비교했을 때 우리나라 시멘트가 과연 얼마나 안전한지 알아보자. 우선 2007년 국립환경과학원이 국내 시멘트를 조사한 결과부터 살펴보자.

이 분석결과를 보면 과연 이것이 사람이 사는 집을 짓는 시멘트인지 묻고 싶어진다. 유해 중금속인 납의 경우 성신양회는 무려 1만 1800ppm이 검출되었다. 국제 사회가 1급 발암물질로 지정한 독극물인 비소는 한일시멘트 489.2ppm, 현대시멘트 419.2ppm이 검출되었다. 국내 시멘트가 얼마나 위험한지 잘 보여주는 것이다. 우리는 지금 이런 유해 중금속 가득한 시멘트로 지은 아파트에 살고 있다.

<표 4> 국내 시멘트의 유해중금속 함유량(단위: ppm)

	비소^{As}	납^{Pb}	수은^{Hg}	카드뮴^{Cd}	크롬^{Cr}	구리^{Cu}
한라	68.3	722	0.7	11.7	57.6	218
성신	64.0	11,800	3.6	6.9	86.5	221
아세아	57.9	97.3	16.2	3.9	48.2	214
한일	489.2	20.0	5.7	4.1	16.9	38.4
현대(단양)	68.5	287	1.1	9.2	59.4	95.5
현대(영월)	419.2	288	0	96.8	21.6	114
쌍용(영월)	75.5	107	1.9	3.6	79.7	74.7
쌍용(동해)	58.4	73	0.9	3.8	58.5	93.1
동양	63	210	0.2	4.5	30.7	43.3

*출처: 2007년 국립환경과학원의 국정감사 제출 자료.

<표 5> 프랑스 시멘트의 유해중금속 함유량(단위: ppm)

	비소	납	수은	카드뮴	크롬	구리
프랑스	13.64	23.42	0.53	1.85	73.68	37.99

*출처: 시멘트 산업에서의 순환자원.(조지 샤인)

2008년 2월, 시멘트 소성로 개선을 위한 민관협의회 회의에 환경부가 라파즈 시멘트의 조지 샤인 박사를 초청해 프랑스의 시멘트 관리정책을 발표했다. 이날 조지 샤인 박사가 발표한 프랑스 시멘트의 유해 중금속 함량을 국내 시멘트의 수치와 비교해 보면, 국내 시멘트의 유해물질 함량이 얼마나 심각한지 더욱 잘 알 수 있다.

그런데 환경부가 2007년 6월 18일 국회에 보고한 자료를 보면,

국내 시멘트에 중금속이 없다는 심각한 거짓말을 하고 있다.

시멘트 소성로 관리개선 추진현황: 06년도 국정감사 지적사항 관련
총 크롬 외 중금속 항목은 용역 결과 시멘트 제품에서 검출되지 않은 것으로 조사되었고, 외국의 경우에도 특별히 관리를 하고 있지 않는 점 등을 고려하여 제외함.

천연광물로만 만든 시멘트에도 중금속이 들어 있다. 시멘트 제조에 사용하는 쓰레기의 종류와 양에 따라 시멘트 제품에 잔류하는 유해 중금속의 함유량이 많아지고 적어지는 차이가 발생한다. 그런데 환경부는 왜 시멘트에 중금속이 없다는 거짓말을 했을까? 바로 시멘트 공장들을 위해 쓰레기 사용기준을 만들지 않기 위한 핑계였던 것이다.

외국의 사례 |

외국에도 시멘트 제조에 쓰레기를 사용하는 나라들이 많다. 하지만 쓰레기 사용기준과 엄격한 배출가스 규제 및 시멘트 제품 안전기준이 있다. 환경부가 시멘트 공장에 폐유와 폐유기용제 사용을 합법화하기 위해 쓴 〈WDF 제조 및 사용의 적정관리 방안 마련〉이란 보고서는 외국의 규제 내용을 다음과 같이 설명한다.

5 쓰레기 시멘트의 실상과 허상 |

해외 많은 나라에서는 시멘트 소성로의 **배출가스에 대한 규제**를 엄격히 시행하고 있다. 따라서 시멘트 회사들은 배출가스의 값을 지키기 위해 방제설비의 보완과 더불어, 소성로로 유입되는 원료와 연료를 자체 관리하고 있다.

그러나 환경부는 이 같은 사실을 감추고 '외국은 시멘트 제품의 중금속 규제를 하지 않고, 시멘트 제품에 중금속이 없다'라는 거짓말로 국민의 건강을 좀먹고 국회를 기만했다.

위의 보고서는 외국과 비교해 국내 시멘트 공장의 문제점을 다음과 같이 정확하게 지적한다.

수은이나 비소와 같이 휘발성이 강한 중금속의 경우 시멘트 제품으로 유입되기보다는 대기 중으로 배출되는 것으로 알려져 있다. 그러므로 **시멘트의 품질평가**(규제)를 통해서 뿐만 아니라, **대기중으로 배출되는 가스 중 중금속 농도의 평가**(규제)를 통해 사용하고자 하는 폐기물 연료의 품질이 결정되는 것이 바람직하다. 그러나 **불행하게도 현재 국내에서는 시멘트 소성로에서 배출되는 가스 중 중금속 농도에 대한 법적인 규제뿐 아니라 시멘트의 품질에 관련된 법적인 규제가 전혀 없다.**

이 보고서는 2006년 2월 14일 환경부에 최종 제출된 보고서다. 심지어 2005년에는 중간 보고서 형식으로도 환경부에 제출되었다.

그런데도 환경부는 이런 자료를 감추고 국내 시멘트에 중금속이 없다고 국민을 속였다.

해외 시멘트에 비해 국내 시멘트에 왜 발암물질과 유해 중금속이 많은지 보여주는 증거가 하나 더 있다. 2006년 9월, 국립환경과학원이 환경부에 보고한 〈폐기물 소각시설로서의 시멘트 소성로 관리기준 개선연구〉 논문이다. 이 논문은 국내 시멘트에 유해물질이 많은 이유와 대책을 다음과 같이 설명한다.

현재 국내 시멘트 소성로에는 중금속에 대한 규제치가 없는 실정이다. 그러나 국외의 경우, 대부분의 소성로에서 중금속을 규제하고 있으며, 규제 시 단일물질로 규제를 하기도 하고, 여러 중금속의 합으로 규제를 하기도 한다. 투입 폐기물의 중금속 함량에 따른 유해성을 평가할 때, 배출가스 중 중금속 농도와 함량은 중요한 인자이므로 국내 시멘트 소성로도 중금속에 대한 규제를 곧 시행해야 한다고 판단된다.

"국외의 경우, 대부분의 소성로에서 중금속을 규제하고 있으며, 규제 시 단일물질로 규제를 하기도 하고, 여러 중금속의 합으로 규제를 하기도 한다"는 위 논문의 지적에도 불구하고, 환경부는 '외국의 경우 특별히 중금속을 관리하지 않는다'는 거짓말로 국민과 국회를 속였다. 왜 그런 거짓말을 했을까?

유독 한국 시멘트에 발암물질과 유해 중금속이 높았던 원인을 한

눈에 알 수 있는 증거자료가 있다. 위의 〈폐기물 소각시설로서의 시멘트 소성로 관리기준 개선연구〉에 나오는 자료다. 이 도표 한 장이 온갖 특혜 속에 발암 시멘트를 만들어온 국내 시멘트의 처참한 현실을 잘 보여준다.

〈표 6〉 국내외 시멘트 소성로 배출가스 중 중금속 기준 비교

	카드뮴	수은	안티몬	비소	납	크롬	일산화탄소	구리	망간	니켈	바나듐	주석
국내 소각시설	0.01	0.07	–	0.4	0.1	0.4	–	8.7	–	17	–	–
국내 시멘트 소성로	–	–	–	–	–	–	–	–	–	–	–	–
오스트리아	0.04	0.036	0.36	0.36	0.36	0.36	0.36	0.36	0.36	0.36	0.36	–
덴마크	0.15	0.1	–	0.7	4.4	4.4	–	4.4	4.4	0.7	–	–
프랑스	0.044	0.044	0.36	0.36	0.36	0.36	0.36	0.36	0.36	0.36	0.36	0.36
독일	0.04	0.02	0.02~0.04	0.4	0.4	0.4	0.4	0.4	0.4	0.4	0.4	0.4
이탈리아	0.15~3.6	0.1	3.6	0.7	3.6	0.7~3.6	0.7	3.6	3.6	0.7	3.6	3.6
룩셈부르크	0.15	0.1	3.6	0.7	3.6	3.6	0.7	3.6	3.6	0.7	3.6	–
네덜란드	0.044	0.044	0.7	0.7	0.7	0.7	0.7	0.7	0.7	0.7	0.7	0.7
포르투갈	0.07	0.15	0.7	0.7	0.7	0.7	0.7	0.7	0.7	0.7	0.7	0.7
스웨덴	0.0001	0.0007	0.003	0.007	0.03	0.07	0.03	0.05	0.13	0.052	0.07	0.07
영국	0.07	0.07	0.7	0.7	0.7	0.7	0.7	0.7	0.7	0.7	0.7	0.7

*출처: 폐기물 소각 시설로서의 시멘트 소성로 관리기준 개선연구(국립환경과학원, 2006년 9월)
*외국은 다양한 중금속 규제기준이 있는 반면, 우리나라는 단 하나도 없었다. 국내 시멘트의 발암물질이 많았던 이유다.

영월 주민들이 만든 환경부 개탄 플래카드.

해외 시멘트 공장들은 굴뚝의 배출가스 중 수십 종류의 유해물질과 중금속을 규제한다. 엄격한 배출가스 규제를 통해 주변 환경오염을 막고 안전한 시멘트를 제조한다. 그러나 대한민국은 중금속 규제기준이 단 하나도 없었다. 고작 먼지^{dust}, 황산화물^{SOx}, 질산화물^{NOx} 등 세 개 물질에 대한 규제기준만 있었다. 환경부는 한국인이 전 세계에서 발암물질을 가장 잘 견디는 강철 체력이라고 생각한 모양이다. 국내의 쓰레기 소각장조차 시멘트 공장보다 규제 항목도 많고 기준도 더 엄격했다.

"각성하라 환경부, 독가스가 맛있구나!"

영월 쌍용양회 공장 마을에 붙어 있던 현수막 내용이다. 시멘트 공장을 위한 특혜 덕분에 공장 주변 주민들은 유해가스를 마시며 병들고, 국민들은 발암 시멘트로 만든 집에서 사는 대한민국 현실에 대한 각성 요구다.

5 쓰레기 시멘트의 실상과 허상

사회적 논란이 일자, 쓰레기 사용 10년이 지난 2009년이 되어서야 환경부는 쓰레기 소각장 기준으로 시멘트 소성로의 기준을 강화한다고 발표했다. 그러나 그 규제항목과 기준치는 아직도 외국에 비해 한참 부족하다. 환경부는 시멘트 소성로 관리를 강화했다고 주장하지만 쓰레기 시멘트는 여전히 안전하지 않다.

일본인보다 발암물질에 20배 더 강한 한국인?

가까운 이웃 나라 일본 역시 시멘트 제조에 쓰레기를 사용한다. 그러나 쓰레기가 사용된다고 다 똑같은 것은 아니다. 한국과 일본의 차이를 살펴보자.

일본보다 20배 높은 쓰레기 사용기준 |

1999년 8월, 환경부는 시멘트 제조에 쓰레기 사용을 허가해 주었다. 그러나 안전한 시멘트를 위한 단 하나의 쓰레기 사용기준도 없었다. 그리고 쓰레기 시멘트가 허가된 지 10년이 지나서야 환경부는 쓰레기 사용기준을 만들었다. 그것을 일본과 비교해 보았다. 일본의 시멘트 공장들은 염소 함량 1000ppm 이하의 쓰레기만 시멘트 제조에 사용한다. 그런데 우리나라 환경부가 쓰레기 사용 허가 후 10년 만에 만든 염소 함량 기준은 2퍼센트다.

2퍼센트를 ppm 단위로 환산하면 2만ppm이다. 국내 시멘트 공장의 쓰레기 사용기준 2퍼센트는 일본의 무려 20배다. 한국인이 일본인보다 20배 더 발암물질에 강하다는 뜻일까?

쌍용양회 기술연구소와 서울대 등이 직접 작성한 〈무기 폐기물의 시멘트 원료화 기술〉이란 보고서에 따르면, 일본 태평양시멘트 공장은 1000ppm 이내의 폐기물을 사용한다.

〈표 7〉 일본 태평양시멘트 사의 폐기물 활용 현황

구분	재활용 산업폐기물		산업폐기물의 품질 및 물성
원료 대체	슬러지		수분 25% 이상, R_2O 1% 이하
	폐주물사		S_1O_2 75% 이상, R_2O 1% 이하
	알루미나 슬러지 알루미나 회분		AL_2O_3 60% 이상, 염소 100ppm 이하, 수분 70% 이하
	철 함유물		Fe_2O_3 30% 이상, 염소 100ppm 이하
연료 대체	고체연료	폐타이어	자동차 타이어
		목재, 폐플라스틱	**염소 1000ppm 이하**, 수분 10% 이하
	액체연료	폐유	**염소 1000ppm 이하**, 수분 20% 이하, 발열량 12.5MJ/Kg
		석유, 중유	수분 25% 이하, 발열량 12.5MJ/Kg
	기체연료	나프타	

*출처: 〈무기 폐기물의 시멘트 원료화 기술〉(쌍용양회 기술연구소, 서울대).

한국의 시멘트 공장들도 염소 1000ppm 이내의 쓰레기를 사용하는 일본의 기준을 잘 알고 있다. 그런데 왜 일본보다 20배나 높은 쓰레기 사용기준을 고집하는 것일까? 쓰레기 사용기준이 곧 돈이기 때문이다. 일본처럼 쓰레기 중 염소기준을 1000ppm으로 엄격하게 규제하면 시멘트 공장에서 사용할 수 있는 쓰레기 종류가 제한되고, 이에 따라 쓰레기를 처리하며 받는 수입도 현저히 줄어들기 때문이다.

시멘트 공장들은 염소기준이 높아도 '염소바이패스(Cl By-Pass) 시설'을 통해 시멘트 제조과정에서 염소를 빼내기 때문에 아무 문제가 없다고 주장한다. 그러나 일본 역시 '염소바이패스 시설'을 갖추고 있다. 심지어 1000ppm 이하의 쓰레기를 사용했음에도 불구하고 세정시설에서 염소바이패스로 빼낸 더스트의 염소를 제거한다. 그러나 일본보다 20배 높은 기준의 폐기물을 사용하는 국내 시멘트 회사는 일본과 같은 염소 세정시설을 갖춘 공장이 단 하나도 없다. 한국과 일본의 시멘트 공장은 하늘과 땅만큼의 차이가 있다.

발암물질 전환율이 두 배 이상 높은 석회석 |
시멘트의 주재료인 '석회석의 품질이 외국에 비해 현저히 떨어진다'는 것이 국내 시멘트와 외국 시멘트의 차이를 낳는다. 어느 날 쌍용양회 고위 임원이 내게 한 장의 서류를 내밀었다. 일본 태평양시멘트의 석회석과 쌍용양회가 사용하는 석회석의 품질비교표였다.

〈표 8〉 일본 태평양시멘트와 국내 쌍용양회의 석회석 품질비교표

석회석	CaO	Al_2O_3
국내 고품위 석회석 1	47.68	2.46
국내 저품위 석회석 2	44.95	2.22
일본 태평양시멘트 석회석	53.29	0.61

*단위: 퍼센트, 출처: 쌍용연구소.

국내 석회석은 좋은 시멘트 품질의 기준이 되는 칼슘^{CaO} 성분은 일본보다 낮고, 시멘트의 유해성을 높이는 알루미나^{Al_2O_3} 성분은 일본보다 2~4배 높다.

한국시멘트협회가 요업기술원에 직접 의뢰한 〈시멘트 중 중금속 함량 조사연구〉(2006년 5월)라는 보고서에도 "국내 석회석 특성상 알칼리 함량이 높아 발암물질 6가크롬으로의 전환율이 일본은 10~15 퍼센트, 한국은 20~30퍼센트로 일본보다 한국이 두 배 이상 높다"고 밝히고 있다.

쓰레기 사용기준이 일본과 똑같아도 석회석 품질이 나빠 발암물질로 전환되는 비율이 두 배나 높은데, 쓰레기 사용기준이 일본의 20배에 이른다. 석회석 품질에 따른 발암물질 전환율까지 따지면, 한국인은 일본인보다 20배 곱하기 몇 배나 더 강철 체력이 되는 셈이다.

시멘트 제조기술의 차이 |

외국과 국내 시멘트 공장의 가장 큰 차이는 시멘트 제조 기술력이다. 쌍용양회 기술연구소와 서울대 등이 직접 작성한 〈무기 폐기물의 시멘트 원료화 기술〉에 따르면 외국에 비해 전처리 기술은 30퍼센트, 유해물질 분석평가 기술은 30퍼센트, 산업폐기물 재활용 기술은 20퍼센트 수준에 불과하다.

〈표 9〉 국내외 시멘트 제조 관련 기술수준 현황 비교

핵심 기술	주요 내용	국내	국외
전처리 기술	불순물 분리, 정제 및 세정 기술	30%	80%
원료조합 기술	산업폐기물의 성분에 따른 원료조합 기술	70%	90%
공정제어 기술	화학조성의 편차에 따른 제어 기술	60%	80%
분석평가 기술	유해물질 및 미량성분의 분석	30%	85%
특성평가 기술	소량, 미량 성분이 제조공정 및 제품의 특성에 미치는 영향성 평가 기술	25%	80%
재활용 기술	산업폐기물의 재활용 기술	20%	70%

*출처: 〈무기 폐기물의 시멘트 원료화 기술〉(쌍용양회 기술연구소, 서울대).

시멘트 공장들은 이 논문이 2002년에 작성된 것으로, 지금은 한국의 시멘트 제조 기술력이 비약적으로 발전해 선진국과 동일하다고 주장한다. 정말 그럴까?

2006년 12월 26일 방송된 MBC 〈뉴스 후〉, '중금속 시멘트의 습격' 편에서 쌍용양회 영월 공장장은 "우리가 일본 기술력을 따라가

는 것은 어린아이에게 마라톤을 하라는 것과 같다"며 낙후된 국내 시멘트 기술력을 솔직히 인정했다.

그러나 시멘트 공장의 주장처럼 지금은 기술력이 비약적으로 발전해 선진국과 차이가 없다는 것이 사실이라고 해도, 지난 10년 동안 발암물질 가득한 시멘트로 지은 아파트에서 살아간 사람들의 고통은 누가 책임지는 것일까?

2009년 1월, 환경부와 시멘트 공장 관계자들과 함께 일본의 시멘트 공장으로 견학을 갔다. 일본의 태평양시멘트를 돌아보다 충격적인 장면을 보았다. 공장 안의 연구소에서 시멘트의 유해물질을 실시간 분석하고 있었다. 일본은 쓰레기 사용기준이 철저할 뿐만 아니라 제품의 안전을 위해 실시간으로 시멘트의 품질분석을 하고 있었다.

그런데 기술력이 비약적으로 발전해 선진국과 별 차이가 없다는 국내의 시멘트 공장에는 일본처럼 시멘트 제품의 유해물질을 실시간으로 분석하는 시설을 갖춘 공장이 하나도 없다. 시멘트 제품의 분석은 고사하고, 시멘트 공장으로 반입되는 폐기물의 유해성을 실시간 분석할 수 있는 공장도 없다.

자율기준이 아닌 법적기준이 필요 |

유럽은 1983년부터 시멘트 제품의 발암물질 6가크롬 기준을 '법적기준'으로 정해, 그 기준을 넘는 시멘트의 시장 출하를 금지하고 있다. 우리나라의 환경부는 쓰레기 시멘트를 허가한 지 10년이 지난 후에야 6가크롬 20ppm의 기준을 만들었다. 그것마저 법적 강제성이 없는 시멘트 공장의 '자율기준'에 불과하다. 처벌규정이 없는 자율기준이니 '지켜도 그만, 안 지켜도 그만'인 셈이다.

2008년 환경부 국정감사에서 박준선 의원은 자율기준이란 미명 하에 쓰레기 시멘트를 합리화하려는 환경부를 다음과 같이 따끔하게 지적했다.

6가크롬을 20ppm 자율기준으로 한다. 그래서 마치 큰 규제를 하는 것처럼 하는데, 자율규제가 법적인 강제가 없잖아요? 환경부에서 제출한 서면답변을 보면, 일본과 유럽 모두 자율규제라 했어요. 일본은 자율규제가 맞는데, 유럽은 1983년부터 법적 강화기준으로 적용하고 있어요. 환경부에서 그런 식으로 변명하면서 기만하고 우롱하는 듯한 그런 잘못된 답변을 내면 되겠어요? 일본하고 우리나라하고 무슨 상관이에요. 일본에서 석탄재를 수출한 나라 명단입니다. 수입국이 한국밖에 없어요. 일본의 것을 우리가 왜? 벤치마킹할 것을 해야죠. 그리고 법적기준이나 그런 부분에서 변명을 하는데, 그것이 합리적일 때 근거로 내세워야지 불합리한 변명을 하면서 일본이나 다른 나라 얘기를 하는 것은 전형적인 사대주의 방식입니다.

2014년 11월 3일, '석탄재로 만든 시멘트서 발암물질 검출'이라는 JTBC 뉴스에서 국내 4개 시멘트 제품을 분석한 결과 발암물질 6 가크롬이 26ppm 검출되었다고 방송했다. 환경부가 정한 안전기준 20ppm을 넘어선 것이다. 처벌조항이 없는 자율기준이기 때문에 이 처럼 국민의 건강을 위협하는 발암 시멘트가 지금도 생산되어 유통 되고 있다.

　국내 시멘트 공장들은 시멘트 제조기술이 비약적으로 발전해 선 진국과 동일하다고 주장한다. 선진국과 동일한 기술력을 지니고 있 다면 왜 처벌이 따르는 법적기준을 외면하고 자율기준으로 국민을 기만하는 것일까? 비약적으로 기술력이 발전했다면서, 왜 아직도 외국의 시멘트 공장들과 동일한 엄격한 배출가스 규제와 쓰레기 사 용기준을 따르지 못하는 것일까?

자원재활용이 아니라 쓰레기 소각이다

"쓰레기를 사용하는 시멘트 공장은 환경과 인간의 건강에 잠재적인 위협이 된다." 2007년 5월, 캐나다 법원의 판결 내용이다. 미국에서도 2007년 2월, 뉴욕, 뉴저지, 펜실베이니아 등 9개 주가 백악관이 시멘트 공장에서 배출하는 수은과 오염물질을 적절하게 통제하지 못했다고 부시 정부를 고소한 사건도 있었다. 2004년 2월, 남아메리카 콜롬비아의 시민들은 유해 폐기물을 시멘트 소성로에서 소각하는 계획을 중단시키기 위해 탄원서를 제출하며 국제적인 지원을 요청하기도 했다. 2010년에는 슬로베니아 시민들이 라파즈시멘트 공장의 쓰레기 소각을 반대하는 시위도 했다.

"외국도 쓰레기로 시멘트를 만든다." 국내 시멘트 공장들이 쓰레기 시멘트를 합리화하기 위해 내건 구호다. 외국에서도 쓰레기로 시멘트를 만드니 쓰레기 시멘트에 아무 문제가 없다는 뜻일까? 그러나 외국에서도 쓰레기 시멘트라는 잘못된 정책에 대해 소송이 이어지고, 주민들의 반대 항의가 잇따르고 있다.

대량생산, 대량소비를 지향하는 산업사회가 가져온 결말은 산처럼 쌓여가는 쓰레기다. 모든 나라가 '쓰레기 처리'의 숙제를 안고 있다. 그리고 손쉬운 쓰레기 해결책으로 선택한 게 바로 쓰레기 시멘트였다. 그렇다면 해외에서는 쓰레기 시멘트를 어떻게 생각하는지 한번 살펴보자.

외국의 시멘트 공장들 역시 쓰레기로 시멘트 만드는 것을 자원재활용이라고 주장한다. 한정된 지구의 자원을 재활용하는 친환경적인 사업이라는 것이다. 과연 그럴까?

2009년 6월, 감사원은 쓰레기 시멘트란 '자원재활용'이 아니라 '쓰레기 소각'에 불과하다고 밝혔다. 감사원이 쓰레기 시멘트가 자원재활용이 아니라고 밝힌 근거는 다음과 같다.

폐기물관리법 제2조 제7호 규정에 따르면, 재활용은 "폐기물을 재사용, 재생이용하거나 재사용, 재생이용할 수 있는 상태로 만드는 활동 또는 환경부령이 정하는 기준에 따라 폐기물로부터 에너지기본법 제2조 제1호에 따른 에너지를 회수하는 활동"이다.

위 법령에 근거했을 때 쓰레기 시멘트는 폐기물을 재사용, 재생이용하거나 에너지를 회수하는 활동이 아니므로 재활용이 아니라 소각에 해당된다.

감사원의 지적처럼, 시멘트 공장의 쓰레기 사용은 재활용이 아니다. 유해물질을 함유한 시멘트로 국민 건강을 위협하고 공장 주변의 환경오염으로 지역 주민들을 고통으로 몰아넣는 잘못된 정책이다. 해외의 많은 보고서들도 쓰레기 시멘트가 재활용이 아니라 더 큰 환경 재앙이라고 지적한다.

해외 논문 사례

시멘트 공장들은 왜 쓰레기 시멘트가 자원재활용이라고 주장하는 것일까?

〈전국시멘트소각로시민연합: 시멘트 소각로의 문제점National Citizens Cement Kiln Coalition: The Problem with Cement Kilns〉이라는 논문은 "미국의 쓰레기를 소각하는 시멘트 공장들이 '재활용recycling'이라는 용어를 사용함으로써, 시민들이 그 위험성을 잘 인식하지 못하고 있다"며 '재활용'이라는 단어가 국민을 속이는 수단이라고 지적한다. 물론 시멘트 공장들은 버려지는 쓰레기를 재활용해 쓰레기를 안전하게 치웠다고 주장한다. 그러나 쓰레기를 치운 게 아니라 유해 쓰레기가 시멘트로 모양만 바뀌어 우리 안방과 사무실에 다시 돌아온 것이다. 이와 유사한 다른 논문들도 쉽게 찾을 수 있다.

미국 환경보호청 행정관 캐롤 브라우너Carol Browner는 〈인간의 건강과 환경보호에 대한 신화와 실상: 위험 폐기물을 소각하는 시멘트 소성로에 관한 진실National Citizens Cement Kiln Coalition, Myths and

Facts About Protecting Human Health and the Environment: The Real Story About Burning Hazardous Waste in Cement Kilns〉이라는 논문에서 쓰레기 시멘트를 이렇게 평가한다.

> 시멘트 소성로에서 중금속이 함유된 폐기물을 소각하는 것은 비소, 카드뮴, 크롬과 같이 유독하며 발암물질이 든 금속들을 시멘트 공장 굴뚝의 먼지를 통해서나 시멘트 자체 내에 포함되어 사회 곳곳에 다시 돌아오는 효과를 지닌다.(…) 국가 연료소비에 있어 진정한 절약이 될 수 없다는 것을 차치하고, 에너지 절약을 위해 시멘트 공장에서 위험 폐기물을 사용하는 것은 간단히 말해 치욕이다.

〈시멘트 소각로에서의 유해 폐기물 소각Recycling or Disposal? Hazardous Waste Combustion in Cement Kilns〉이란 논문 역시 다음과 같이 말한다.

> 유해 폐기물에 존재하는 중금속은 연소되지 않기 때문에 시멘트 소성로의 고온에 의해 증발되어 대기중에 방출되거나, 시멘트 분진에 남거나, 시멘트 제품에 들어간다. 시멘트 소성로는 에너지 가치가 거의 없는 유해 폐기물을 받을 수 있어 에너지 재활용이라는 미명 아래 폐기물 소각에 대한 관리 부실과 유독성 중금속의 환경 노출을 초래한다.

쓰레기 시멘트의 존재 이유 |

아파트 건설비용 중 시멘트값은 1퍼센트도 되지 않는다. 시멘트 공장은 쓰레기를 소각해 국가적으로 절감되는 쓰레기처리비용이 연간 1740억 원이라고 밝혔다. 1740억 원은 5000만 국민 일인당 3480원에 불과하다. 쓰레기 시멘트의 경제성은 국가적으로도 개인적으로도 전혀 도움이 되지 않는다.

그렇다면 국민 건강에 피해를 주는 쓰레기 시멘트는 왜 존재하는 것일까? 답은 하나다. 시멘트 공장의 돈벌이를 위함이다. 쓰레기 처리비를 받음과 동시에 원료와 연료 구입비가 줄어들어 이중으로 돈을 벌기 때문이다.

해외의 논문들 역시 "쓰레기 시멘트란 시멘트 공장의 돈벌이를 위한 것에 불과하다, 시멘트 소성로에 꼭 유해 폐기물을 태워야만 하는 것은 아니다. 그들은 경제적인 이점을 위해 그렇게 한다"고 분명하게 지적한다.

국제 환경단체 '지구의 친구Friends of the Earth' 역시 〈시멘트 소각로에 유해 폐기물을 태우는 방안에 대한 연구Concern over Plan to Allow Cement Kilns to Increase Burning of Hazardous Waste〉에서 "쓰레기 시멘트가 폐기물을 처리하는 가장 환경적인 방안이 될 수 없다. 그것은 단순히 폐기물을 소각하고 돈을 버는 것뿐"이라고 강조했다.

외국의 시멘트 공장들도 '친환경'과 '자원재활용'을 전면에 내세워 쓰레기 시멘트를 홍보하지만, 실상은 어려운 경영 상황을 타개하기 위한 수단에 불과했다. 환경단체 다운윈더스앳리스크www.downwindersatrisk.org의 한 보고서에는 "프랑스 National Gypsum사는 1986년 쓰레기 소각허가를 받아 두 개의 대형 시멘트 소성로에 연간 5600만 파운드의 쓰레기를 소각할 수 있는 시설을 갖추었다. 시멘트 공장의 폐기물 소각은 경제적 위기에 처한 National Gypsum사를 구해주었고, 원가절감으로 외국 시멘트와의 가격경쟁력에 대응할 수 있게 되었다"며 쓰레기 소각이 시멘트 공장의 경영 타개책이었음을 말한다. 또 이 보고서는 힐러리가 한동안 미국의 한 시멘트 공장 사외이사였음을 지적하며, 시멘트 공장이 폐기물 사용을 위해 정치권을 이용했다고 밝혔다.

시멘트 공장들은 폐타이어, 폐고무 등의 폐기물을 사용하는 것에 대해 유연탄의 사용을 줄임으로써 이산화탄소의 발생을 줄이는 친환경적인 폐기물 처리방법이라고 주장해 왔다. 그러나 '지구의 친구'는 "시멘트 소성로의 쓰레기 소각이 이산화탄소 배출 감소를 가져올지라도 염산, 황산, 수은, 니켈, 벤젠, 다이옥신, PAHs와 같은 다른 유해물질의 배출이 증가할 것"이라며 쓰레기 시멘트가 쓰레기 처리의 올바른 해결책이 아니라고 강조했다.

앞에서 언급한 〈전국시멘트소각로시민연합: 시멘트 소각로의 문제점〉에서도 쓰레기 시멘트가 올바른 폐기물 처리 기술의 발전을 가로막는 장애물이라며, 다음과 같이 강조했다.

오늘날 가동할 수 있는 대체 열처리 시스템이 있다. 그러나 시멘트 공장이 저렴한 비용으로 쓰레기 처리를 하도록 허용하는 한, 소각기술은 계속 발전할 수 없다. 시대에 뒤진 시멘트 공장의 쓰레기 소각이 허락되는한, 폐기물 처리의 안전한 미래는 불확실하다.

'지구의 친구'는 "시멘트 소성로에 쓰레기를 소각하는 것은 환경적인 폐기물 처리가 아니다. 시멘트 공장을 통해 싼값에 쓰레기를 처리하는데 그칠 게 아니라, 유해 폐기물 배출을 감소시키는 강한 동기가 있어야 한다"며 쓰레기 처리의 진정한 해결책은 유해 폐기물의 발생을 감소하는 정책으로서 쓰레기 시멘트를 반대한다고 분명한 입장을 밝혔다.

그동안 시멘트 업계는 '외국도 쓰레기로 시멘트를 만든다'며 쓰레기 시멘트를 합리화해 왔다. 그러나 외국에서도 쓰레기 시멘트가 올바른 쓰레기 해결책이 아니라고 지적하고 있다. 쓰레기 시멘트로 덕을 보는 이는 쓰레기 처리비를 버는 시멘트 공장과 유해 쓰레기를 싼값에 시멘트 공장에 보냄으로써 쓰레기처리비용을 절감한 폐기물 배출 기업들뿐이다.

그들은 발암물질과 유해물질 가득한 쓰레기 시멘트 안에 갇혀 평생을 살아야 하는 사람들의 고통을 돌아보지 않았다. 유해물질 가득한 시멘트로 지은 건축물에서 살아가는 사람들이 치료비로 지출해야 할 비용을 계산하지 않았다.

환경부와 시멘트 업계는 '에너지 절약'과 '쓰레기 처리의 경제성' 이란 잘못된 논리로 더 이상 국민들을 고통으로 몰아가서는 안 된다. 국민의 안전과 자라나는 아이들의 건강한 미래는 좀더 많은 비용을 지불하더라도 반드시 지켜져야 하기 때문이다.

시멘트 공장 주변 마을 사람들

"시멘트 공장은 주민 건강 피해에 총 6억 2300만 원 배상하라."

2013년 5월 8일, 중앙환경분쟁조정위원회는 시멘트 공장 인근 지역 주민들이 시멘트 분진으로 인한 피해배상을 요구하는 데 대해 A시멘트 등 4개 사에 배상하도록 결정했다.

중앙환경분쟁조정위원회는 국립환경과학원의 주민건강영향조사 결과, 먼지 관련 직업력이 없는 주민 28명에게 진폐증 환자가 발생했고, 만성폐쇄성 폐질환 유병율 역시 다른 지역에 비해 상당히 높게 나타났다며, 이를 시멘트 공장의 먼지가 폐질환의 발생 개연성을 높인 결과라고 판단했다.

진폐증은 환경개선으로 우리 곁에서 사라진 줄 알았던 질병이다. 그러나 광산이나 먼지 관련 직업에 근무한 적이 없는 사람들에게 연이어 진폐증이 발견되었다. 세계에서 유례가 없는 사건이었다. 그것도 한두 시멘트 공장만이 아니라, 국내 모든 시멘트 공장 주변 마을 주민들에게 진폐증 환자가 대거 발생한 충격적인 사건이다. 환경부 조사결과에 따른 시멘트 공장별 환자발생 현황을 살펴보면 다음과 같다.

- **삼척 동양시멘트:** 광산 직업력 없는 진폐환자 17명, 만성폐쇄성폐질환자 278명.
- **단양 성신·한일 시멘트:** 광산 직업력 없는 진폐환자 8명, 만성폐쇄성폐질환자 205명.
- **영월 쌍용·현대·아세아 시멘트:** 광산 직업력 없는 진폐환자 3명, 만성폐쇄성폐질환자 211명.
- **강릉 한라·동해·쌍용양회:** 광산 직업력 없는 진폐환자 3명, 만성폐쇄성폐질환자 228명.
- **장성 고려시멘트:** 광산 직업력 없는 진폐환자 3명, 만성폐쇄성폐질환자 166명.

시멘트 공장의 분진 발생이 얼마나 심각했기에 이런 기록을 세운 걸까? 시멘트 공장에 가보면 그 이유를 금방 알 수 있다. 공장 주변 마을엔 보고도 믿겨지지 않는 시멘트 예술품들이 즐비했다. 시멘트 공장에서 날아온 시멘트 분진이 기와지붕과 담벼락을 하얗게 덮었고, 기와지붕이 마치 종유석 같아 보이기도 했다. 돌담벼락도 날려

온 시멘트 가루로 놀라운 예술품이 되었다. 사람이 일부러 시멘트를 붓는다고 만들어질 수 있는 작품들이 아니었다.

동해의 쌍용양회 공장 부공장장을 만나 시멘트 분진에 대해 인터뷰했다. 돌아온 답은 놀라웠다○. 그는 "설탕 공장에 설탕 가루 날리고, 시멘트 공장에 시멘트 가루 날리는 게 당연한 것 아니냐?"며 시멘트 분진을 당연하게 여겼다.

한국과 일본의 시멘트 공장 주변 마을 비교 |

시멘트 공장 주위에 시멘트 가루가 날리는 것이 정말 당연한 일일까? 2009년 초, 일본 우베시멘트와 태평양시멘트 공장에 다녀왔다. 일본의 시멘트 공장에서는 시멘트 가루가 날리지 않는다. 냄새도 분진도 전혀 없다. 분진과 악취로 목이 따갑고 숨쉬기도 거북한 한국의 시멘트 공장들과는 너무도 달랐다.

일본과 한국의 차이는 시멘트 공장 주변 마을에서도 쉽게 나타났다. 한국의 시멘트 공장 주변 마을은 지붕과 비닐하우스와 장독 뚜껑 위에 시멘트 가루를 하얗게 뒤집어쓰고 있다. 그러나 일본 태평양시멘트 공장의 담벼락 바로 옆 지붕들은 반짝반짝 빛이 났다. 심지어 지붕 위의 태양열 발전시설도 볼 수 있었다. 한국처럼 시멘트 가루가 날린다면 꿈도 꿀 수 없는 장면이다.

게다가 일본 태평양시멘트 공장 정문 앞에 닛산자동차 전시장이

시멘트 공장 인근 한국과 일본의 차량 비교.

있었는데, 자동차들이 깨끗했다. 한국의 시멘트 공장 주변 마을의 자동차들은 하얗게 시멘트 가루를 뒤집어쓰고 있다. 또 매일 밤 날아와 달라붙은 접착성 분진은 물과 비누로는 닦여지지 않아 유독물질인 염산으로 세차해야만 한다.

일본 태평양시멘트 공장 주변 마을에는 집집마다 밖에 빨래가 널려 있었다. 심지어 어린아이들의 옷과 하얀 기저귀도 널려 있었다. 그러나 한국의 마을에서는 한여름에도 창을 열 수 없다. 시멘트 공장의 분진으로 인해 빨래를 너는 것은 고사하고 창을 열기도 어렵다.

환경부가 한국과 일본의 시멘트 공장 차이를 '한·일 시멘트 소성로 관리제도 비교'라는 하나의 표로 정리했다. 일본은 시멘트 공장에서 폐기물 처리를 하기 위해 '허가'를 받아야 하지만, 한국은 '신고'만 하면 끝이다. 일본은 시멘트 공장이 위치한 지방자치단체가 중앙정부보다 더 엄격한 기준으로 관리하지만, 한국은 관리기준이 아무것도 없다.

일본은 이미 오래전부터 시멘트 공장별 자율기준을 설정해 엄격하게 관리하지만, 한국은 2008년에야 자율기준을 마련했다. 일본은 폐기물 사용허가제를 통해 폐기물의 이동경로를 추적할 수 있지만, 한국은 어떤 폐기물이 어디로 이동했는지조차 알 수 없다. 일본은 지속적인 시설 보완으로 시멘트 공장 인근에 분진이 거의 없는데 반해 한국은 공장 인근 주민들의 분진 민원이 많다.

〈표 10〉 한·일 시멘트 소성로 관리제도 비교

구분	일본	한국
폐기물 사용 허가	• 폐기물 처리·처분업 허가 및 처리시설 설치 허가. • 특례로 재생 이용 인정제도 운영(폐타이어, 폐육골분).	• 재활용 신고.
공해방지협정	• 지자체와 공해방지협정(국가 기준보다 엄격한 관리).	• 없음.
폐기물 자율관리	• 공장별 자율기준 설정, 엄격 관리.	• 최근 자율기준 마련.
폐기물 유통경로	• 투명한 경로 추적(허가제).	• 경로 추적 미흡(신고제).
분진관리	• 지속적인 시설 보완(밀폐, 살수) (공장 인근 분진 거의 없음).	• 미흡(공장 인근 분진 민원 많음).
정보 공개	• 지자체 보고. • 기업 사회적책임보고서(CSR) 발간.	• 법적인 보고 외에 자발적 정보 공개 미흡.

*출처: 환경부.

위 표는 환경부가 2008년 2월 13일, 국내 모든 시멘트 공장 사장들을 불러 모아놓고 시멘트 공장의 환경을 개선하자며 만든 간담회

5 쓰레기 시멘트의 실상과 허상

서류다. 결국 환경부의 관리부실이 분진으로 가득한 시멘트 공장 주변 마을 주민들의 고통과 발암물질 가득한 시멘트 생산을 초래한 것이다.

40년 전 분진?

"손가락을 넣어 목의 가래를 꺼내고 싶다."

시멘트 공장의 분진으로 고통당하는 지역 주민의 고통스런 호소다. 시멘트 공장 외에는 그 어떤 공장도 없는 청정산골 주민들이 왜 이런 고통을 당해야 할까?

시멘트 공장들은 그것이 40년 전 분진일 뿐 지금은 분진이 날리지 않는다고 발뺌한다. 그러나 나는 시멘트 공장을 방문할 때마다 공장에서 날리는 시멘트 가루를 수없이 보았다. 심지어 굴뚝이 아니라 시멘트 가루가 나와서는 안 되는 곳으로 흰 가루가 펄펄 날리는 장면도 여러 차례 목격했다.

그동안 내가 찍은 시멘트 공장의 분진은 40년 전 것일까? 가을에 심은 김장용 배추 잎사귀에 가득한 시멘트 가루가 40년 전 분진일까? 장독 뚜껑에 쌓인 시멘트 가루가 40년 전 것일까? 만든 지 1년 만에 하얗게 변한 비닐하우스가 40년 전 시멘트 가루 때문일까? 지붕 위에 내려앉은 시커먼 접착성 분진도 40년 전 분진 때문일까? 시멘트 분진을 뒤집어쓴 자동차는 40년 전에 생산된 자동차일까?

시멘트 공장이 있는 산골마을 지붕에 쌓인 분진을 연구소에 보내 분석했다. 납, 크롬, 카드뮴 등의 분진과 시멘트의 중금속 성분비율이 동일했다. 시멘트 공장에서 날아온 분진임이 증명된 것이다. 분진 속에서는 발암물질인 6가크롬도 검출되었다.

유해 중금속 가득한 시멘트 분진이 지붕과 장독 뚜껑에만 쌓였을까? 매일 시멘트 분진을 호흡하는 마을 주민들 건강에는 영향을 미치지 않았을까? 혹시나 하는 마음으로 2007년에 주민들의 모발검사를 해보았다. 영월, 제천, 단양의 시멘트 공장 주변 마을 주민들과 서울 사람들의 모발 중 중금속을 비교했다. 모발검사는 정부와 시멘트 재벌을 상대로 지역 주민들의 환경피해를 입증하기 위해 개인인 내가 할 수 있는 최선의 방법이었다.

영월 현대시멘트(30명), 쌍용양회(60명), 아세아시멘트(51명), 성신양회와 한일시멘트가 있는 단양 주민들(35명)과 비교군으로 서울 주민(50명)의 모발 중 중금속 검사를 실시한 결과 크롬(4.6~6.8배), 카드뮴(1.7~2.8배), 납(2배), 안티몬(1~4배), 알루미늄(1.5~2.2배) 등에서 시멘트 공장 주변 마을 사람들의 중금속 오염이 더 심각했다. 대기오염이 심각한 서울에 사는 사람들보다 시멘트 공장 외에는 어떤 공장도 없는 산골 주민들의 모발 중 중금속 오염도가 왜 높았을까? 매일 시멘트 분진을 호흡했기 때문이다. 시멘트 공장의 환경오염이 주민들의 진폐증과 호흡기질환 등으로 나타난 것이다.

	비교군 (서울 50명)	현대시멘트 (30명)	쌍용양회 (60명)	아세아시멘트 (51명)	단양(성신, 한일, 현 대 등 35명)
알루미늄	12.8	28.82 (2.25배)	19.56 (1.53배)	22.26 (1.74배)	18.96 (1.48배)
납	0.698	1.439 (2.0배)	1.554 (2.23배)	1.381 (1.98배)	1.296 (1.86배)
크롬	0.0818	0.557 (6.8배)	0.464 (5.6배)	1.529 (6.4배)	1.379 (4.6배)
안티몬	0.016	0.018 (1.12배)	0.024 (1.5배)	0.064 (6.4배)	0.026 (1.62배)
철	7.124	23.61 (3.3배)	20.9 (2.93배)	25.2 (3.53배)	20.61 (2.89배)
카드뮴	0.0168	0.031 (1.84배)	0.0454 (2.7배)	0.031 (1.84배)	0.029 (1.72배)
망간	0.2682	0.629 (2.34배)	0.554 (2.0배)	0.568 (2.1배)	0.437 (1.6배)

*단위: ppm.

시멘트 공장 주변 마을 주민들의 피해는 단지 지역 주민의 일로 끝나지 않는다. 환경오염을 일으키는 시멘트 공장의 관리 부실은 발암물질 가득한 시멘트로 나타난다. 발암물질 없는 건강한 시멘트와 시멘트 공장 지역의 환경개선은 동일선상에 있다.

30년 뒤 후손들에게 물려줄 환경재앙

고층 아파트 꼭대기에 포클레인이 춤추고 있다. 재건축을 위해 20년 넘은 낡은 아파트를 철거중이다. '아파트공화국 대한민국'에서 흔히 볼 수 있는 장면이다. 형식적으로 물을 뿌리며 철거공사를 하지만, 시멘트 미세분진으로 목이 따갑고 숨쉬기도 어렵다.

국립환경과학원의 과장과 '쓰레기 시멘트' 문제에 대해 이야기하던 중 환경부 자원순환국 국장의 입장을 전해 들었다. 요지는 이랬다.

"쓰레기로 시멘트를 만들지 않으면 그 많은 쓰레기를 매립하게 될 것이고, 그러면 침출수 등으로 토양오염이 되지 않겠느냐, 쓰레기로 시멘트를 만들면 자원도 재활용하고 좋지 않냐."

한치 앞도 내다보지 못하는 무지한 자들이 환경부 요직에 앉아 있다는 것이 놀라울 뿐이었다. 무지가 아니라면 시멘트 업계의 이익을 대변하다 보니 그런 구차한 변명이 나온 것이리라.

환경부 자원순환국장의 말대로, 쓰레기로 시멘트를 만들면 쓰레기를 치운 것이 될까? 그렇지 않다. 쓰레기 시멘트로 지은 아파트가 과연 몇 년이나 갈까? 길어야 30년이다. 지금 새로 지은 아파트라도 30년 뒤엔 철거되어 흙으로 돌아간다. 그러므로 쓰레기를 치운 게 아니라 지금의 쓰레기를 30년 뒤의 후손들에게 물려준 것에 불과하다.

전 국토가 재앙의 땅으로 [|]

몇해 전 9호선 국회의사당역 인도에서 보도블록 공사가 한창이었다. 보도블록 밑에 깔아놓은 폐시멘트 가루가 눈에 들어왔다.

"이게 뭐죠?" 근처에 있던 공사 관계자에게 물었다.

"모래인데요?"

다른 사람은 속여도 내 눈은 속일 수 없다. 결국 현장을 관리하는 사람이 와서야 건설 폐기물을 잘게 부순 폐시멘트라고 시인했다.

"물이 스며드는 보도블록 밑에 폐시멘트를 깔아도 되나요?"

"잘못했습니다. 더 이상 폐시멘트를 반입하지 않도록 하겠습니다."

그러나 이미 폐시멘트가 국회의사당역 사방에 깔린 뒤였다. 오늘도 수많은 사람들이 오가는 9호선 국회의사당 지하철 역사 보도블록 밑엔 건설 폐기물을 모래처럼 잘게 부순 가루가 깔려 있다.

시멘트 침출수가 흘러든 갯벌에 철새 사체가 널브러져 있었다. 철새 1000여 마리가 떼죽음당한 현장은 처참했다. 붉은 코피를 줄줄 흘리며 신음소리를 내며 죽어가는 청둥오리도 있었다. 지난 2008년 11월, 수자원공사가 테크노단지를 조성한다며 경기도 시화호를 매립하고 있던 공사구간이었다. 이곳 역시 9호선 국회의사당 지하철역처럼 건설 폐기물을 잘게 부순 폐시멘트를 갯벌 매립재로 사용했다.

갯벌로 흘러든 침출수를 측정해 보니 ph12의 강알칼리였다. 시멘트의 ph와 동일했다. 크리스 윈더Chris Winder는 〈시멘트의 피부독성 The dermal toxicity of cement〉이라는 논문에서 피부손상을 가져오는 강알칼리의 시멘트 자체가 독극물로 취급되어야 한다고 지적한다. 그만큼 시멘트의 독성이 강함을 말하는 것이다.

수자원공사는 떼죽음당한 철새의 사인을 살모넬라균이라고 주장했다. 그러나 조류 전문가인 경희대 윤무부 교수는 살모넬라균에 의해 철새가 죽은 사례가 전 세계 어디에도 없다고 분명히 밝혔다. 만약 살모넬라균이 전염성 균이었다면 철새들의 사체가 계속 발견되어야 했다. 그러나 매립한 폐시멘트의 침출수가 갯벌로 흘러드는 것을 차단하고, 철새들의 사체를 수거한 후엔 더 이상 죽은 철새가 발견되지 않았다. 이는 정부의 주장처럼 살모넬라균에 의한 죽음이 아니라는 것이 증명된 것이다.

폐시멘트 매립으로 인해 죽은 시화호의 철새들.

　철새 1000여 마리가 죽은 시화호 건설 현장에는 15톤 덤프트럭 8000대 분량의 폐시멘트가 매립되었다. 넓은 갯벌을 매립해 도시를 건설하려면 덤프트럭 8000대는 시작에 불과했다. 철새가 죽었다는 소식을 듣고 현장으로 달려갔다. 시료를 채취, 분석해 철새의 죽음의 원인이 폐시멘트의 독성으로 인한 것이라고 밝혔다. 그리고 시공사인 수자원공사로부터 더 이상의 폐시멘트 반입을 중단하겠다는 답을 받았다.

　그런데 전혀 예상치 못한 반응이 나타났다. 시화호 매립 현장에 폐시멘트를 납품하던 인선E&T라는 회사의 사장에게서 전화가 왔다. "정부가 살모넬라균 때문에 죽었다고 밝혔는데, 시멘트가 원인이라는 당신 기사 때문에 내가 망하게 되었다. 언론중재위원회에 제소하고, 손해배상을 청구하겠다."

시화호 철새의 사망 원인은 분명 폐시멘트의 독성 때문이었다. 매립 현장에 폐시멘트를 납품하던 사람의 입장에선 나 때문에 평생 먹고 살 돈을 벌 기회를 놓쳤으니 얼마나 아쉬웠겠는가. 그러나 진실을 감출 수는 없는 법이다. 전화를 받고 마음대로 하라고 했다. 며칠 뒤 방송통신심의위원회 임원에게 연락이 왔다. 인선E&T에서 내 기사가 허위라는 신고가 접수되었는데, 검토 결과 내 기사에 아무 문제가 없어 기각했다는 것이다. 다행이었다.

만약 방송통신심의위원회가 인선E&T의 주장을 받아들였다면, 엄청난 손해배상소송에 휘말릴 뻔했다. 침출수 분석을 바탕으로 기사를 쓴 덕분에 큰 탈 없이 넘어갔다.

개선이 아니라 중단해야 한다 |

시멘트 건축물은 영구하지 않다. 쓰레기 시멘트로 지은 아파트를 30년 뒤 헐게 되면, 건축 폐기물을 재활용한다며 전 국토에 깔게 될 것이고, 그 안에 있던 유독물질은 다시 토양오염과 수질오염으로 우리에게 돌아올 것이다.

환경부는 쓰레기 처리를 위해 온갖 유해 쓰레기를 시멘트 제조에 사용하도록 허가했다. 시멘트 공장의 이익을 위한 환경부의 헌신 덕에 우리는 발암물질과 유해 중금속이 가득한 시멘트로 집을 짓고 살게 되었다. 쓰레기 시멘트는 과연 쓰레기를 치운 것일까? 결코 그렇지 않다. 쓰레기 시멘트로 인한 피해는 우리의 상상을 뛰어넘는다.

첫째, 쓰레기 시멘트를 생산하는 과정에서 발생하는 환경오염으로 인한 시멘트 공장 주변 주민들의 피해다. 주민들은 호흡기질환과 진폐증 등의 고통을 호소하고 있다. 둘째, 건설현장의 180만 건설 근로자들의 피해다. 건설 근로자들은 쓰레기 시멘트 안에 가득한 유해물질에 그대로 노출된다. 셋째, 쓰레기 시멘트로 지은 집에 갇혀 평생 살아야 하는 사람들의 고통이다. 그리고 끝으로 쓰레기 시멘트는 30년 동안 건축물 안에 사는 사람들의 건강을 좀먹다가 철거되어서는 다시 국토를 오염시킨다. 쓰레기 시멘트는 시작부터 끝까지 재앙일 뿐이다.

쓰레기 시멘트는 지금의 쓰레기를 30년 뒤 후손들에게 물려주는 환경재앙에 불과하다. 쓰레기 시멘트는 시멘트 공장의 이익을 위해 재벌과 정부의 유착에서 시작된 부조리의 산물이요, 백해무익한 환경재앙에 불과하다. 쓰레기 시멘트 문제는 결국 흙으로 돌아간다는 긴 시간의 관점에서 봐야 올바른 해결 방안이 나온다.

환경부 장관에게 묻고 싶다.

"쓰레기 시멘트로 집을 지으면 집값이 싸집니까?"

"쓰레기로 시멘트를 만들면 국가 경제에 이득이 있습니까?"

"쓰레기 시멘트로 인해 우리 아이들이 당하는 고통은 누가 보상해 줍니까?"

"쓰레기 시멘트 피해로 인해 국민이 부담하는 막대한 질병 치료비는 누가 책임질 겁니까?"

"30년 뒤에 철거된 쓰레기 시멘트가 가져올 환경재앙과 경제적 손실은 생각해 보셨습니까?"

아무 경제성도 환경성도 없는 쓰레기 시멘트 정책은 이제 어쭙잖은 '개선'이 아니라 '중단'이 필요할 뿐이다.

쓰레기 시멘트보다 더 나쁜 쓰레기 찬양 기사

"자원순환 사회의 새 바람, 친환경 시멘트."

2015년 1월 15일, SBS 생활경제 방송은 폐타이어와 폐합성수지가 자원재활용 차원에서 시멘트 재료를 대체하고 있다며 쓰레기로 만든 시멘트가 안전하니 안심하고 쓰라고 방송했다.

'친환경'이라는 말이 유행이다. '친환경'이라는 말은 두 가지 의미가 있다. 그 하나는 쓰레기를 재활용했다는 의미고, 다른 하나는 인체에 해가 없다는 의미다. 친환경이라는 말의 숨은 뜻을 잘 파악해야 한다. 방송에서 이야기한 친환경 시멘트란, 시멘트를 재활용했다는 말이지, 국민 건강에 안전하다는 말이 결코 아니다.

지난 10년은 쓰레기 시멘트와의 전쟁이었다. 쓰레기 시멘트와의 전쟁에서 내가 싸워야 할 적은 많았다. 쓰레기로 시멘트를 만드는 쌍용양회, 동양시멘트, 한일시멘트, 라파즈한라시멘트, 성신양회, 현대시멘트, 아세아시멘트 등의 시멘트 공장과 값싼 쓰레기 시멘트로 집을 지어온 건설회사가 내가 상대해야 할 적이었다. 쓰레기 시멘트를 허가해 준 환경부 역시 내가 상대해야 할 거대한 골리앗이었다. 또한 불리해진 여론을 만회하기 위해 시멘트 공장들이 종종 동원하는 친재벌 언론들 역시 내가 상대해야 할 적이었다.

2007년 10월 14일, '시멘트'에 대한 최신 뉴스들이 줄줄이 사탕처럼 올라왔다. 쓰레기 시멘트 논란이 커지자 시멘트 업계가 친재벌 언론들을 총동원한 것이다.

- 각종 폐기물 시멘트 생산에 활용해야.《국민일보》
- 시멘트가 쓰레기라뇨… 시멘트 업계 발칵.《아시아경제》
- 6가크롬이 뭐길래… 시멘트 중금속 논란.《이데일리》
- 재생 시멘트, 이산화탄소 배출 감소 효과.《머니투데이》
- 폐기물, 시멘트 생산 재활용하면 年 오염 43만t · 비용 1740억 줄여. 《국민일보》
- 산업폐기물 재활용 시멘트 유해성 공방.《중앙일보》
- 재생 시멘트 유해성 논란 첨예화.《한국일보》

받아쓰기 하는 언론 |

기사들을 살펴보니 대부분 노골적으로 쓰레기 시멘트를 옹호하는 무책임한 기사들이었다. 사실관계 확인 없이 시멘트협회에서 나 눠준 자료를 그대로 쓴 것이다. 그런데 신문기사들을 읽어가다 재 미있는 사실을 발견했다. 2007년 10월 15일《이데일리》의 신문기사 내용이 어디선가 본 듯했다. 찾아보니 이미 7개월 전인 2007년 3월 16일자《동아일보》'독일 시멘트 공장, 폐기물 태워 공장 살리고, 환 경 살리고'란 기사와 글자 하나 다르지 않았다. 혹시 같은 기자가 쓴 것일까 싶어 다시 한 번 확인해 보았다. 그러나 신문사도, 기자 이름 도 달랐다. 어떻게 똑같은지 살펴보자.

- 시멘트는 석회석과 규석, 철광석 등을 섭씨 1450도 이상의 고온으로 태워 만든다. 이를 만드는 연료로는 석탄이 주로 쓰였지만 고가의 화 석연료는 생산원가가 높아지는 단점이 있다.《동아일보》(2007. 3. 16.)
- 시멘트는 석회석과 규석, 철광석 등을 섭씨 1450도 이상의 고온으로 태워 만든다. 이를 만드는 연료로는 석탄이 주로 쓰였지만 고가의 화 석연료는 생산원가가 높아지는 단점이 있다.《이데일리》(2007. 10. 15.)

- 폐유(廢油), 솔벤트, 가축 사체(死體), 산업용 플라스틱, 폐타이어, 목 재 등을 석탄과 섞어 태우는 것이다.《동아일보》(2007. 3. 16.)
- 폐유(廢油), 솔벤트, 가축 사체(死體), 산업용 플라스틱, 폐타이어, 목 재 등을 석탄과 섞어 태우는 것이다.《이데일리》(2007. 10. 15.)

위의 두 문단은 쉼표 하나까지 똑같다. 다음 문장을 보자. 조금 비틀긴 했지만 결국 똑같은 문장이다.

- 그래서 **독일을 비롯한 유럽 시멘트 회사들은 1990년을 전후로 산업폐기물 연료**(대체연료)**를 사용**하기 시작했다.(…) 한국 시멘트 회사들도 **산업폐기물을 연료의 일부로 사용**하고 있다.《동아일보》(2007. 3. 16.)

- 그래서 국내 시멘트 업체들은 **산업폐기물 연료**(대체연료)**를 일부 사용**하고 있다.(…) 이 같은 방식은 **독일을 비롯한 유럽 시멘트 회사들은 1990년을 전후**에 보편화돼 있고, 국내 업체들도 이 같은 흐름에 발맞춰 나가는 것이다.《이데일리》(2007. 10. 15.)

어떻게 이런 일이 가능할까? 두 가지 중 하나일 것이다. 7개월 후의 기사인《이데일리》가《동아일보》의 기사를 베껴 썼거나,《이데일리》와《동아일보》모두 시멘트 공장이 나눠준 자료를 그대로 옮겨 썼을 것이다. 또 다른 언론에서도 이와 유사한 기사가 나온 걸 보면, 정답은 모두 시멘트 공장의 자료를 받아쓰기 한 것이다. 또다른 언론에서도 이와 비슷한 문장이 나오기 때문이다.《아시아경제》의 기사 내용이다.

- **독일을 비롯한 유럽 시멘트 회사들은** 자원 낭비를 막고 환경오염의

막대한 비중을 차지하는 산업폐기물을 재활용하는 차원에서 **1990년을 전후해 폐기물 연료**(대체연료)**를 사용**하고 있다. 소성 시 **폐유, 솔벤트, 산업용 플라스틱, 폐타이어, 목재 등을 석탄**(유연탄)**과 섞어 태우는 것이다. 국내 업체들도 이 같은 흐름을 따라가고 있다.**《아시아경제》

(2007. 10. 15.)

요즘 언론인의 사명을 망각한 '기레기' 논란이 한창이다. 국민을 위해 진실을 밝히려는 노력보다 이렇게 재벌 기업의 보도자료를 그대로 받아쓰는 기자들 때문에 발로 뛰는 훌륭한 기자들까지 기레기로 매도되곤 한다.

쓰레기 시멘트를 두둔하는 신문기사들을 읽어보면 내용이 모두 똑같다. 기자가 시멘트 공장에 들어가 현장을 살펴보거나 관련 자료를 조사하지도 않고 시멘트협회에서 나눠준 자료를 그대로 받아쓰기했기 때문이다. 언론사만 들어가면 초등학생처럼 받아쓰기를 하는 대한민국의 언론 현실이 서글프다.

더 놀라운 것은 신문사가 다르고, 기자가 다르고, 심지어 몇 년이라는 시간의 차이가 있음에도 불구하고 논리가 똑같다는 사실이다. 쓰레기 시멘트를 합리화하는 시멘트협회의 뻔한 자료를 받아쓰다 보니 벌어지는 일이다.

2014년 10월 26일자, '산업부산물 · 폐기물, 시멘트로 재탄생'이라는 제목의《파이낸셜뉴스》기사는 "시멘트 산업이 환경문제의 홀

류한 해결방안으로 떠오르고 있다"는 말로 쓰레기 시멘트 찬양 기사를 시작한다. 그런데 2007년 10월 23일자, '시멘트 소성로, 자원재활용 최적 창구'라는 제목의 《파이낸셜뉴스》기사 역시 "시멘트 소성로가 친환경 경영을 위한 '폐기물(순환자원) 처리'의 최적의 설비로 떠오르고 있다"는 똑같은 말로 시작했다.

쓰레기 시멘트를 찬양하는 언론 기사들은 무책임한 내용을 쏟아내고 있다. 자신들이 쓴 기사 내용이 무엇인지도 모르고 받아쓰고 있다.

2007년 3월 16일 《동아일보》 '라파즈 독일 시멘트 공장 가보니'라는 기사와, 2007년 10월 23일 《파이낸셜뉴스》의 프랑스 라파즈시멘트 공장 부사장 다니엘 르 마샹의 인터뷰 기사는 "6가크롬 유해說 근거 없다"고 똑같이 주장했다. 과연 이 기사를 쓴 기자와 신문사들은 이 말을 책임질 수 있을까? 시멘트 중 6가크롬이 심각한 발암물질임을 전 세계가 다 인정하는데, '근거 없는 유해설'이라고 시멘트 공장의 주장을 그대로 받아쓰는 무책임한 용기가 참으로 신기할 뿐이다.

쓰레기 시멘트의 유해성을 다룬 언론 |

모든 언론이 다 쓰레기 시멘트를 찬양한 건 아니다. 쓰레기 시멘트를 대하는 언론은 크게 세 가지로 분류된다. 쓰레기 시멘트를 찬양하는 언론과 건설사의 광고를 받기 위해 침묵하는 언론, 그리고 국민을 위해 쓰레기 시멘트의 유해성을 다룬 언론이다.

- 아파트용 '쓰레기 시멘트' 수은 등 중금속 7종 검출.《문화일보》(2007. 10. 11.)
- 쓰레기 시멘트의 문제점. 아파트에 본격 사용 뒤 피부염 환자 급증. 《문화일보》(2007. 10. 11.)
- '쓰레기 시멘트'서 중금속 용출.《문화일보》(2007. 10. 18.)
- 굳은 '쓰레기 시멘트'서도 중금속 용출 정부 확인 파장: 부인 · 은폐 일관하던 환경부 '백기'.《문화일보》(2007. 11. 1.)
- 시멘트에 아토피 유발물 '범벅'.《한겨레》(2006. 9. 11. 사회면 1면 톱기사)
- 환경부 '폐기물 재활용' 급급… 유해물질 '재생산' 하는 꼴.《한겨레》 (2006. 9. 15.)
- 환경부, 시멘트 업계 '배려' 이유는.《한겨레》(2006. 9. 15.)
- 쓰레기 시멘트는 허가받은 독극물.《CNB저널》(2008. 12. 2.)
- 당신의 집은 안전하십니까? 쓰레기 시멘트 논란. SBS 〈그것이 알고 싶다〉(2008. 6. 28.)

이뿐만 아니라 MBC 방송 〈뉴스 후〉에서도 2006년과 2007년 두 차례나 국내 시멘트의 유해성을 집중 방송했으며, 이 외에도 많은 방송과 신문 보도가 이어졌다. 특히 연일 특집기사를 쏟아낸《문화일보》의 경우 시멘트협회가 대형 로펌의 변호사를 고용해 언론중재 신청을 했지만 아무 문제없이 끝나기도 했다.

쓰레기 시멘트의 유해성을 다룬 언론들은 쓰레기 시멘트 찬양 기사와는 질적으로 다르다. 쓰레기 시멘트를 찬양한 기자들은 시멘트 공장의 자료를 받아쓰기 했지만, 쓰레기 시멘트의 유해성을 다룬 기자들은 직접 현장에 가서 보고, 관련 자료들을 검토한 후 사실에 근거해 기사를 썼다.

월간《신동아》2007년 5월호에 '1999년 이후 아파트는 발암 쓰레기 시멘트로 지었다?'라는 특집기사가 실렸다. 해당 기자가 취재하는 동안 시멘트협회는 "동아일보는 우리 편인데, 일개 시민의 말만 듣고 기사 쓰진 않으실 거죠?"라는 말을 했다고 한다. 그러나 기자는 오랜 시간 취재해 사실을 확인한 후, 세 번째로 큰 특집기사를 내보냈다.

2007년 3월 16일, '라파즈 독일 시멘트 공장 가보니'라고 쓰레기 시멘트를 찬양하는 특집기사를 내보낸《동아일보》였다. 그러니 시멘트협회에서《동아일보》는 우리 편이라고 할 만했다. 그런데 그 기사가 나가고 두 달 뒤에 월간《신동아》에 14페이지짜리 특집기사가 났으니 충격을 받을 만했다.

《신동아》보도 후 재미난 일이 벌어졌다. 언론 보도가 잘못된 경우, 언론중재위원회에 제소하면 된다. 그런데 시멘트협회는《동아일보》와《신동아》김학준 사장 앞으로 다음과 같은 공문을 보냈다.

귀 사는 이 사건 기사에서 최병성 목사의 의견에 경도되어 마치 국산 시멘트가 쓰레기로 제조된 발암물질인 것처럼 허위·과장 보도를 하였으며, 관련 자료나 실험도 이러한 취지에 맞추어 편파적으로 인용하였습니다.(…) 이에 당 협회는 회원사의 권익보호 차원에서 본 기사내용에 대해 엄중히 항의하면서, 귀사의 옴부즈맨 시스템이 작동되어 본 기사의 게재과정에 대한 자체 경위조사는 물론 조사결과를 토대로 합당한 조치를 취해 줄 것을 강력히 요구합니다.

어떻게 언론사에 이런 징계 요구서를 보낼 수 있었을까? 손바닥으로 하늘을 가릴 수는 없다. 언론을 아무리 동원해도 쓰레기 시멘트의 진실을 가릴 수 없다. 쓰레기 시멘트 찬양 기사는 쓰레기 시멘트보다 더 나쁜 쓰레기다.

6

쓰레기 시멘트의
주범은 환경부

발암물질 가득한 쓰레기 시멘트가 어떻게 가능했을까?
환경부가 왜 쓰레기 시멘트를 허가하고,
그동안 시멘트 재벌을 어떻게 비호해 왔는지 그 실태를 고발한다.
국민의 건강보다 시멘트 회사의 이익을 위해 헌신해 온
환경부의 눈물겨운 노력을 살펴본다.

환경부가 만든 엉터리 쓰레기 사용기준

2014년 9월, 시멘트 공장에 반입되는 쓰레기를 입수해 환경부가 인정하는 연구기관에 분석을 맡겼다. 분석 결과 비소 함량이 1343ppm이었다. 예로부터 살인 독극물로 사용된 비소가 사람이 사는 집을 짓는 시멘트를 만드는 데 들어간다는 사실이 믿겨지지 않았다. 레이첼 카슨은 《침묵의 봄》에서 비소의 독성을 이렇게 설명한다.

화학물질 중에 가장 문제시 되는 것은 비소다. 비소는 각종 광물들을 제련하는 과정에서 발생하는 고도의 독성을 지닌 광물질이다. 이 물질은 아주 오랜 옛날부터 오늘날에 이르기까지 가장 흔한 독살제(살인, 자살, 처형용)로 사용되었다. 비소는 최초로 발견된 주요한 발암물질이다. 비소에 의한 오염은 말, 소, 염소, 돼지, 사슴, 물고기, 벌 등에게 질병을 유발시키고 죽음을 가져오게 한다.

또 유해물질 사전은 비소의 독성을 다음과 같이 설명한다.

비소는 살인이나 자살의 목적으로 사용되어 왔기에 매우 유독한 성분으로 알려져 있다. 급성 독성으론 두통, 구토, 발열, 부정맥, 백혈구 감소 등의 증상을 일으키며, 흡입과 노출 등에 의한 피부염, 결막염, 인두염, 비염 등의 만성 독성이 있다. 특히 비소의 발암 독성은 광산의 비소 분진을 장기간 흡입한 근로자에게 폐암이 다발하고, 비소로 오염된 지역의 주민에게 피부암, 간장암, 신장암, 폐암, 방광암 등이 다발하는 것으로 알려져 있다.

이토록 무서운 발암성 독극물인 비소를 다량 함유한 쓰레기가 시멘트 공장으로 반입되어 시멘트 제조에 사용된다는 사실이 다시 한번 놀라울 뿐이다. 2007년 국립환경과학원이 조사한 국내 시멘트 중 비소 함량이 한일시멘트 489.2ppm, 현대시멘트 419.2ppm이었던 데에는 다 그만한 이유가 있었다.

'기준'을 가장한 쓰레기 사용 합법화 |
2011년 가을, 모 신문사 기자에게 전화가 왔다.
"목사님, 축하드립니다. 그동안 목사님이 수고하신 덕에 오늘 환경부가 시멘트의 쓰레기 사용기준 법안을 발표했습니다."

소감을 한 마디 인터뷰해 달라는 것이었다. 그러나 하나도 기쁘지 않았다. 제대로 된 기준을 발표할 환경부가 아님을 알고 있었기 때문이다. 나는 기자에게 되물었다.

"아마 오늘 환경부가 발표한 것은 '기준'을 가장한 쓰레기 사용의 합법화일 것입니다. 그 기준들을 한번 불러주시겠습니까?"

역시 예상대로였다. '개선'과 '기준'이라는 미명하에 유독성 쓰레기의 시멘트 사용을 합법화하는 악법이었다. 구체적인 수치를 잘 알지 못하는 국민들을 '개선'과 '기준'이라는 이름으로 속인 것이었다.

1999년 8월, 환경부가 시멘트 제조에 쓰레기 사용을 허가했다. 그러나 단 하나의 사용기준도 없었다. 그동안 시멘트협회로부터 고발을 당하면서도 나는 쓰레기 시멘트의 유해성을 지적했다. 2009년 3월, 환경부가 쓰레기 사용기준 개선안을 발표했지만, 결코 안전한 시멘트를 만들 수 없는 속임수에 불과했다.

환경부가 시멘트 제조에 쓰레기 사용을 허가한 후 10년 만에 발표한 이 기준이 왜 국민을 속이는 잘못인지 살펴보자.

가연성 폐기물 염소 2퍼센트(2만ppm)는 일본의 시멘트 공장(1000ppm)보다 무려 20배나 높은 엉터리 기준이다. 다른 중금속의 기준 역시 납 1000mg/kg, 구리 3000mg/kg, 카드뮴 100mg/kg, 비소 500mg/kg, 수은 2mg/kg 등으로, 안전한 시멘트를 만들기엔 허용치가 너무 높다.

6 쓰레기 시멘트의 주범은 환경부

<표 12> 시멘트 소성로 폐기물 관리기준(환경부)

		납	구리	카드뮴	비소	수은	염소	저위 발열량
대체 원료	철	< 1000	< 3000	< 60	< 500	< 2	–	–
	기타	< 150	< 800	< 50	< 50	< 2	–	–
대체연료		< 200	< 800	< 9	< 13	< 1.2	< 2.0%	> 4500 Kcal/Kg

그런데 더 놀라운 것은 공장별로 맞춤 예외조항을 두었다는 것이다. 환경부는 아연과 동 제련소와 제철소에서 발생하는 슬래그를 시멘트 공장에서 처리하기 위해 특별 예외조항을 두었다. 납 7000mg/kg, 구리 1만 4000mg/kg, 비소 900mg/kg이라는 끔찍한 특별기준이다.

시멘트 공장에 반입되는 쓰레기 사용기준을 만드는 것은 시멘트의 안전성을 확보하기 위해서다. 그런데 예외조항이라며 쓰레기를 배출하는 공장별 맞춤 기준을 만들었다. 독성 함유 물질을 배출하는 공장을 위해 예외조항을 둔다면, 안전한 시멘트를 위한 쓰레기 사용기준이 무슨 의미가 있을까? 게다가 환경부의 이런 특별 예외조항조차 아무 소용이 없다는 것이 드러났다. 시멘트 공장에 반입되는 제련소의 폐기물을 분석한 결과, 특별 예외조항 기준 900mg/kg보다 훨씬 더 높은 1343mg/kg의 비소가 검출되었기 때문이다.

이 모든 일이 환경부가 국민의 건강보다 쓰레기 배출 기업의 편의와 시멘트 공장의 이익을 더 중요하게 여겼기 때문에 벌어진 일이다.

환경부가 시멘트 공장과 쓰레기 배출 기업들을 위해 제대로 만들어지지도 않은 쓰레기 사용기준에 특별 예외조항까지 만든 과정을 살펴보자.

2009년 3월 24일, 시멘트 개선을 위한 포럼에 환경부는 포스코, LS니꼬, 영풍제련 등의 폐기물 배출업자들을 동원했다. 그들은 가뜩이나 경제상황도 어려운데 폐기물 사용기준이 높아져 쓰레기를 시멘트 공장으로 처리하지 못하면, 쓰레기 처리비가 상승해 경영이 어려워진다고 주장했다. 그리고 환경부는 기업들이 쓰레기 처리에 어려움이 있다는 것을 핑계 삼아 특별 예외조항이라는 엉터리 개선안을 만들었다.

환경부 국정감사에서 국회의원들이 쓰레기 시멘트를 질타하자 환경부 장관이 포럼을 열어 개선책을 만들도록 했다. 그러나 환경부는 개선을 위한 포럼을 악성 쓰레기 사용을 합법화하는 포럼으로 전락시켰다. 대한민국의 환경부는 국민의 건강과 환경을 지키는 곳이 아니라 기업의 고충처리부인가.

개악된 크롬 함량 기준 |

시멘트 공장의 쓰레기 사용기준 중 가장 중요한 것은 크롬이다.

쓰레기에 함유된 크롬은 1000도 이상의 열을 받으면 발암물질인 6가크롬으로 전환되기 때문이다. 그런데 그동안 시멘트 공장은 시멘트 소성로가 1400도의 고온이라 쓰레기의 유해성이 사라지는 최고의 쓰레기 소각시설이라고 자랑해 왔다.

고온의 시멘트 소성로에서는 6가크롬이라는 발암물질이 다량 발생한다. 그러나 환경부는 이 사실을 감쪽같이 감춰왔다. 환경부가 지원하고 시멘트 공장이 작성한 35억 원짜리 보고서 〈철강산업 슬러지의 복합처리에 의한 실용기술 개발〉은 시멘트 소성로가 1400도 고온으로 올라갈수록 발암물질 6가크롬이 더 많이 발생한다고 자세히 설명한다. 1400도의 고온이라 최고의 소각시설이라고 자랑하던 시멘트 소성로가 사실은 발암물질 6가크롬 제조기였던 셈이다.

2006년 환경부는 크롬 기준 1800ppm을 입법예고했다. 쓰레기 중 총 크롬이 1800ppm이면 시멘트 내 발암물질 6가크롬 20ppm을 맞출 수 있다는 이유였다. 공청회가 열리던 날, 나는 외국에 비해 기술력이 떨어지는 국내 시멘트 공장이 크롬 1800ppm으로 안전한 시멘트를 만들 수 없다고 항의했다. 그런 반대에도 불구하고 그냥 통과시키려는 환경부에게 '짜고 치는 고스톱'이라고 외치며 서류를 던지기도 했다. 그리고 집으로 돌아오는 버스 안에서 왜 그랬을까, 후회하는 마음이 들기도 했다. 그러나 욕을 먹더라도 환경부의 잘못을 막아야 했다.

그 덕이었을까? 입법예고했던 환경부의 크롬 1800ppm 안이 무산되었다. 그리고 시멘트 소성로 관리개선을 위한 민관협의회에서 시멘트 제품 중 발암물질 안정화를 위해 크롬 1800ppm으로 시멘트 중 6가크롬 20ppm을 맞출 수 있는지 먼저 조사하고, 그렇지 않으면 기준을 더 강화하겠다고 밝혔다. 그리고 그후 열린 시멘트 개선 포럼에서는 1000ppm 이내의 크롬을 사용한다는 협의까지 도출했다. 2008년 2월 13일, 환경부 차관이 주재한 시멘트 공장 사장단과의 간담회 자료에 따르면, 스위스는 100ppm, 일본의 시멘트 공장은 1000ppm 이내의 크롬을 사용해 시멘트 내의 발암물질을 규제한다.

시멘트 제품 안에 발암물질 6가크롬이 없도록 하는 방법은 간단하다. 크롬이 다량 함유된 쓰레기를 시멘트 공장에 반입하지 않으면 된다. 기술력과 석회석 품질이 떨어지는 국내 시멘트 제조 현실에서는 폐기물 중 크롬 함량 1800ppm도 문제가 된다. 그러나 환경부는 2011년 시멘트 소성로 개선이라는 미명 아래 크롬 항목을 아예 삭제했다. 2006년보다 못한 개악을 한 것이다. 그리고는 개선안을 만들었다고 국민을 기만했다.

아무 쓸모없는 쓰레기 사용기준

환경부가 엉터리 쓰레기 사용기준을 만든 이유는 무엇일까? 유독성 쓰레기와 중금속이 적은 하수 슬러지 등을 골고루 섞어 시멘트를 만들면 유해성이 좀 낮아지기 때문이다.

시멘트 제조 공정은 반도체나 다른 산업의 공정처럼 화학성분의 정밀한 함량 기준을 요구하지 않는다. 석회석을 제철소 슬래그와 하수 슬러지와 소각재, 그리고 폐타이어와 폐고무 등과 잘 혼합해 고온에서 태우면 그 소각 잔재물이 시멘트가 된다. 그래서 한 공장에서 만들어진 시멘트일지라도 발암물질과 중금속 성분이 매일매일 다르다. 그날 어떤 쓰레기가 더 많이 들어갔느냐에 따라 시멘트 중 발암물질과 중금속 함량이 달라지기 때문이다.

국립환경과학원 조사자료에는 독극물인 비소가 최대 489ppm, 납이 무려 1만 1800ppm 검출된 시멘트도 있었다. 중국산 시멘트에서는 발암물질이 검출되지 않았으나 국산 시멘트 중 하나는 환경부 기준 20ppm의 무려 네 배에 가까운 77ppm이 검출되기도 했다. 특별 예외조항을 둔 환경부 기준을 믿고 있다가는 발암물질 가득한 어떤 시멘트가 우리 곁에 다가올지 아무도 모른다.

환경부가 만든 기준은 아무 쓸모없다. 한 공장에서 발생하는 쓰레기일지라도 유해물질 함유량은 매번 다르기 때문이다. 위에 예로 든 〈철강산업 슬러지의 복합처리에 의한 실용기술 개발〉에서는, "동일 공정에서 발생하는 폐기물일지라도 발생 시기별 화학성분 차이가 매우 크다"고 밝혔다.

환경부의 기준이 아무 쓸모없다는 또 다른 근거는 국내 시멘트 공장에 반입되는 쓰레기의 유해물질을 실시간 분석할 수 있는 공장이 없다는 점이다. 몇 해 전 KBS 기자를 통해 성신양회 공장에 반입되는 쓰레기 분석표를 입수했다. 공장에 취재차 들어갔던 기자가 들고 나온 쓰레기 분석표를 보고 어이가 없었다. 시멘트 공장에 쓰레기를 반입하는 차량 운전사가 제출한 성분 분석표가 전부였기 때문이다. 그 분석표도 이미 수년 전의 것을 반복해 사용하는 것이었다. 폐기물 운반업자가 분석표와 다른 유독성 쓰레기를 반입해도 시멘트 공장에서는 알 길이 없었다.

국민의 건강을 위한 정답은 하나뿐이다. 환경성도 경제성도 없는 쓰레기 시멘트 제조를 중단하는 것이다. 중국산 시멘트엔 왜 발암물질이 없었을까? 이유는 하나다. 시멘트 제조기술이 뛰어나서가 아니라 시멘트 제조에 쓰레기를 넣지 않기 때문이다. 유독성 발암물질 쓰레기를 국민들에게 골고루 나눠주는 환경부의 쓰레기 사용기준으로는 건강한 시멘트를 만들 수 없다.

일산화탄소를 둘러싼 거짓말 시리즈

　환경부의 시멘트 공장을 향한 편애는 각별하다. 쓰레기 시멘트는 특혜와 편법 덕에 가능했다. 시멘트 공장이 누린 특혜 중 하나는 바로 일산화탄소^{CO} 규제기준이다. 산업쓰레기 전문 소각장 굴뚝의 일산화탄소 규제기준은 50ppm인데, 더 많은 쓰레기를 소각하는 시멘트 공장에는 일산화탄소 규제기준이 없다. 시멘트 공장에서는 일산화탄소가 발생하지 않기 때문일까? 그렇지 않다. 시멘트 공장의 굴뚝에서는 1000~1400ppm이 넘는 일산화탄소가 발생한다.

　일산화탄소는 인체에 아주 유해한 물질이다. 유해물질 사전은 일산화탄소의 독성을 다음과 같이 강조한다.

　급성 독성이 매우 강하다. 흡입에 의하여 두통, 현기증, 집중력과 기억력의 저하, 의식소실 등의 신경장해 증상이 생긴다. 중증에서는 혈액의 산소운반 능력이 현저히 감소되고, 피부나 점막의 적변과 함께 경련, 호흡곤란, 혼수를 거쳐 사망하는 수가 많다. 또한 신경장애는 후유증으로서 장시간 지속하는 경우도 있다. 임신 중에 고농도의 흡입노출을 받으면 유산과 사산이 증가, 신생아의 발육불량과 인식능력 저하 등이 나타난다.

일산화탄소는 유독성 가스라서 쓰레기 소각장 주변 주민들의 건강을 위해 50ppm으로 규제한다. 그런데 쓰레기 소각장보다 20~30배에 가까운 일산화탄소가 발생하는 시멘트 공장들에는 규제가 전혀 없다.

환경부가 시멘트 공장에 일산화탄소를 규제하지 않은 이유가 있다. 일산화탄소를 규제하면 시멘트 공장들이 쓰레기로 시멘트를 만들 수 없기 때문이다. 환경부의 주장처럼 시멘트의 주 성분인 석회석의 분해과정 중 일산화탄소가 발생하기도 하지만, 시멘트 공장에서 일산화탄소가 과다 발생하는 이유는 가연성 폐기물의 불완전연소 때문이다.

시멘트 공장의 일산화탄소 발생원인 조사는 간단하다. 시멘트 소성로에 폐기물을 넣을 때와 그렇지 않을 때를 조사해 비교하면 된다. 쓰레기 소각으로 인해 시멘트 공장에 일산화탄소가 발생한다는 증거는 쉽게 찾을 수 있다. 환경부와 시멘트 업계가 조사한 35억 원짜리 보고서 〈철강산업 슬러지의 복합처리에 의한 실용기술 개발〉

에 따르면 "시멘트 소성로의 가연성 폐기물 투입으로 인한 킬른 후단의 온도 상승으로 인한 일산화탄소 발생"이라고 일산화탄소의 발생 원인을 명확히 지적하고 있다.

2007년 '시멘트 공장의 폐기물 투입으로 인한 환경영향평가'를 실시한 전주대학교 박현서 교수는 시멘트 공장의 일산화탄소 발생은 가연성 폐기물의 불완전연소 때문임을 분명하게 강조했다.

예전부터 시멘트 공장에 일산화탄소 규제가 없었던 것은 아니다. 이전에 존재하던 일산화탄소 600ppm 규제기준을 환경부가 2000년에 삭제했다. 1999년 8월 시멘트 공장에 쓰레기 소각을 허가하고 보니 일산화탄소가 다량으로 발생했기 때문이다. 시멘트 공장에 쓰레기 사용을 허가한 이후인 2000년에 갑자기 600ppm의 일산화탄소 규제기준을 삭제한 배경은 무엇인지, 당시 담당자는 누구였으며 어떤 근거로 삭제했는지 분명하게 밝혀야 한다.

환경부의 시멘트 공장 지키기 ┃

환경부는 시멘트 공장에 부여한 특혜를 감추기 위해 말을 바꿔가며 거짓말을 했다. 2008년 환경부 국정감사에서 박준선 의원은 시멘트 공장에 일산화탄소를 규제하지 않는 이유를 질의했다. 환경부 장관을 대신해 답변에 나선 정연만 자원순환국장은 시멘트 공장의 특성 때문에 일산화탄소가 발생하는 것이기에 규제하지 않는다고 답했다. 그러나 박준선 의원이 재차 "한 번이라도 그 근거를 조사해 보았냐?"고 질문하자 잠시 머뭇거리다가 "단 한 번도 조사해 보지 않았다"고 대답했다.

환경부는 시멘트 공장에서 일산화탄소가 발생하는 원인을 단 한 번도 조사하지 않고, "시멘트 소성로 공정의 특성"이라는 거짓말을 앵무새처럼 반복했다. 환경부의 말 바꾸기는 여기서 끝나지 않는다. 한 번도 조사해 보지 않았음이 들통 나자, 환경부의 거짓말은 한 번 더 진화해 "해외 다른 나라들도 시멘트 공장의 일산화탄소를 규제하지 않는다"고 했다.

그러나 이 거짓말도 오래가지 않았다. 포르투갈, 스페인, 스웨덴, 영국, 아일랜드 등 일산화탄소를 규제하는 해외 사례들을 찾아냈기 때문이다. 일산화탄소를 규제하는 나라가 없다고 하는 환경부에게 박준선 의원이 국정감사에서 자료를 제시하자 환경부는 그제야 조사해 보겠다고 말을 바꾸었다.

그러나 환경부는 시멘트 공장의 일산화탄소를 규제할 수 없다. 그렇게 되면 시멘트 공장들이 폐타이어 등의 가연성 쓰레기 사용을 중단해야 하기 때문이다. 시멘트 공장을 위해 빠져나갈 꼼수가 필요했던 환경부는 드디어 묘수를 찾아냈다. 총유기탄소(TOC)였다. 환경부는 일산화탄소를 규제하는 대신 총유기탄소를 규제하면 비슷한 효과를 거둔다며 시멘트 공장의 쓰레기 소각의 길을 계속해 열어주었다.

　　　　　　　　　　　　　　　　　6 쓰레기 시멘트의 주범은 환경부

시멘트 공장을 위해 끝없이 진화한 환경부의 거짓말이 한 가지 더 있다. 시멘트 소성로의 일산화탄소가 규제되어야 한다고 지적하자, 덴마크처럼 일산화탄소를 규제하는 나라는 시멘트 소성로에 사용하는 폐기물이 40퍼센트 이상이기 때문이라고 했다. 폐기물을 많이 쓰기 때문에 일산화탄소를 규제하는 것인데, 외국에 비해 우리나라의 시멘트 공장은 폐기물을 적게 사용하므로 일산화탄소를 규제할 필요가 없다는 것이다.

그러나 이 거짓말도 통할 수 없었다. 환경부의 거짓말을 증명할 자료를 찾아냈기 때문이다. 국립환경과학원이 쓴 〈폐기물 소각 시설로서의 시멘트 소성로 관리기준 개선연구〉를 보면, 국내 시멘트 공장 폐기물의 연료대체율이 열량기준 약 30퍼센트, 중량기준 최대 63퍼센트에 이른다고 밝힌다.

일산화탄소는 환경오염을 일으키고 주변 지역 주민들에게도 피해를 주기 때문에 규제를 해야 한다. 그러나 환경부는 쓰레기 소각장보다 수십 배가 넘는 일산화탄소를 발생시키는 시멘트 공장에게 제재가 아닌 특혜만 줘왔다. 그리고 그 덕분에 국민들은 쓰레기로 만든 유해물질 가득한 시멘트에 갇혀 살게 되었다.

환경부는 시멘트 회사의 앵무새

환경부의 쓰레기 시멘트 정책에 대한 감사원 감사결과는 놀라움의 연속이었다. 국민들이 왜 발암물질 가득한 아파트에 살아가고 있는지 그 이유를 분명하게 보여주었다. 감사원은 환경부의 관리감독 부실을 다음과 같이 지적했다.

환경부는 시멘트 제조과정에 사용되는 폐기물의 종류 및 사용량 등 시멘트 공장 환경관리를 위한 기초자료조차 파악하지 못하고 있다.

쓰레기로 시멘트를 만들도록 허가해 주고는 가장 기본적인 쓰레기의 종류와 사용량조차 파악하지 못하고 있다니! 또 감사원은 시멘트 공장의 실태조사 결과, "신고하지 않은 폐기물이 사용되고 있었고, 심지어 신고한 폐기물보다 더 엄청난 쓰레기들을 사용하고 있었다"며 불법 천지인 쓰레기 시멘트 제조 현실을 지적했다. 환경부의 직무유기와 시멘트 공장의 탈법현실에 대한 감사원의 감사 보고서를 옮겨본다.

OO시멘트 공장이 허가받은 폐타이어 1만 6553톤보다 1만 5870톤이 많은 3만 2423톤을 사용하는 등, 5개 시멘트 공장에서 허가받은 폐기물 8종 14만 9010톤보다 무려 21만 6364톤이 많은 36만 5374톤을 사용했다. 또 OO공장에서 2008년에만 폐주물사 18만 8512톤을 사용하고도 재활용 신고를 하지 않는 등 미신고 폐기물이 8개 시멘트 공장에서 무려 84만 9074톤이다.

시멘트 공장의 쓰레기 불법 사용에 대한 감사원의 지적은 계속 이어졌다.

허가받은 양보다 더 많은 쓰레기 사용과 신고하지 않은 쓰레기 사용으로 인해 시멘트 공장에 맞는 대기오염 방지시설 선정을 위한 대기오염 종류 및 배출량조차 알 수 없는 실정이다.

감사원의 지적처럼 허가받지 않은 쓰레기와 신고하지 않은 쓰레기가 사용되었다면, 그 결과는 크게 두 가지로 나타난다. 첫째, 발암물질과 유해물질 가득한 시멘트가 만들어지고 둘째, 시멘트 공장 주변 마을 주민들의 피해가 심각하게 된다.

시멘트 공장에서 사용되는 쓰레기의 종류와 사용량조차 파악하지 못한 환경부. 그러나 정확하게 말하면 못한 게 아니라 일부러 하지 않은 것이다. 애초에 시멘트 공장의 돈벌이를 위해 탄생한 쓰레기 시멘트이기 때문이다.

이렇게 심각한 현실 속에서도 환경부는 시멘트 공장에서 쓰레기를 더 많이 사용할 수 있게 하겠다는 황당한 주장을 하고 있다. 외국의 시멘트 공장들은 40퍼센트까지 쓰레기를 사용하는데 국내는 10퍼센트에 불과하니 더 많은 쓰레기를 사용해야 한다는 것이다.

시멘트 공장에서 사용하는 쓰레기 종류와 사용량조차 파악하지 못하는 환경부가 어떻게 국내 시멘트 공장들이 10퍼센트의 쓰레기만 사용한다는 자료를 얻은 것일까? 그것은 바로 시멘트 공장이 건네준 자료를 앵무새처럼 그대로 따라 읽은 것이다. 환경부는 스스로 조사해 본 적이 없다.

2008년 9월, MBC 라디오 〈손석희의 시선집중〉에서 인터뷰를 했다. 수입되는 일본 폐기물의 위험성과 폐기물 수출입 신고제 문제에 대한 내용이었다. 인터뷰를 마친 후 손석희 앵커는 충격을 받아 내 말이 사실인지 확인해 보고 싶다며 다음 날 환경부 최종원 산업폐기물과 과장과도 인터뷰를 진행했다.

환경부의 주장은 내 주장과 너무도 달랐다. 〈손석희의 시선집중〉에서 3자 토론을 제안했다. 그리고 9월 13일 아침, 나는 환경부 최종

6 쓰레기 시멘트의 주범은 환경부

원 과장과 손석희 앵커와 함께 3자 토론을 통해 쓰레기 시멘트의 문제에 대해 이야기했다. 시멘트 공장에 가서 단 한 번도 쓰레기를 조사해 보지 않은 환경부 공무원이 얼마나 한심한 소리를 하는지 방송 내용을 지면으로 들어보자.

손석희: 3부는 토론입니다. 지난 화요일 '현장 속으로' 시간에 최병성 목사를 연결한 바 있습니다. 시멘트에 섞는 용도로 일본에서 산업폐기물이 수입되고 있다. 말이 수입이지 사실은 돈을 오히려 받고 들여오고 있다. 우리나라가 산업쓰레기 처리장이 되는 것이 아니냐. 다음날 환경부 산업폐기물 최종원 과장을 연결했는데요, 국제기준과 그 기준에 맞는 국내법으로 유해 폐기물은 수출입을 제한하고 있다고 설명했습니다.

핵심은 역시 시멘트 제조에 석탄재나 폐타이어나 이번에 적발된 폐합성수지, 악성 쓰레기들이 쓰이고 있는데, 이것이 어느 정도 쓰이느냐, 정말 유해한 것이냐, 정부가 관리하고 있느냐 하는 것인데요. 최 목사께 우선 드리겠습니다. 인체 유해성 등의 문제가 있고, 정부 환경부에서도 관리를 못하고 있다는 주장을 내놓으셨는데, 최종원 과장께서 다음날 말씀하시기를 다른 나라는 40퍼센트까지 사용하는데 우리나라는 10퍼센트만 쓰기 때문에 많은 것은 아니라고 얘기했습니다. 여기에 대해 반론이 있으시면 듣겠습니다.

최병성: 우리나라 환경부 공무원들의 가장 큰 문제인데요. 순환보직

을 하기 때문에 자기 보직에 전문성이 전혀 없다는 것입니다. 해당분
야에 대해 아무것도 모르면서 보직을 맡고 있다는 것이죠. 환경부 최
과장님도 시멘트에 대해서 아무것도 모르는 상태에서 몇 달째 일을
맡고 있는데요. 최 과장님이 외국은 40퍼센트 넣고, 우리나라는 10퍼
센트만 넣는다고 했잖아요. 그런데 국립환경과학원이 BK21 사업으로
환경부에 보고한 〈폐기물 소각에 따른 시멘트 소성로의 국내외 현황
비교〉라는 논문이 있습니다. 최 과장님은 우리나라가 10퍼센트만 넣
는다고 했는데, 이 논문에는 35퍼센트에서 최고 57퍼센트까지 엄청
난 양의 폐기물을 사용하고 있다고 조사결과를 밝히고 있습니다. 최
과장님이 아무것도 모르고 한 말씀인지 아니면 알면서도 일부러 감춘
것인지 궁금한데요. 여기서 중요한 것은 외국에 비해 폐기물을 10퍼
센트밖에 안 쓴다는 우리나라의 시멘트에서 발암물질과 중금속은 외
국 시멘트에 비해 왜 몇 배씩이나 더 많이 검출되느냐는 것입니다.
논문에 의하면, 우리나라 시멘트 공장의 폐기물 사용기술이 외국에
비해 20퍼센트 수준밖에 안 되거든요. 이런 중요한 현실은 감추고 무
조건 10퍼센트, 20퍼센트 얘기만 하고 있습니다. 시멘트에 대해 알지
못하는 사람들이 국민의 건강에 영향을 미치는 정책을 만들다보니 국
민들이 발암 시멘트 속에서 살아야 하는 고통을 겪고 있다고 할 수 있
죠.

손석희: 최 과장님 여기에 반론이 있으신지요?

최종원: 제가 말씀드린 사용량은 최근 자료로 2005년과 2006년에 시

멘트 공장의 사용실태를 조사하고 통계를 낸 것이고요. 최 목사님이 일부 연구용역 결과를 말씀하셨는데, 차후에 확인해 보겠습니다.

손석희: 최 목사님, 아까 BK21 자료가 몇 년도 자료입니까?

최병성: 2005년에 조사해서 2006년에 환경부에 보고한 자료입니다. 최신 자료죠.

손석희: 똑같은 시기의 자료네요. 국립환경과학원이라고 말씀하셨나요?

최병성: 분명히 국립환경과학원이라고 나와 있습니다.

손석희: 이건 중대한 차이인데요. 환경부에서 가지고 있는 자료와 최병성 목사가 가지고 있는 자료는 어떤 차이가 있는 겁니까?

최병성: 환경부 최 과장님이 최근 자료를 조사했다고 하는데, 환경부가 시멘트 업체에 들어가 투입되는 폐기물을 조사한 것을 단 한 건도 알지 못합니다. 시멘트 업체들이 '우리는 이렇게 폐기물을 사용합니다'라고 보고서 올린 것만 가지고 앵무새처럼 대답하는 거지요. 늘 시멘트 업체 입장에서 시멘트 공장의 이야기만 듣고 똑같이 답을 하고 있는 거죠.

손석희: 최 과장님, 현실이 어떻습니까? 가서 어떻게 조사하시나요?

최종원: 사용량은 자료로 받고요. 제출한 자료에 대해서는 시·군 자치단체하고 지방청에서 일부 현장 확인을 하고 있습니다. 전체를 전수 조사할 수는 없고요. 최 목사님이 말씀하신 BK21의 통계자료 수치가 다른 것에 대해서는 바로 확인해 보아야 할 사항이라고 생각합니다.

손석희: 환경부에서 국립환경과학원으로부터 이런 자료를 보고받으신 거 같은데요. 그러면 환경부에서 이런 자료를 모르고 계셨다는 것은 잘 이해가 안 되는데…….

최종원: 그 자료를 저희가 갖고 있습니다만, 최 목사님이 어느 부분을 보고 얘기하시는 건지 확인을 해봐야겠습니다.

손석희: 최 목사님은 어느 부분을 보고 얘기하시는 겁니까?

최병성: 여기에 폐기물의 열량과 중량 부분 다 나와 있거든요. 연료대체율 부분은 최대 29퍼센트, 중량 부분으로 했을 때 35퍼센트에서 57퍼센트까지 사용한다고 기록하고 있습니다.

국내 시멘트 공장이 겨우 10퍼센트만의 쓰레기를 사용하기 때문에 더 많은 쓰레기를 시멘트 제조에 사용해야 한다는 환경부. 그러나 단 한 번도 시멘트 공장에 가서 직접 조사한 적이 없다. 그저 시멘트 공장의 보고서를 앵무새처럼 따라 읽은 것뿐이다.

그러나 국립환경과학원 조사결과는 연료대체율 최대 29퍼센트, 중량 부분 최고 57퍼센트를 사용한다고 밝힌다. 외국보다 더 많이 사용하고 있다는 것이다. 국립환경과학원이 작성한 또 다른 보고서인 〈폐기물 소각시설로서의 시멘트 소성로 관리기준 개선연구〉에는 국내 시멘트 공장의 쓰레기 사용량이 자세히 나와 있다. 중량기준 연료대체율 현황에 따르면, 동해 B시멘트 공장은 50퍼센트, 단양 F시멘트 공장은 57퍼센트, 단양 C시멘트 공장은 무려 63퍼센트의 쓰레기를 사용하고 있다. 그러면서 외국보다 시멘트 제조에 쓰레기를 덜 쓴다고 국민을 기만한다.

그리고 외국은 40퍼센트, 국내 시멘트 공장은 10퍼센트만의 쓰레기를 사용한다는 환경부의 말이 진실이라면, 아주 중요한 문제가 발생한다. 겨우 10퍼센트의 쓰레기를 사용하면서 시멘트 제품의 발암물질과 유해 중금속은 왜 외국 시멘트보다 현저히 높은가라는 문제다.

10퍼센트를 외치는 환경부에게 묻고 싶다. 정말 몰라서인가? 아니면 국민을 속이기 위한 거짓말인가? 감사원은 환경부의 관리감독 부실에 대해 "환경부는 시멘트 제조 과정에 사용되는 폐기물 종류 및 사용량 등 시멘트 공장 환경관리를 위한 기초자료조차 파악하지 못하고 있다"고 분명히 경고했다.

'불법'과 '편법'을 조장한 환경부

'제품'과 '쓰레기'는 서로 어울릴 수 없는 정반대의 단어다. 그러나 시멘트 공장에서는 하나로 융합된다. '쓰레기'를 소각하고 난 재가 자연스럽게 시멘트 '제품'이 되기 때문이다. 그 덕에 시멘트 공장은 허가받은 '쓰레기 소각장'인 동시에 '시멘트 제품'을 생산하는 공장이라는 오묘한 조합을 이루게 되었다.

대한민국 시멘트 공장들은 폐기물관리법에 의해 1999년 8월, 정식으로 쓰레기 소각장 허가를 받았다. 따라서 '시멘트 공장'의 또 다른 이름은 '쓰레기 소각장'이다. 대한민국에 시멘트 공장보다 더 큰 쓰레기 소각장은 없다. 시멘트 공장만큼 다양한 종류의 쓰레기와 많은 양의 쓰레기를 소각하는 소각장이 없기 때문이다.

그러나 쓰레기 소각장 허가를 받았다고 무조건 쓰레기를 소각해 시멘트를 만들 수 있는 것은 아니다. 폐기물관리법 제30조 규정에 따라 검사기관으로부터 환경부 장관이 정하는 설치기준에 맞게 설치했는지 여부를 검사받아야 하고, 적합판정을 받지 않은 폐기물처리시설은 쓰레기를 소각할 수 없다.

바로 여기에 법을 교묘히 악용한 시멘트 공장의 부도덕함과 이를 묵인한 환경부의 무책임이 숨어 있다. 시멘트 공장의 교묘한 탈법 현장을 살펴보자.

시멘트 회사들은 공장별로 4~7개의 소성로를 가지고 있다. 국내에는 11개의 시멘트 공장에 총 46개의 시멘트 소성로를 설치해 운영하고 있다. 시멘트 회사가 쓰레기 소각을 하기 위해서는 46개의 모든 소성로가 폐기물관리법 제29조 제2항에 의거해 폐기물처리 성능을 검사받아 폐기물처리시설로 허가받아야 한다. 그런데 총 46개의 소성로 중 쓰레기 소각 허가를 받은 것은 고작 13개에 불과하다. 국내 총 11개의 시멘트 공장이 있으니, 시멘트 회사당 소성로 하나만 쓰레기 소각 허가를 받고 나머지는 불법으로 운영해 온 것이다.

시멘트 공장의 편법은 이것만이 아니다. 쓰레기 소각장은 사용하는 폐기물의 전체 용량에 따른 성능검사를 받게 돼 있다. 그런데 시멘트 공장들은 소각하는 전체 폐기물 용량이 아니라, 시멘트 공장에서 발생하는 소량의 자체 폐기물만 검사받는 편법을 써왔다. 이에 대해 감사원은 2009년 6월, 다음과 같이 감사결과를 밝혔다.

2008년 폐기물 처리량의 1.8퍼센트에 불과한 자체 폐기물(7만 507톤)을 처리하기 위해서는 폐기물처리 성능을 검사하는 반면, 폐기물 처리량의 98.2퍼센트인 다른 사업장 폐기물(392만 5595톤)은 폐기물처리 성능이 검증되지 않은 시멘트 소성로에서 처리되고 있어 소성로별로 처리되는 폐기물 종류와 처리량을 알 수 없고, 폐기물의 적정처리 여부도 확인할 수 없는 실정이다.

시멘트 제조 시 1.8퍼센트의 자체 발생 쓰레기만 검사하고, 98.2퍼센트의 쓰레기는 검사하지 않았다. 시멘트 공장들은 왜 이런 편법을 쓸까? 감사원은 그 이유를 "시멘트 공장에서 실제 처리되는 전체 폐기물을 대상으로 검사하면 기준에 미달되어 쓰레기 사용이 불가하기 때문"이라고 감사결과에서 강조했다.

그렇다면 환경부는 시멘트 공장이 이런 편법을 쓰고 있다는 사실을 모를까? 그렇지 않다. 환경관리공단에서 상급기관인 환경부로 보낸 '폐기물 소각시설 중 시멘트 소성로 검사관련 검토' 공문을 입수해 살펴보았다. 이 문서에는 "폐기물 소각시설 중 일반 소각시설과 시멘트 소성로의 검사에 있어 세부 검사기준을 달리 적용함으로 인하여 향후 민원발생 소지가 있음"이라고 분명하게 명시하고 있다. 환경부는 이미 이 문제점을 잘 알고 있었다. 그러나 환경부는 환경관리공단에 '시멘트 공장의 특성'이라는 거짓말로 개선보다는 불법을 강요했다.

국립환경과학원이 2006년 9월 환경부에 보고한 〈폐기물 소각시설로서의 시멘트 소성로 관리기준 개선연구〉에도 이 문제가 상세하게 나와 있다.

실제 소각시설에 대한 성능검사 시 처리용량 산정에 있어서 소각시설은 설계된 시설용량으로 산정하지만, 시멘트 소성로의 경우(⋯) 시멘트 공장에서 자체 발생 폐기물을 기준으로 하고 있다.

시멘트 소성로는 허가된 소각 가능한 폐기물과 재활용신고를 득한 재활용 폐기물, 보조연료, 원료, 부원료 등이 소성로에 투입되어 최대 용량을 근거로 산정되어야 하나 자체 발생 폐기물만으로 산정하고 있어 이에 대한 보완이 필요하다.

쓰레기 소각시설들은 정기검사 시 소각되는 폐기물 조성을 퍼센트로 명시한다. 예를 들어 폐합성수지 00퍼센트, 폐지 00퍼센트, 폐목재 00퍼센트, 폐섬유 00퍼센트 등으로 표시해 소각대상 조성비에 따른 환경오염평가를 실시하는 것이다. 그러나 시멘트 소성로는 이 폐기물들을 전부 부연료, 부원료라는 이름으로 표기해 검사대상에서 제외하는 편법을 썼다. 부원료, 부연료라는 단어를 사용한다고 쓰레기가 안전한 재료로 바뀌는 게 아닌데 말이다.

시멘트는 시멘트 공장에서 소각한 쓰레기 소각재의 총합이다. 그러므로 어떤 종류의 쓰레기가 얼마큼 들어갔느냐에 따라 시멘트 중 발암물질과 유해 중금속 함량이 달라진다. 만약 환경부가 3년마다 실시하는 시멘트 공장의 정기검사를 제대로만 실행했다면, 지금처럼 발암물질 가득한 시멘트 문제는 발생하지 않았을 것이다. 쓰레기 소각 허가를 내주고 그에 걸맞은 검사를 하지 않는 환경부의 직무유기 속에서 시멘트 공장들은 마음 놓고 발암물질과 유해 중금속 가득한 시멘트를 만들었다.

그러므로 최대의 이윤을 추구하는 기업인 시멘트 공장의 불법을 탓하기 전에 제대로 관리감독하지 않은 환경부를 먼저 탓해야 할 것이다. 나는 아직도 환경부가 왜 이렇게 무책임한 행동을 하는지 이해되지 않는다.

폐농약의 시멘트 사용을 허가하려던 환경부의 꼼수

"저, 이만의 환경부장관입니다. 최병성 목사님이시죠?"

이명박 정부 첫 해인 2008년 5월 5일 아침, 환경부장관에게 전화가 왔다. 만나자는 것이었다. 당시 환경부의 가장 큰 현안이 쓰레기 시멘트였기 때문에, 쓰레기 시멘트를 사회문제화시킨 나를 만나려고 한 것이다.

이날 환경부장관의 전화는 하늘이 준 선물이었다. 바로 이틀 뒤, 환경부가 시멘트 업계와 짜고 폐유독물, 폐농약, 폐페인트, PCBs 등의 유독성 쓰레기의 시멘트 사용을 결정하는 중요한 날이었기 때문이다.

폐유독물과 폐농약으로 시멘트를 만든다고 하면 다들 거짓말이라 할 것이다. 상상할 수도 없고 있어서도 안 될 일이기 때문이다. 그러나 실제 그런 일이 벌어졌다. 국민의 건강을 책임진 환경부가 폐유독물과 폐농약뿐만 아니라, 독극물인 변압기의 PCBs와 폐페인트까지 시멘트 제조에 사용하겠다고 추진한 것이다. 폐유독물과 폐농약으로 시멘트를 만들겠다던 환경부의 얼빠진 짓은 이렇다.

2008년 1월 18일, 제4차 민관협의회 회의를 통해 시멘트 소성로에 사용금지해야 할 폐기물을 선정하고, 크롬 · 중금속 · 염소 등의 사용가능 폐기물의 유해물질 기준을 정하기로 합의했다.

- **폐기물 배출원 조사**

  사업장별 반입 폐기물 목록을 검토, 문제가 되는 일부 폐기물에 대한 배출원 조사를 통해 폐기물 기준의 토대를 마련.

- **폐기물 사용 기준**(부원료 및 보조연료).

- **사용금지 폐기물 선정, 사용가능 폐기물의 ㅎ유해물질 등 기준 선정**

  (크롬, 중금속, 염소, 발열량 등).

그런데 2008년 3월, 정연만 자원순환국장이 새로 부임하며 민관협의회 의장을 맡았다. 정연만 국장이 부임하고 처음 열린 2008년 4월 29일 제5차 회의에 환경부는 이전의 시멘트 개선을 위한 민관협의회 협의안을 깡그리 무시한 다른 안을 들고 왔다.

환경부가 작성해 온 회의자료 제목은 '폐기물 재활용 관리체계 강화'였다 그러나 내용은 '강화'를 빙자한 유독성 쓰레기의 시멘트 사용을 합법화하는 꼼수였다.

3. 개선계획(안)

- 폐기물 재활용 관리체계 강화

- 처리대상 폐기물의 제한

....

시멘트 소성로 시설 특성을 감안하여 고온소각 처리대상 폐기물 처리
금지.

다만 소성로 로터리 킬른에 직접 투입되는 폐기물은 제외.

- 할로겐족 폐유기용제, 폐페인트 및 폐래커, 폐농약, PCBs, 폐유독물,
  폐흡수제 및 폐흡착제(고온소각 대상물을 흡수·흡착한 경우).

환경부가 만든 회의 문건을 언뜻 보면 "고온소각 처리대상 폐기
물 처리 금지"라고 되어 있다. 여기까지는 좋다. 시멘트 공장의 특징
을 잘 모르는 사람들에겐 이 글이 유해 쓰레기의 시멘트 사용 금지
처럼 보인다.

그러나 그 다음 문장이 문제였다. "다만 소성로 로터리 킬른에 직
접 투입되는 폐기물은 제외"라는 이 한 문장에 환경부의 꼼수가 숨
어 있었다. 시멘트 공장은 보일러처럼 밖에서 불을 가열하는 게 아
니라 소성로에 모든 쓰레기를 직접 투입해 소각하는 것이기 때문이
다.

고온에 소각하는 유독물질이 시멘트 공장에 반입 금지되는 것처
럼 보이지만, "다만 소성로 로터리 킬른에 직접 투입되는 폐기물은

제외"라는 이 짧은 문장으로 인해 밑에 열거한 할로겐족 폐유기용제, 폐페인트 및 폐래커, 폐농약, PCBs, 폐유독물, 폐흡수제 및 폐흡착제 등의 모든 유독성 폐기물을 시멘트 공장에서 사용하라는 말인 것이다.

'강화'와 '제한' '금지'라는 단어 뒤에 '다만'이라는 단서조항을 달아 폐유독물, 폐농약, 폐페인트 등 유독물의 시멘트 사용을 합법화한 것이다.

나는 유독물 사용 합법화의 꼼수 안을 소리 높여 반대했다. 그러나 시멘트 업계와 사전에 입을 맞춰 문서까지 만들어온 환경부는 쉽게 물러서지 않았다. 회의를 주재하던 정연만 환경부국장이 또 한 번의 꼼수를 썼다. 폐유독물의 시멘트 사용 문제만 집중해 다루기 위해 전문가들만 따로 모여 회의하자는 것이었다. 그런데 환경부가 말한 전문가회의란, 고작 쌍용양회 A전무를 추가로 참여시킨 것뿐이다. 유독물을 시멘트 제조에 합법적으로 사용하도록 하기 위한 환경부의 꼼수였다.

환경부장관과의 만남은 하늘의 선물 |

환경부가 폐유독물의 시멘트 공장 사용 결정을 위해 전문가회의를 열기로 한 날짜가 5월 7일이었다. 그런데 바로 이틀 전인 5월 5일 아침, 환경부장관이 내게 만나자고 전화를 한 것이다. 하늘이 준 선물이었다.

나는 폐유독물, 폐농약, 폐페인트, 폐흡착제, PCBs 등 유독물을 시멘트 제조에 사용하는 것은 불가하다고 이만의 환경부장관에게 이야기했다. 장관도 내 말에 쉽게 동의했다. 그때까지 시멘트 공장에서 기준도 없이 쓰레기를 사용할 수 있었던 것은 환경부장관 모르게 시멘트 공장과 내통하는 환경부 고위직 공무원들의 농간이었던 것이다.

장관과 헤어져 밖으로 나오는데 최종원 과장이 따라 나오며 시멘트 공장에서 더 제외해야 할 유독물질이 무엇인지 알려달라고 했다. 반도체 공장의 폐기물과 자동차 슈레더더스트 등을 제외해야 한다고 말했다. 그날 그는 열심히 수첩에 받아 적었는데, 반도체 공장의 폐기물과 자동차 슈레더더스트는 여전히 시멘트 공장에서 사용하고 있다.

환경부장관과의 만남이라는 약효는 즉각적으로 나타났다. 장관을 만나고 이틀 뒤 열린 전문가회의에서 재미난 일이 벌어졌다. 바로 일주일 전 회의 때만 해도 폐유독물을 시멘트에 쓰겠다고 고집 피우던 환경부 정연만 국장의 태도가 완전히 달라졌다.

"최병성 위원님이 제기하신 폐유독물과 폐농약 등의 고온소각 대상 폐기물은 시멘트 소성로에 사용을 금지하겠습니다."

내가 '안 된다'고 소리 높이지 않아도 자원순환국장이 알아서 사용금지 결정을 내렸다. 폐유독물과 폐농약 등 유해 폐기물의 시멘트 소성로 사용금지를 결정하자 이번엔 시멘트 업계 쪽에서 난리가 났다. 그들은 이틀 전 내가 환경부장관을 만난 사실을 몰랐다. 이날 전문가회의에 참석한 쌍용양회 A전무는 "폐유독물을 시멘트 공장에 사용하지 않으면 세계적인 수치"라는 황당한 논리를 폈다. A전무에게 내가 한 마디 했다.

"전무님, 그동안 쓰레기로 시멘트를 만든 명분이 연료와 원료로 사용키 위함이라고 했죠? 그러면 폐유독물과 폐농약이 연료입니까, 원료입니까? 이건 단순히 시멘트 공장이 쓰레기 처리비를 벌자고 하는 것이 아닙니까?"

그리고 한 마디 덧붙였다.

"폐유독물과 폐농약을 시멘트에 안 쓰면 세계적인 수치라고요? 그동안 시멘트 제조 기술력이 떨어지는 것은 세계적인 수치가 아니었고, 발암물질 많은 시멘트는 세계적인 수치가 아니었습니까?"

시멘트 제품에는 성분 및 첨가제 표시가 없기 때문에 폐유독물, 폐농약, PCBs 등으로 시멘트를 만들어도 그것을 우리가 구별할 방법이 없다.

국민의 건강을 위해 안전한 시멘트를 만들기 위한 개선안을 찾아가던 중에 폐유독물과 폐농약, 폐페인트, PCBs 등 유독물질을 시멘트에 넣겠다고 한 환경부는 과연 제정신이었을까? 정연만 국장은 왜 부임하자마자 이전의 합의안을 무시하고 폐유독물을 시멘트에 넣고자 했을까?

쌍용양회 공장 앞에 걸린 현수막.

만일 환경부장관을 만나지 못했다면, 시멘트 업계와 짜고 치는 환경부 마피아들을 나 혼자 힘으로는 막기 어려웠을 것이다. 폐유독물, 폐농약, 폐페인트, PCBs 등 유독물질의 시멘트 사용이 합법화되었을 것이고, 유독물이 들어간 시멘트로 아파트가 건설되었을 것이다. 시멘트 업계가 폐유독물과 폐농약을 처리하며 떼돈을 버는 동안 국민들의 건강은 어떻게 되었을까?

"무책임한 선동으로 지역경제를 망치는 자 최병성이는 쌍룡지역에 접근 말라!" "원흉 최병성은 각성하라!"는 현수막이 쌍용양회 공장 앞에 걸린 적이 있다. 맞다. 나는 시멘트 업계의 원흉이다. 나 때문에 시멘트 업계의 부도덕함이 만천하에 공개되었고, 폐유독물을 처리하며 엄청난 돈을 벌 기회도 놓쳤기 때문이다.

액상 지정폐기물은 지정폐기물이 아니다?

　노란색 폐기물 트럭이 수시로 시멘트 공장으로 들어간다. 트럭에 실린 탱크엔 '지정폐기물'이라는 글씨가 선명하게 쓰여 있다. 건축자재를 만드는 시멘트 공장에 왜 지정폐기물을 실은 차량이 쉴 틈 없이 들어가는 걸까? 환경부가 만든 '시멘트 공장 개선안'에는 시멘트 공장에서 지정폐기물을 사용하지 않는다고 돼 있다. 그렇다면 시멘트 공장으로 들어가는 지정폐기물 차량들은 무얼까?

　폐기물은 고체 형태의 '고상폐기물'과 폐유, 폐유기용제, 폐페인트 등의 액체로 된 '액상 폐기물'로 나뉜다. 환경부는 시멘트 제품의 안전을 위해 지정폐기물의 시멘트 공장 사용을 금지했다고 말한다. 시멘트 공장에서 고체 형태의 지정폐기물은 사용하지 않는다. 그러나 그보다 더 유해성이 높은 폐유, 폐유기용제, 폐페인트 등의 액상 지정폐기물을 분진과 혼합해 WDF(Waste Oil Derived Fuel)라는 이름으로 시멘트 제조 과정에 사용한다. 기막힌 꼼수다.

엄청난 양의 액상 지정폐기물이 시멘트 제조에 사용되고 있음에도 불구하고, '지정폐기물은 사용하지 않는다'는 교묘한 말장난으로 국민을 기만하는 곳이 바로 대한민국 환경부다. 환경부가 누구를 위해 존재하는 곳이지 잘 보여주는 사건이 있다. 2006년 10월 23일자 《이데일리》기사 내용을 읽어보자.

검찰이 쌍용양회 영월 공장을 압수수색했다. 국내 대형 시멘트 업체들이 산업폐기물로 시멘트를 만드는 과정에서 환경오염 등 불법행위를 저지른 단서를 잡은 것으로 전해졌다. 서울중앙지검 형사2부는 23일 국내 1위 시멘트 제조업체인 쌍용양회 영월공장에 대해 지난 20일 압수수색했다고 밝혔다.

검찰은 쌍용양회 영월 공장뿐 아니라 서울 본사까지 압수수색했다. 왜 그랬을까? 또 다른 신문은 그 이유를 "쌍용양회 영월 공장이 가동과정에서 폐유기용제 재생연료유를 불법사용하고 있다는 의혹"에 대한 수사라고 설명했다.

시멘트 공장의 액상 지정폐기물의 불법사용에 대해 검찰이 압수수색이라는 강수를 뒀다. 그러나 검찰의 수사는 흐지부지 끝났다. 수사결과 발표(2006년 12월 14일)를 하루 앞둔 12월 13일, 검찰이 시멘트 공장을 처벌하지 못하도록 환경부가 신속하게 법을 개정했기 때문이다. '불법'이 '합법'이 되었다. 환경부는 규제개혁위원회에 '폐기물관리법 시행규칙 개정령안 신설·강화 심사안'을 올려 그동안 시멘트 공장들이 불법으로 사용해 오던 액상 지정폐기물을 시멘트 소성로에 사용가능한 '재활용 제품'으로 인정한다는 개정안을 제출했다.

시멘트 공장을 살리려는 환경부의 눈물겨운 노력 덕분에 검찰은 "범죄 후 법령개폐로 형이 폐지되면 면소판결 선고"될 수밖에 없다며 수사를 흐지부지 끝맺었다.

액상 지정폐기물로 만든 시멘트의 안전성 ｜

환경부는 액상 지정폐기물을 WDF라는 재활용 제품이라며 시멘트 제조에 사용하도록 허가했다.

시멘트 소성로에 들어가는 액상 폐기물에는 자동차 폐윤활유를 비롯해 금속가공 과정에서 발생되는 열처리용유, 방청유, 압연유 및 비수용성 절삭유 등이 있다. 또 기름걸레, 폐유지류, 기타 동식물계 폐유가 모두 포함된다. 이뿐만 아니라 WDF에는 페인트 및 래커 제조업, 도장시설, 폐기물을 재활용하는 시설, 그리고 페인트 보관용기에 남아 있는 페인트를 제거하기 위해 혼합된 유기용제와 같은 폐페인트와 폐래커도 포함된다.

문제는 이렇게 다양한 액상 지정폐기물로 만든 WDF에는 벤젠,

톨루엔, 디클로메탄, 클로로벤젠 등 인체 유해물질과 발암물질이 다량 포함될 위험성이 높다는 것이다. 폐유, 폐윤활유, 폐절삭유, 폐선박유, 폐유기용제, 폐페인트 등 하나하나가 고온소각을 필요로 하는 지정폐기물이다. 그런데 이런 유독성 지정폐기물들을 분진과 단순 혼합 · 여과하면 시멘트 공장에서 사용이 가능한 재활용 제품이 된다. 유해한 지정폐기물들을 혼합하면 더 유독한 물질이 되는 것이 당연한 상식 아닐까? 특별한 성상의 변화가 없는 단순 '혼합 · 여과' 만으로 어떻게 지정폐기물이 시멘트 제조에 사용가능한 '재활용 제품'으로 변신할 수 있단 말인가?

시멘트 공장의 폐유기용제혼합물(WDF) 사용을 확인한 것에 대해 검찰의 수사결과 발표문은 다음과 같이 설명한다.

• **폐유기용제혼합물**(WDF) **사용 부분**

확인된 사항

폐기물처리업 허가 없이 00양회 등 2개 시멘트 업체 3개 공장에서 폐유기용제 혼합물을 사용하고 있는 사실 및 할로겐족 폐유기용제 도 같이 사용하고 있는 사실 확인.

※다만, 검출된 할로겐족(디클로로메탄, 트리클로메탄, 디클로로에탄, 트리클로로에틸렌, 테트라클로로에틸렌, 클로로벤젠)은 모두 법정기준치 5% 이내였음.

디클로로메탄, 트리클로로메탄, 디클로로에탄, 트리클로로에틸렌,
테트라클로로에틸렌, 클로로벤젠 등은 유독성 높은 발암물질이다.
유해물질 사전에 나오는 위 물질들의 유독성을 간단히 살펴보자.

디클로로메탄(dichloridemethane)

- 용도: 유지, 왁스, 래커, 잉크 등의 용제, 전자부품이나 금속제품의 세
  정제로 이용된다. 도료의 박리제, 스프레이 분사제, 농약과 플라스틱
  제조 원료로도 이용된다.
- 만성일반독성: 낮은 농도의 증기에서도 반복 흡입하면 청력과 시력
  이 저하된다. 간장과 신장에 장해가 생긴다.
- 발암성: 흡입노출에 의해 폐암과 간장암이 생기고, 유방암, 경부의 육
  종 그리고 백혈병이 생긴다.

트리클로로메탄(trichloromethane)

- 용도: 유지, 고무, 그리스 등의 용제·추출제 및 세정제로 사용된다.
  냉매, 농약, 염료 등의 제조 원료로도 이용된다.
- 급성독성: 상당히 강하다. 증기를 흡입하면 중추신경계가 억제되어
  현기증, 두통, 피로감에 이어 마취상태가 된다.
- 생식 및 발생 독성: 임신 쥐의 흡입노출로 유산이 증가하고 신생아에
  기형이 생긴다.
- 발암성: 간장, 신장, 갑상선에 종양이 생긴다.

6 쓰레기 시멘트의 주범은 환경부

- 변이원성: 유전자 변이, 배양림프구에 염색체 이상을 초래한다.

트리클로로에틸렌(trichloroethylene)

- 용도: 금속기계부부품, 양모, 피혁 등에서 유지성분을 제거하는 세정
제로 이용되고, 도료 접착제, 고무, 황 등의 용제로 사용된다.
- 만성일반독성: 흡입노출에 의한 중추신경계의 악영향으로 두통, 현
기증, 시야의 혼탁, 안면마비, 기억자해, 의식저하 등이 눈에 띈다.
- 발암성: 쥐 흡입 노출실험에서 간장암과 폐암, 신장암이 생긴다. 음료
수에서 본 물질을 흡입한 아이에 백혈병이 다발한다는 보고가 있다.
- 변이원성: 유전자 변이와 염색체 이상을 초래한다.

유해물질 사전에서 간단히 살펴본 바와 같이 디클로로메탄, 트리
클로메탄, 디클로로에탄, 트리클로로에틸렌, 테트라클로로에틸렌,
클로로벤젠 등은 유전자변형을 가져올 뿐만 아니라 유독성 높은 발
암물질이다. 그런데 시멘트 공장에서 사용하는 액상 지정폐기물에
서 할로겐족 발암물질이 5퍼센트 이내로 검출되면 국민 건강에 아
무 문제가 없는 것일까?

시멘트는 우리 가족이 사는 집을 짓는 건축재료다. 가장 깨끗한
재료로 가장 안전한 시멘트 제품을 생산해야 하는 이유다. 그러나
고온에 소각하면 유해물질이 사라진다는 가설 하나만으로 우리가
상상하지도 못한 온갖 유독물질들이 시멘트 제조에 사용되고 있다.

어떤 일이 벌어질지 두려워요 |

외국의 경우 시멘트 공장에서 액상 폐기물을 사용할 경우, 폐기물 배출업자가 1차 시료를 분석해 시멘트 공장으로 가져가면, 시멘트 공장에서 두 시간 이내에 2차 분석을 실시해 폐기물 배출업자가 가져온 시험 분석서와 일치할 경우 액상 폐기물을 반입하게 된다. 그래서 외국의 시멘트 공장들은 액상 폐기물의 사용과 분석을 위한 연구시설과 인력을 시멘트 공장 안에 갖추고 있으며, 전체 직원 중 50퍼센트 이상이 화학 관련 전공자다.

그러나 우리나라의 경우 반입되는 액상 폐기물을 현장에서 분석할 수 있는 연구시설을 갖춘 시멘트 공장이 없다. 폐기물 배출업자가 제출하는 분석 데이터에만 의존할 뿐이다. 폐기물 배출업자가 어떤 유해물질을 혼합했는지, 분석표가 어떻게 잘못되었는지도 알 방법이 없다.

2008년 1월, 쌍용양회 영월 공장에서 반입되는 액상 지정폐기물들을 살펴보았다. 폐기물 운반업자가 액상 폐기물을 시멘트 공장에 하역하고 내민 '재생유 시험 성적서'라고 적힌 분석표 항목은 "발열량 4050kcal/kg, 염소 320ppm, 수분 33퍼센트, 고형물 0.1퍼센트, 점도 14cps"가 전부였다. 과연 이런 항목으로 액상 지정폐기물을 사용한 시멘트의 안전이 담보될 수 있단 말인가?

쌍용양회를 압수수색한 검찰 수사에 대한 2006년 12월 14일자 《연합뉴스》 기사에는 아주 중요한 내용이 담겨 있다.

서울 중앙지검 형사2부는(⋯) 쌍용양회 김모(47) 이사와 폐기물 납품업체 S사 김모(64) 사장을 14일 불구속기소하고 두 회사법인 등을 벌금형에 약식 기소했다. 검찰에 따르면 김 이사와 함께 불구속 기소된 같은 회사 이모(48) 전 부장은 납품업체로부터 "납품 폐기물 성분 등이 법정 기준에 어긋나도 눈감아 달라"는 청탁과 함께 수천 만 원을 받은 혐의(배임수재)도 받고 있다.

국내 시멘트 공장에 유해성 분석 장비가 없으니 폐기물 배출업자가 언제든 유해물질을 속일 수 있다. 또 위 기사 내용처럼 시멘트 공장 관계자가 묵인하면 언제든 유해 폐기물이 반입될 가능성도 있다. 그러므로 이런 액상 지정폐기물의 시멘트 공장 사용을 원천적으로 금지하는 것만이 시멘트 제품의 안전을 확보하는 길이다.

환경부가 유독성 액상 폐기물을 시멘트 소성로에 사용하는 근거는 무엇일까? 〈WDF 제조 및 사용의 적정관리 방안 마련〉이라는 120쪽짜리 간단한 용역 보고서가 전부다. 그런데 이 보고서를 아무리 읽어봐도 액상 폐기물이 시멘트 소성로에 투입되었을 때 발생할 수 있는 유해성 등에 대해서는 조사된 바가 전혀 없었다. 그저 액상 폐기물 사용의 보잘것없는 기준 몇 가지만을 제시하고 있을 뿐이다. 국민의 건강에 영향을 미칠 수 있는 액상 지정폐기물을 시멘트 제조에 사용하면서, 그 폐기물 성상들이 시멘트 안전에 미칠 영향을 조사하지 않는 것은 국민을 위해 일해야 할 환경부의 직무유기다.

지금도 액상 폐기물의 소각권리를 놓고 산업폐기물 소각업체와 시멘트 회사가 심각한 갈등을 겪고 있다. 액상 폐기물의 소각 비용이 톤당 30~50만 원에 이르는 고수익이기 때문이다. 산업폐기물 소각 업체로서는 액상 폐기물이 시멘트 소성로에 사용됨으로써 수입이 줄어들게 되고, 시멘트 회사에서는 액상 폐기물을 처리함으로써 큰 수익을 얻을 수 있기 때문이다.

　액상 지정폐기물을 시멘트 회사에서 사용하도록 허가함으로써, 소각 업체들은 경영악화로 허가증을 반납하는 등 심각한 갈등을 겪었다. 그런데 환경부가 규제개혁위원회에 제출한 개정안에는 "소각로업계는 기존의 WDF 제조·사용량이 많지 않고 환경관리상 사회 문제가 제기되지 않아 심하게 반대하지는 않음"이라고 거짓말을 했다. 시멘트 공장에 액상 지정폐기물 사용을 허가하기 위해 온갖 거짓말을 서슴지 않는 환경부가 시멘트 회사의 이익을 대변해 왔다는 사실을 여지없이 보여준다.

　폐유, 폐유기용제 등을 시멘트 공장에 사용하려는 이유는 무엇일까? 시멘트 제품 생산에 꼭 필요하기 때문일까? 아니면 에너지가 되기 때문일까? 시멘트 공장이 사용하는 WDF의 발열량 기준이 4000kcal/kg이다. 그런데 비닐조각에 불과한 사탕봉지나 조미료 봉투의 발열량이 무려 9000~1만kcal/kg가 된다. 수분을 함유한 하수 슬러지의 발열량이 3000kcal/kg이고, 건조시킨 하수 슬러지는 4500~5000kcal/kg이 넘게 나온다. 그런데 연료로 사용한다는 액상 지정폐기물인 WDF의 발열량은 하수 슬러지 정도에 불과하다. 특히 액상 지정폐기물은 보일러처럼 밖에서 불을 때는 것도 아니다. 시멘트가 구워지는 소성로 안으로 밀어 넣어 소각한다.

연료의 역할도 제대로 못하고 시멘트 제품의 안전을 위협할 수도 있는 액상 지정폐기물을 왜 시멘트 제조에 사용하도록 했는지 환경부의 해명이 필요하다.

오직 환경부의 재활용 성과를 높이기 위해

"짜고 치는 고스톱 그만둬!"

국회의원회관 대강당에서 열린 시멘트 개선을 위한 포럼이 진행되는 도중에 내가 소리쳤다. 큰 소리로 외치자 시멘트 공장 관계자들이 여기저기서 내게 욕설을 퍼부었다. 그곳에 모인 사람들 대부분이 시멘트 공장 관계자들이었지만 겁을 먹지는 않았다. 나는 국민의 건강을 책임진 자칭 국민대표가 아니던가.

2009년 3월 24일, 환경부가 국회의원회관 대강당에서 시멘트 개선을 위한 포럼을 열었다. 시멘트 개선을 위한 포럼이 국회의원회관에서 열린다기에 혹시나 하는 마음으로 달려갔다. 정연만 환경부 자원순환국장과 몇몇 교수들이 단상에 앉아 있었다. 그런데 명색이 국회의원회관에서 열리는 포럼인데 국회의원은 단 한 명도 없었다. 국회의원의 발표나 그 흔한 축사도 없었다.

단 한 명의 국회의원도 참석하지 않는 포럼을 환경부는 왜 국회
의원회관에서 개최했을까? 2008년 국정감사에서 국회의원들에게
숱한 질책을 당했으니, 국회의원회관에서 포럼을 열었다는 것을 보
여주기 위한 꼼수였다.

그런데 명색이 목사인 내가 그렇게 많은 사람들이 모인 토론회장
에서 목소리를 높여야만 했던 이유가 있었다. 시사 주간지《CNB저
널》(2009년 4월 7일자)은 '누구를 위한 시멘트 포럼인가'라는 제목의 기
사에서 이렇게 전한다.

환경부가 3월 24일 오전 국회의원회관에서 '2차 시멘트와 환경' 포럼을
개최했다. 명목상 이 포럼은 '쓰레기 시멘트'로 일컬어지는 유해물질 함
유 시멘트를 개선하기 위한 모임.(…) 환경부 행보에 대해 국산 시멘트
의 유해성을 폭로해 온 최병성 목사는 "국민을 기만하기 위한 쇼"라고
혹평했다. 최병성 목사는 "환경부가 제시한 기준은 시멘트의 안전을 확
보할 수 있는 기준이 전혀 되지 않는다"며 "개선이 아니라 오히려 이전
보다 못한 거꾸로 기준을 만든 것에 불과"하다고 평가했다.
최 목사는 포럼에 참여한 전문가들이 그동안 한국시멘트협회와 시멘트
공장들로부터 용역비를 받고 연구논문을 써온 교수라고 밝혔다. 이 포
럼에 민간 전문가로 자리한 한국지질자원연구원 안지환 박사와 군산대
이승헌 교수가 그들이다.
안지환 박사는 환경부, 과기부와 쌍용양회가 지원한 '산업폐기물 재활

용 기술개발'의 책임연구원으로 참여했다. 이 논문은 제철소의 철강 슬러지를 시멘트에 어떻게 재활용할 것인가를 골자로 하고 있다. 그는 단양 석회석신소재연구재단의 사외이사이기도 하다. 이승헌 교수는 동양시멘트 기술연구소 기초연구실장을 역임한 바 있으며, 현재 고려시멘트 자문교수로 시멘트 업계의 입장을 대변하는 역할을 하고 있다.

최병성 목사는 "쓰레기 시멘트 합법화 논문을 쓴 교수들에게서 어떤 개선안이 나오겠느냐?"며 쓰레기 시멘트 합법화 기준밖에 되지 않는 것이라고 비판했다. 이어 "지난해 가을 환경부 국정감사에서 나온 국회의원들의 개선 요구에 대해 '눈 가리고 아웅' 식의 포럼이라는 형식을 갖춘 것에 불과하다"고 말했다.

환경부가 시멘트 관련 포럼을 개최한 것은 자발적인 의지가 아니었다. 2008년 가을 국정감사에서 많은 국회의원들이 환경부의 잘못된 쓰레기 시멘트 정책을 질타했다. 김상희 의원이 '이번 국감은 시멘트 국감이었다'라고 할 만큼 환경노동위원회 절반의 의원들이 쓰레기 시멘트의 잘못을 집중 질의했고, 답변에 나선 이만의 환경부장관은 "환경부에 와서 보니 시멘트에 대한 포럼도 없어, 앞으로 전문가 분들을 모아 시멘트 문제를 해결하기 위한 채널을 만드는 데 노력하겠다"고 했다.

국회의원들에게 집중타를 맞은 환경부장관의 지시로 어쩔 수 없이 시멘트 포럼을 개최하게 된 것이다. 포럼에는 시민단체도 참석시켰다. 그러나 들러리에 불과했다. 시민단체의 개선 요구안은 단 하나도 수용되지 않았고, 시멘트 업계와 환경부가 사전에 조율한 안으로 진행되었을 뿐이다. "전문가와 시민단체도 참여하는 포럼을 진행했다"는 면피용 포럼에 불과했다.

더욱 놀라운 건 시멘트 소성로 개선을 위한 포럼에 영풍, LS니꼬, 포스코 등 시멘트 공장에 폐기물을 납품하는 폐기물 배출 업체들을 참여시켰다는 사실이다. 쓰레기 시멘트 유해 여론에 불리해진 시멘트 업계를 구원하기 위해 폐기물 배출 업체들을 통해 반대 목소리를 높이기로 작전을 짠 것이다. 폐기물 배출 업체들은 경제도 어려운데 폐기물 사용기준이 높아 폐기물을 시멘트 공장으로 처리하지 않으면 경영이 어렵다는 주장을 폈다. 그리고 환경부는 '배출업소의 특성'에 따른 특별기준 적용이라는 편법을 통해 유해성 높은 폐기물이 시멘트 소성로에 투입되도록 개선을 빙자한 악법을 만들었다.

환경부가 포럼을 통해 '개선'이 아닌 국민을 속이는 '개악'을 해왔음은 포럼의 결과가 잘 보여준다. 2009년 1월 19일 제1차 포럼에서 환경부는 염소기준 2퍼센트를 1퍼센트로 줄이겠다고 합의했다. 그러나 바로 며칠이 지난 2월 6일, 환경부는 1퍼센트로 줄였던 염소기준을 다시 2퍼센트로 원위치시켰다.

개선을 위한 포럼을 시멘트 공장의 로비를 받아 개악으로 이끈 건 염소기준 2퍼센트만이 아니다. 시멘트 내에서 발암물질로 전환되는 폐기물 내 크롬기준을 1차 포럼에서는 1600ppm에서 900ppm

으로 변경, 합의했다. 그러나 2월 6일, 크롬기준을 아예 삭제했다. 또 수은은 1ppm에서 2ppm으로 상향 조정하고, 비소 역시 10ppm에서 50ppm으로 상향 조정했다.

며칠 사이에 합의안을 뒤집을 만한 어떤 일이 환경부 안에서 있었던 걸까? 누가 누구를 만나 이런 무모한 짓을 벌인 걸까? 분명하게 밝힐 일이다.

무늬만 민관협의회

그동안 환경부가 여론이 불리할 때면 개선안을 찾는다며 협의회를 만들어 여론의 화살을 피해간 게 한두 번이 아니다. 2005년 3월 KBS 환경스페셜 방송 〈콘크리트, 생명을 위협하다〉로 여론이 나빠지자, 환경부는 시멘트의 유해성을 조사한다며 민관협의회를 구성했다. 그러나 그후 어떤 조치도 없이 민관협의회는 조용히 사라졌다.

2006년부터 내가 쓰레기 시멘트 논란을 일으키자 2007년 11월, 환경부는 또 다시 여론 잠재우기용 민관협의회 카드를 꺼내들었다. 그런데 환경부가 구성한 민관협의회 참여 인사들이 가관이었다. 시멘트 회사에서 쓰레기 시멘트 만드는 용역을 하던 교수들로 채워졌다.

국민을 기만하는 환경부의 못된 버릇을 고쳐주기 위해 당시 쓰레기 시멘트를 함께 취재하던 《문화일보》 윤석만 기자에게 기사를 부탁했다. 2007년 11월 15일자 기사는 '쓰레기 시멘트, 무늬만 민관합동조사'라는 제목으로 민관협의회 참가 교수들의 실체를 다음과 같이 폭로했다.

중금속이 함유된 폐기물 재활용 시멘트를 둘러싼 사회적 파문이 확산되자 환경부가 민관합동조사단을 구성해 시멘트에 대한 조사에 착수하겠다고 14일 밝혔다. 하지만 환경단체들은 민간 대표로 합동조사에 민간 전문가로 참여한 교수진 5명 중 4명의 인사들이 폐기물 재활용 시멘트 생산을 옹호해 온 인사들이라며, 조사 시작 전부터 공정성 논란이 일고 있다.

C모 교수는 지난달 10일 양회협회와의 공동연구를 통해 폐기물 재활용 시멘트 생산으로 산업폐기물 처리비용과 이산화탄소 배출을 줄일 수 있다며 친환경 시멘트론을 펼쳤다. J모 교수는 지난 2004년 모 시멘트 업체들과 함께 외국의 시멘트 회사에 산학협동 파견을 다녀온 것으로 알려졌다. L모 교수는 쓰레기 시멘트에 대한 문제점이 드러난 지난 10일 국회방송에 출연, 산업폐기물이 재활용된 국산 시멘트를 변론했다. 앞서 지난 7월 제34회 시멘트 심포지엄에서 '친환경 및 미래소재로서의 시멘트'란 제목의 강연도 했다. S모 교수는 환경부가 '6가크롬 외 중금속은 없다'는 입장을 고수하는데 사용된 국립환경과학원 1차 보고서 연구를 수행한 바 있다.

이에 따라 환경단체들은 "조사계획까지 환경부가 다 만들어놓고 공동 조사라고 얘기하는 건 들러리로 쓰겠다는 것이나 다름없다"며 "객관적 조사가 되려면 조사단부터 재구성해야 한다"고 밝혔다.

'무늬만 민관합동조사'라는 신문기사가 나가자 환경부는 발칵 뒤집혔고, 담당 과장이 지방으로 좌천됐다. 환경부가 쓰레기 시멘트를 개선할 의지가 있다면, 민관협의회나 포럼을 개최할 일이 아니다. 환경부 스스로 제대로 조사만 하면 된다. 개선의 의지가 없으니 여론의 비난을 피하기 위해 이런 형식적인 협의회라는 꼼수를 반복해 온 것이다.

쓰레기 시멘트는 전적으로 환경부의 작품이다. 발암물질 가득한 쓰레기 시멘트에 대해 책임을 지지 않기 위해 환경부는 끊임없이 말 바꾸기를 했다. 지난 몇 년간 시멘트 관련 환경부의 보도자료는 책임회피용 말 바꾸기의 변천사를 그대로 보여준다.

몇 달간 나와 함께 쓰레기 시멘트 문제를 취재했던 《문화일보》 윤석만 기자가 내게 장문의 편지를 보내왔다. 윤 기자는 환경부의 민관합동조사는 정책실패를 인정하지 않고 빠져나갈 구멍을 찾는 것에 불과하다며, 국민을 기만하는 환경부의 말 바꾸기에 대해 다음과 같이 상세하게 설명했다.

지난 두 달여간 '쓰레기 시멘트' 문제를 취재하면서 적잖은 충격과 분

6 쓰레기 시멘트의 주범은 환경부 ㅣ

노에 휩싸였습니다. 업체의 무지막지한 횡포와 정부의 무기력한 대응에는 환멸을 느꼈습니다. 정부는 보도가 나갈수록 말이 바뀌었고 업계의 반발은 더욱 거세졌습니다. 특히 '6가크롬 외 중금속 검출 안 된다' '시멘트 제품에 함유돼 있으나 용출되지 않는다' '시멘트가 콘크리트로 굳어지면 용출되지 않는다' '석회석 자체에 중금속이 많아 시멘트에 중금속이 있는 거다'로 이어지는 환경부의 해명은 마치 양파껍질 벗기듯 끝이 없었습니다. 민관합동조사를 내건 지금도 '용출된다고 다 유해한 건 아니다'는 주장을 펴고 있으니까요.

목사님이 챙겨줬던 환사연, 화학시험연구원, 충남대 등에서 중금속이 검출 또는 용출됐다는 자료들에 대해 환경부는 '개인이나 교수, 민간기관이 조사한 자료는 믿을 수 없다, 국립환경과학원 자료가 가장 신빙성 있다'고 반박했습니다. 한 마디로 새빨간 거짓말이란 얘기죠. 그런데 이번엔 환경과학원 조사에서도 그동안 우리가 주장해 왔던 대로 결과가 나오니 다시 말이 바뀌었습니다. '조사과정에 문제가 있었다'고 말이죠. 결국 환경부가 내놓은 대책은 '조사할 때마다 결과가 달라지니 민관이 합동으로 조사해 보자'는 겁니다. 정부 말대로 개인, 대학교, 민간 연구소, 나아가 정부기관까지 똑같은 결과를 내놓았는데, 결국 하자는 것이 합동조사입니다. 정책실패를 쉽게 인정할 수 없기 때문에 빠져나갈 구멍을 만들어보자는 것이겠지요. 급기야 환경부는 언론중재위에 《문화일보》를 대상으로 조정신청을 냈지만 모두 기각당하고 말았습니다. 중재위의 결론은 "충분한 가능성이 있는 것에 대해 문제제기하는 것이 언론의 역할이며, 이를 시정할 책무를 지닌 곳이 정부"라는 것이었습니다. 이슈가 커지면서 국회 국정감사에서도 '쓰레기 시멘트' 문제는 중요하게 다뤄졌습니다. 장관 및 국장을 대상으로 한 우원식 의원의 질의가 빗발쳤고 1일 국정감사에서는 환경부가 자료를 조작했다는 문제까지 제기됐습니다. 당시 장관은 적절한 해명을 하지 못했죠. 급기야 환노위원장인 홍준표 의원까지 나서 장관을 나무라며 '쓰레기 시멘트' 문제에 대한 별도의 시간을 할애키도 했습니다. 결국 환경부는 '제로베이스에서 폐기물 정책을 검토해 보겠다'고 입장을 선회했습니다. 다만 민관합동조사라는 전제하에서. 기사에서 지적했던 것처럼 환경부는 결국 백기를 들었습니다. 앞으로 제대로 정책을 수립하고 개선해 나가는지 감시하는 일만 남았습니다. 물론 이 과정이 그리 쉬운 일은 아닐 테지만.

문제는 업계입니다. 시멘트 회사 입장에서 산업폐기물 정책에 제동이 걸리면 막대한 손실을 볼 수밖에 없습니다. 그렇기 때문에 업계에선 목사님의 문제제기에 대해 강력한 반발을 해온 것입니다. 한때 영업이익률 25퍼센트에 달하는 막대한 수익을 올렸던 시멘트 업계가 최근엔 건설경기 부진과 중국산 시멘트 등에 밀리면서 난항을 겪고 있죠. 엎친 데 덮친 격으로 8년간 조용했던 산업폐기물 문제가 불거지니 오죽 답답하겠습니까.

환경부 공무원들은 '개선'하라는 국회의원과 장관의 지시를 왜 '개악'으로 역행하는 것일까? 환경부 공무원들은 국민의 건강보다 시멘트 회사의 이익을 위해 왜 그토록 눈물겨운 노력을 하는 것일까?

그 이유를《한겨레》가 2006년 9월 15일자 '환경부, 시멘트 업계 '배려' 이유는'이라는 기사에서 환경부 폐기물정책 성공의 핵심열쇠가 시멘트 공장의 쓰레기 소각에 달렸기 때문이라고 강조했다. 앞으로 바다에 폐기하지 못해 발생할 음식물쓰레기 침출수와 하수오니 처리까지 시멘트 공장에 맡기려니 환경부가 시멘트 공장을 배려할 수밖에 없다는 것이다.

시멘트 공장에서 쓰레기로 시멘트를 만들면 환경부의 재활용 성과가 올라간다. 환경부에게 쓰레기 시멘트는 '소각'이 아니라 '재활용'으로 분류되기 때문이다. 자신들의 '재활용' 성과를 올리기 위해 국민의 목숨을 쓰레기 시멘트라는 도박판에 걸어놓은 환경부. 더 이상 쓰레기 시멘트 개선을 환경부에 맡길 수 없음이 명백해졌다.

7

골리앗과 맞선
다윗의 10년간의 싸움

우리 주위에는 개선해야 할 골리앗들이 많다.

내가 상대하기엔 너무 크고 어렵게 생각되더라도 쫄지 말고 맞서 보자.

작은 다윗이 거대한 골리앗을 무너뜨렸듯이

당신도 세상을 변화시키는 다윗이 될 수 있다.

환경부의 거짓 기자회견에 맞장 뜨다(2008년 6월)

2008년 6월 30일, 드디어 결전의 날이 밝았다. 환경부가 지난 8개월여의 민관협의회 조사결과를 발표하는 날이다. 나는 환경부가 어떤 내용을 발표할지 잘 알고 있었다. 미리 짜놓은 각본대로 '시멘트는 안전하다'고 할 것이다. 민관협의회는 그저 불리한 여론을 피해가기 위한 수단에 불과했다.

만약 '민관협의회 조사결과 시멘트는 안전하며, 그동안의 쓰레기 시멘트 유해성 논란은 오해에 불과했다'고 환경부가 발표하면, 모든 언론이 그대로 받아쓸 것이 분명했다. 그냥 구경만 할 순 없었다.

자료들을 챙겨 정부종합청사 환경부 기자실로 달려갔다. 나는 그저 일개 시민에 불과했지만 겁날 게 없었다. 쓰레기 시멘트의 진실을 증명할 자료를 가지고 있었기 때문이다.

환경부 직원들보다 조금 일찍 도착해 환경부 출입 기자들과 인사를 나눈 뒤 기자실 입구에서 환경부 직원들을 기다렸다. 잠시 후 정연만 자원순환국장과 직원들이 우르르 밀려왔다. 즐거운 표정으로 기자실을 향해 들어오던 정연만 국장은 나를 보고 당황했다. 웬일이냐는 질문에 나도 브리핑하러 왔다며 기자실로 들어가 자리에 앉았다.

내가 기자실에 앉자 환경부에서는 발표를 하지 못하고 머뭇거리기만 했다. 잠시 뒤 정연만 국장은 내게 먼저 발표를 하라고 말을 꺼냈다. 아니다. 오늘의 주인공은 환경부다. 당연히 환경부가 먼저 발표하는 게 도리에 맞다. 그리고 적과의 싸움에서는 먼저 말하는 자가 불리하다. "오늘은 환경부 기자회견이니 환경부에서 먼저 하는 게 당연하죠."

나는 이렇게 말하며 사양했다. 정연만 국장은 재차 내게 먼저 발표하라고 권하더니 정성껏 준비해 온 자료를 발표하지 않고 계속 미적거렸다. 한참의 시간이 지났다. 정연만 자원순환국장은 나에게 나가달라고 요청했다. 나는 단칼에 거절했다. '시멘트가 안전하다'는 자신들의 주장이 옳다면, 일개 시민에 불과한 내가 있다고 발표하지 못할 이유가 없었다. 나는 버티고 앉아 있었다.

환경부 국장이 발표는 하지 않고 나에게 먼저 발표를 하라고 했다가는 나가달라고 하며 실랑이를 계속하자 환경부 출입 기자들이 중재안을 내놓았다. 내가 잠시 밖에 나가 있는 동안 환경부가 먼저 발표하고, 그후 내 반론을 듣겠다는 것이었다. 기자들의 중재안을 거절할 수는 없었다. 내가 계속 앉아 있으면 환경부의 기자회견이 아예 진행되지 못할 터였다.

잠시 환경부 기자실 문 밖에 앉아 있었다. 환경부의 기자회견은 오래 걸리지 않았다. 잠시 뒤 문이 열리며 고개를 푹 숙이고 나온 정연만 국장을 따라 환경부 직원들이 몰려나갔다. 도망치듯 몰려가는 그들을 바라보니 그저 웃음만 나왔다.

이번에는 내가 기자실에 들어가 시멘트가 안전하다는 환경부의 주장을 조목조목 반박했다. 그리고 증거를 보여주었다.

환경부의 항복문서 |

그동안 국내 시멘트에 발암물질 6가크롬이 외국 시멘트에 비해 다량 포함되었다는 여러 조사결과들이 있었다. 시멘트에 발암물질이 많다는 것은 쓰레기 시멘트를 허가한 환경부의 책임이다. 그러다 보니 환경부는 책임회피를 위한 말 바꾸기를 계속했다. 그리고 환경부 거짓말의 최종 도착지는 제대로 된 시멘트 조사방법이 없었다며, 시멘트의 안전성 검증을 위한 민관협의회를 구성하자는 것이었다.

시멘트의 유해성을 책임지지 않으려는 환경부의 논리는 참으로 괴상했다. 환경부는 공인된 분석방법으로 분석했는지만 따지며 발암물질이 많이 검출되는 국내 쓰레기 시멘트에 대한 책임을 회피했다. 사실 실험 방법의 차이는 중요한 문제가 아니다. 동일한 방법으로 분석했을 때 외국 시멘트에 비해 국내 시멘트에서 유해물질이 많이 검출되면, 그 국내 시멘트가 유해한 게 맞다. 분석방법을 문제 삼을 게 아니라, 같은 분석방법을 통해 왜 국내 시멘트에서만 유독 발암물질이 많이 검출되는지를 문제 삼아야 한다. 그럼에도 달은 보지 않고 달을 가리키는 손가락만 문제 삼는 환경부를 나는 믿을 수 없었다. 시멘트 공장의 이익을 위해 일하는 것 같아 보이는 환경부의 시멘트 분석결과만 바라보고 있을 수 없었다.

그래서 전국의 시멘트 공장을 돌며 시멘트를 구입해 그 시료를 대한민국 최고의 공인기관인 요업기술원과 한국화학시험연구원에서 환경부가 공인한 방법으로 분석했다. 결과는 충격적이었다. 환경부가 주장하는 안전기준 20ppm의 4배에 이르는 77ppm과 73ppm이 검출된 것이다. 도저히 사람이 살 집을 짓는 시멘트라고 할 수 없었다.

환경부가 기자실에서 발표하기 두 달 전인 2008년 4월 29일, 제6차 민관협의회 회의에서 환경부는 국내 시멘트 조사 결과 발암물질 6가크롬이 모두 기준치인 20ppm 이내로 안전하다고 발표했다. 이날 나는 환경부의 발표를 반박했다. 공인된 기관에서 공인된 분석방법으로 조사한 결과, 환경부 기준의 4배 가까운 분석 결과를 참석한 민관협의회 위원들에게 공개했다. 국내 쓰레기 시멘트가 안전하다는 환경부의 주장을 깨트려버린 통쾌한 순간이었다.

쓰레기 시멘트 유해성 논란 이후, 환경부가 시멘트를 한 번 검사해서 기준치 이내의 결과가 나왔다고 지난 10년간 생산된 시멘트가 모두 안전하다고 장담할 수 있을까? 결국 나는 모든 시멘트가 안전한 게 아니라는 환경부의 항복문서를 받아냈다. 민관협의회의 보고서에 다음과 같이 잘 나와 있다.

제6차 시멘트 소성로 관리개선 민·관협의회 결과 보고

• 회의 개요

- 일시/장소: 2008. 4. 29. 환경부 1층 회의실

- 참석: 자원순환국장 등 20명

• 주요 논의 결과

(…)

2. 시멘트 등 중금속 민관합동 조사 결과

(…)

- 시멘트는 시료채취 방법이나 시기 등에 따라 측정값에 차이를 보일 수 있으므로 동 조사 결과만을 가지고 과거 분석이 잘못되었다거나 앞으로 생산되는 시멘트가 모두 안전하다고 일반화시키는 것은 곤란.

- 따라서 금번 조사 결과는 추가적인 해석 없이 민관협의회에 설명한 분석 내용을 그대로 언론에 발표.

환경부는 자신들이 한 번 조사한 결과가 안전하다고 해서 발암물

질이 많이 검출된 이전 조사 결과가 잘못된 것이거나 앞으로 만들어
질 시멘트가 모두 안전한 건 아니라고 시인했다. 너무도 상식적이고
당연한 이야기였다.

만약 내가 맡긴 시멘트 분석에서도 모두 기준치 이내의 발암물질
이 검출되었다면 어떻게 되었을까? 환경부는 발암물질이 많다는 이
전의 검사 결과가 모두 잘못된 것이고, 쓰레기 시멘트가 유해하다는
주장은 근거 없는 것이라고 몰아붙였을 것이다. 그러나 내가 연구기
관에 맡긴 시멘트에서 기준치의 4배에 이르는 발암물질이 검출됨으
로써 환경부는 더 이상 쓰레기 시멘트의 유해성을 시치미 뗄 수 없
었다. 시멘트 분석 결과 하나가 얻어낸 값진 승리였다.

거짓 보도자료 |

환경부 기자실에서 나를 본 환경부 직원들은 왜 사색이 되었을
까? 왜 내게 기자실에서 나가달라고 했을까? "도둑이 제 발 저린다"
는 옛말처럼, 내 앞에서 시멘트가 안전하다는 거짓말을 할 수는 없
었기 때문이다.

환경부는 제6차 민관협의회 결과 보고서에서 시멘트가 모두 안
전한 건 아니며, 자신들의 시멘트 분석 결과를 추가적인 해석 없이
발표하겠다고 약속했다. 그러나 2008년 6월 30일에 환경부가 배포
한 보도자료는 민관협의회 보고서와 너무도 달랐다. "시멘트 소성

로에 대한 환경관리 강화로 시멘트 유해성 논란 해소"라며 시멘트가 안전하다고 발표하려 한 것이다.

언론을 통해 쓰레기 시멘트가 안전하다고 국민에게 알리려던 환경부의 계획이 수포로 돌아갔다. 환경부 주장과 달리 발암물질이 가득한 증거를 내가 제시해 버렸으니 어느 언론도 환경부의 발표를 그대로 보도할 수는 없었다. 그날의 유일한 방송은 SBS 〈8시 뉴스〉뿐이었다. 그것도 환경부 발표에 내가 반박하는 화면을 내보냄으로써 환경부의 입장을 곤란케 하는 뉴스였다.

만약 이날 내가 환경부와 맞서지 않았다면, '쓰레기 시멘트가 안전하다'는 환경부의 발표가 그대로 모든 방송과 신문에 보도되었을 것이다. 생각만 해도 끔찍한 일이다.

발표를 마치고 환경부 기자실을 나서기 직전, SBS 박수택 기자가 한 마디 던졌다. "오랜 기자생활 중에 일개 시민이 정부와 맞장 브리핑하는 건 처음 봅니다."

맞다. 나는 아무것도 아닌 일개 시민이다. 그러나 두려울 게 없다. 쓰레기 시멘트가 유해한 건 사실이니까. 가끔은 나처럼 겁 없는 다윗이 있어야 세상의 악을 조금이라도 개선해 나갈 수 있지 않을까? 비록 골리앗 환경부와 맞선 힘든 일이었지만, 큰 성과를 얻어낸 하루였다.

모든 노력이 수포로 돌아가다(2009년 9월)

쓰레기 시멘트 감사원 감사청구 국회 본회의 통과.

"땅, 땅, 땅." 2009년 1월 14일 오후 6시 11분, 놀라운 기적이 일어 났다. 쓰레기 시멘트에 대한 감사원 감사청구안이 국회 본회의를 통 과한 것이다. 그것도 국회의원 184명 출석, 182명의 압도적인 찬성 으로 쓰레기 시멘트 감사청구가 이루어진 것이다. 국회의원들이 한 목소리로 쓰레기 시멘트의 해악성을 성토하며 감사원의 감사를 요 구한 것은 그만큼 국내 시멘트의 유해성이 심각하다는 사실을 국회 의원들이 인식했기 때문이다.

국회 본회의가 열리기 이틀 전인 1월 12일, 환경노동위원회에서 쓰레기 시멘트 감사원 감사청구를 환경노동위원회 소속 의원 전원 일치로 채택했지만, 그래도 혹시 본회의 통과가 무산될까 가슴을 줄 였다. "환경부와 시멘트 업계의 로비가 있을 것이기 때문에 끝까지 마음 놓지 말고 대책을 잘 세워야 한다"고 국회의원 보좌관이 내게 당부했기 때문이다.

다음은 국회 본회의를 통과한 감사원 감사청구서 전문이다. 간결하면서도 대한민국 쓰레기 시멘트의 문제점 전체를 잘 요약했다.

시멘트 유해성 및 소성로 관리부실과
폐기물 반입 감독소홀 관련 감사청구안

제안연월일: 2009. 1. 12.

제안자: 환경노동위원장

• 주문

국회법 제127조의2의 규정에 의하여 감사원에 대하여 환경부의 시멘트 유해성 및 시멘트 소성로 관리부실 책임과 국외로부터 반입되는 석탄재를 비롯한 폐기물 감독소홀 책임에 대한 감사를 청구한다.

• 제안 이유

시멘트 제품에 대한 2006년 국립환경과학원의 조사결과 6가크롬이 중국, 일본 등 외국 시멘트 제품보다 50배까지 높게 검출되었고, 일부 시멘트 분석 시험에서는 중국 제품에 비해 170배까지 높게 검출된 바 있음.

이는 폐기물을 시멘트의 연료 및 부원료로 사용함에 있어 폐기물 사용기준이 설정되어 있지 않은 것에 기인하는 바, 이로 인하여 아토피 및 천식 등 환경성질환이 증가하고 있고, 전국의 건설 노동자들의 건강에 위해요소로 작용하고 있음.

시멘트 소성로 관리와 관련, 쓰레기 소각장의 일산화탄소 배출기준이 30ppm인데 불구하고 시멘트 소성로의 경우 1400ppm까지 나오는 등 인근 주민의 건강에 위험을 초래하고 있고, 이를 확인하기 위한 환경부의 주민건강영향조사도 불합리한 대조지역을 설정하는 등 문제점이 노출되고 있음.

그런데도 환경부는 현재까지 시멘트 제조 시 사용되는 폐기물의 사용기준을 설정하지 않고, 시멘트 제품에 대한 중금속 검출시험을 위한 공정 시험방법도 마련하지 않고 있으며, 소성로의 배출허용기준도 다른 소각시설에 비하여 매우 낮은 수준으로 설정하는 등 시멘트 제품 및 시멘트 소성로에 대한 관리가 부실한 실정임.

또한 시멘트 업계가 시멘트 연료 및 부원료로 사용하기 위하여 석탄재, 폐타이어 등을 일본 등 국외로부터 수입하고 있는 바, 인체에 위해를 줄수 있는 석탄재를 비롯한 폐기물을 국외로부터 수입함에 있어 감독이 철저하지 못한 실정임.

이에 국회법 제127조의2의 규정에 의하여 주문의 내용에 대한 감사원 감사를 실시하게 함으로써 환경부의 시멘트 유해성 및 시멘트 소성로 관리부실 책임과 국외로부터 반입되는 석탄재를 비롯한 폐기물에 대한 감독소홀 책임을 명백히 밝히려는 것임.

이 감사원 감사청구가 쉽게 얻어진 것은 아니다. 2008년 가을 환경부 국정감사는 의원들 스스로 쓰레기 시멘트 국감이었다고 말할 정도였다. 환경노동위원회의 절반에 가까운 의원들이 쓰레기 시멘트 문제를 집중 거론했기 때문이다.

국정감사를 앞두고 나는 국회의원들의 방을 돌며 환경부에 따져야 할 쓰레기 시멘트 관련 질의서와 자료를 만들어주었다. 심지어 국회의원이 환경부 국정감사 현장에서 사용할 증거 사진을 보드판에 붙여주기도 했다. 또 쓰레기 시멘트가 안전하다는 환경부의 논리를 깨트릴 시멘트 숟가락도 제작해 주었다. 국회의원들이 쓰레기 시멘트에 대해 집중 질의할 수 있도록 최선의 준비를 했다. 누가 내게 월급을 주는 것도 아니건만, 이 땅에서 자라는 아이들에게 건강한 터전을 만들어주겠다는 일념으로 열심을 다했다.

환경부 국정감사의 백미는 감사원 감사청구였다. 솔직히 감사원 감사청구까지는 생각하지 못했다. 그런데 환경부의 잘못을 조목조목 추궁하던 박준선 의원이 갑자기 추미애 환노위 위원장에게 감사원 감사를 청구했다. 환경부의 잘못이 너무도 심각했기 때문이다.

모든 걸 뒤엎은 4대강사업 |

감사원 감사청구가 국회 본회의를 통과했다고 모든 일이 끝난 건 아니었다. 어렵게 얻어낸 감사원 감사인만큼 쓰레기 시멘트가 개선될 수 있도록 좋은 결과를 이끌어내야 했다. 박준선 의원실에서 감

　　　　　　　　　　　7 골리앗과 맞선 다윗의 10년간의 싸움 |

사원 감사관과 쓰레기 시멘트 감사 방향에 대해 의견을 나누었다. 그리고 며칠 밤낮을 걸려 쓰레기 시멘트에 감춰진 문제점을 총 정리해 134쪽짜리 보고서를 만들었다. 비록 내가 쓴 자료였지만 국회의원의 이름으로 '폐기물 재활용 시멘트의 문제점 및 개선방안(쓰레기 시멘트의 올바른 감사를 위한 제언)'을 감사원에 제시했다. 감사 방향을 담은 보고서와 함께 86개에 이르는 방대한 증빙서류를 챙겨 담당 감사관에게 전달했다. 쓰레기 시멘트에 감춰진 문제를 빠짐없이 감사해 내기 위해서는 관련 자료가 필수였다. 증거자료가 있으면 감사원도 대충 넘어갈 수 없기 때문이다.

드디어 2009년 6월, 감사원의 감사결과가 발표되었다. 조목조목 쓰레기 시멘트 문제점을 지적해 냈다. 쓰레기 시멘트에 감춰진 문제를 밝힌 감사원의 감사결과는 훌륭했다.

그러나 힘들게 얻어낸 감사원 감사결과가 수포로 돌아가는 재앙이 발생했다. 감사원 감사결과 발표 직후인 2009년 가을, 이명박 전 대통령의 4대강사업이 시작되었기 때문이다.

2009년 6월에 감사원 감사가 발표되었으니 2009년 가을 국정감사는 당연히 쓰레기 시멘트를 종지부 찍는 감동의 시간이 될 줄 알았다. 그러나 국정감사에서 쓰레기 시멘트에 대해서는 단 한 마디도 나오지 않았다. 4대강사업이 시작되자 야당은 온통 4대강사업 문제만 따져 물었고, 여당은 4대강사업을 옹호하기에 바빴다. 2006년과 2008년 쓰레기 시멘트 참고인으로 나가 증언했던 나 역시 2009년 가을 국정감사에는 4대강사업 참고인으로 출석해 발언해야 했다. 4 대강사업은 환경부와 시멘트 공장들에게 구세주였다.

쓰레기 시멘트의 여론을 잠재운 이명박 전 대통령의 4대강사업은 녹조라떼로 끝이 났다. 이제 다시 쓰레기 시멘트를 끝내기 위한 제2라운드 싸움을 시작해야 한다. 어떤 경제성도 없는 쓰레기 시멘트, 시멘트 공장의 돈벌이를 위한 쓰레기 시멘트가 이 땅에서 사라지는 그날까지, 우리 아이들이 건강한 삶터에서 살 수 있는 그날이 올 때까지 이 싸움을 결코 멈추지 않을 것이다.

방송통신심의위원회를 한 방에 날리다 (2009년 1월~2012년 5월)

2012년 5월 3일, 두근거리는 가슴으로 서울고등법원 법정에 들어섰다. 드디어 판사가 판결문을 읽어 내려갔다.

"…방송통신심의위원회의 항소를 기각한다!"

아, 이 얼마나 놀라운 승리인가? 그동안 KBS, MBC 등의 방송국들도 방송통신심의위원회(이하 방통심위)의 무분별한 칼질에 당하기만 했다. 그런데 일개 시민에 불과한 내가 방통심위 대상으로 '대한민국 최초의 승소'라는 기적을 이뤄낸 것이다. 시멘트 공장 사장님들 덕분에 언론악법까지 막아내는 길을 열었다.

시멘트 기업의 하수인

내가 미디어 다음 블로그에 연재한 '쓰레기 시멘트' 기사들은 항상 미디어 다음의 톱뉴스로 세상을 떠들썩하게 했다. 그런 내가 시멘트 회사들에게 얼마나 미운 존재였을까? 드디어 시멘트 회사들이 내 입을 막기 위한 묘수를 찾아냈다. '권리침해제도'였다.

'다음'과 '네이버' 등 포털에 올라온 기사에 대해 허위라는 신고만 하면, 포털은 글의 진위에 상관없이 무조건 30일간 기사를 아무도 볼 수 없게 블라인드 처리한다. 그러나 30일 안에 허위사실을 증명해 내지 못하면, 블라인드 처리되었던 기사가 다시 살아난다.

시멘트 회사들은 내 기사를 영구 삭제할 방법이 필요했다. 마침 미네르바가 허위사실 유포 혐의로 구속되던 때였다. 시멘트 회사들은 '우리도 한번 해보자'며 2009년 1월 30일, 미디어 다음 블로그에 내가 쓴 쓰레기 시멘트 기사들이 허위사실이라고 방통심위에 영구 삭제를 요청했다.

시멘트 기업들은 방통심위에 55개의 내 기사를 영구 삭제하도록 요청했는데, 내 기사의 허위사실을 가리기 위함보다는 방통심위를 이용해 내가 쓴 모든 기사를 영구 삭제하기 위함이었다. 그러나 여론이 불리해지자 55개 중 40개를 취소하고 15개로 변경 신청했다.

방통심위 위원들은 그 15개의 기사 중 4건이 시멘트 기업의 명예를 훼손했다며 영구삭제 결정을 내렸다. 그런데 방통심위가 내 기사를 삭제한 근거가 참으로 옹색했다. 기사 내용 중 허위사실을 밝혀냈기 때문이 아니라 내가 기사에 사용한 '발암 시멘트'라는 표현이 시멘트 기업의 명예를 훼손했다는 것이다. 기사의 전체 맥락이 아니라 용어 하나를 꼬투리 잡아 국민 건강에 직결된 공익적 문제를 제기한 기사 전체를 삭제한 방통심위의 결정에 실소가 터져 나왔다.

내 기사가 결코 명예훼손이 될 수 없음은 이미 대법원 판례(2008. 2. 14. 선고 2005다75736)에 잘 나와 있다. "어떤 표현이 타인의 명예를 훼손하더라도 그 표현이 공공의 이해에 관한 사항으로서 '그 목적이 오로지 공공의 이익을 위한 것'일 때에는 그 내용이 '진실한 사실'이거나 행위자가 그것을 '진실이라고 믿을 상당한 이유'가 있는 경우에는 위법성이 없다고 할 것이다."

대법원 판례에 이미 명예훼손이 아니라고 잘 나와 있음에도 불구하고 기업의 하수인으로 전락한 방통심위 위원들은 표현 하나를 꼬투리 잡아 내 기사를 삭제했다.

나는 정보공개 신청을 통해 방통심위의 회의록을 살펴보았다. 〈개그콘서트〉보다 더 웃겼다. 시멘트가 어떻게 만들어지는지도 모르는 이들이 내 기사를 심의하는 코미디가 벌어진 것이다. 게다가 내 글을 삭제 결정한 이유가 놀라웠다. 방통심위 박명진 위원장(서울대학교 교수)이 "국민의 건강이라는 공익도 있지만, 시멘트 기업이 수출도 하는 중요한 사업"이라며 내 기사를 영구 삭제토록 한 것이다.

시멘트 회사들이 얼마나 많은 수출을 하기에 쓰레기 시멘트가 국민 건강보다 중요한지 수출내역을 찾아보았다. 2011년 시멘트 수출액은 2억 달러였다. 그리고 같은 해 대한민국의 누적 수출액은 5150억 달러였다. 시멘트는 전체 수출액 중 고작 0.4퍼센트에 불과했다. 방통심위 위원장 눈에는 0.4퍼센트의 수출액이 너무 중요해 국민들이 발암물질 가득한 시멘트 안에 살아야 하는 문제는 안중에도 없었다.

이의신청을 했지만 아무 소용없었다. 그렇다고 포기할 나도 아니었다. 방통심위의 잘못된 권력남용을 그대로 넘어갈 순 없었다. 언론인권센터 공익소송의 도움을 받아 두 건의 소송을 제기했다. 민변 회장을 역임한 장주영 변호사를 통해 서울행정법원에 방통심위의 행정처분 취소소송을, 권정 변호사를 통해 손해배상소송을 제기했다.

2009년 2월 11일, 서울행정법원은 아주 뜻 깊은 승소판결을 내렸다. 내 기사를 삭제한 방통심위의 심의가 잘못되었다는 판결은 너무도 당연한 결과였다. 이날 판결이 더욱 의미 있었던 것은 방통심위를 '행정청'으로 판결했다는 사실이다. 그동안 방통심위는 인터넷 게시글 삭제뿐만 아니라 광우병 쇠고기 문제를 다룬 MBC 〈피디수첩〉과 천안함 침몰사건을 방영한 KBS 〈추적60분〉 등 정부에 불리한 내용들에 대해 무조건 칼질을 해왔다. 그러면서 자신들은 행정청이 아니라 그저 민간기구이고, 그래서 자신들의 결정은 권고에 불과한 것이라며 그 어떤 책임도 지지 않는 꼼수를 썼다.

그러나 서울행정법원은 방통심위가 그들의 심의에 대해 책임을 져야 하는 '행정청'이라는 분명한 판결을 내렸다. 발등에 불이 떨어진 방통심위는 항소했다. 그러나 서울고등법원은 2012년 5월 3일 방통심위의 항소를 기각했다. 대법원에 올라가도 질 것이 뻔하자 방통심위는 항고를 포기했다. 3년 4개월간의 긴 싸움이 끝난 것이다.

내 돈을 압류하겠다고? |

등기 우편물이 왔다. 방통심위로부터 소송비용을 배상하라는 독촉 통지서였다. 압류하겠다는 협박성 최고장이 벌써 일곱 번째였다. 심지어 언제 돈을 낼 거냐는 협박성 전화까지 왔다. 방통심위 관계자에게 두 가지 대답을 했다. "방통심위 위원장이 내게 공개적인 사과를 하면 한번 생각해 보겠다. 그렇지 않으면 나는 절대 소송비용을 물어줄 마음이 없으니 내 통장에서 압류해 가든지 마음대로 하라."

방통심위가 내게 소송비용을 물어내라고 최고장을 계속 보낸 이유가 있다. 그동안 나는 방통심위에 손해배상을 하라는 민사소송과 잘못된 행정을 취소하라는 행정소송, 이 두 가지 소송을 진행했다. 사실 어울리지 않는 소송이었다. 한 가지를 이기면 한 가지는 질 수밖에 없기 때문이다. 그러나 민사소송에서 승소할지 행정소송에서 승소할지 몰라 두 가지 다 진행해야 했다.

행정처분 취소소송이 3년 넘는 긴 시간을 끄는 동안 손해배상소송은 내가 패소했다. 방통심위가 기사 삭제라는 행정처분을 한 것이기에 배상할 필요가 없다는 이유였다. 이에 방통심위가 손해배상 소송으로 인한 법적 비용을 내게 청구한 것이다. 내 기사가 삭제된 것도 억울한데, 그들에게 돈을 물어줘야 할 이유가 없었다. 그러니 계속 날아오는 독촉장에 겁먹을 필요도 없었다.

손해배상소송은 어차피 패할 싸움이었다. 그러나 행정처분 취소소송의 승소라는 멋진 승리가 기다리고 있었다. 드디어 서울고등법원이 내 손을 들어주었다. 방통심위의 항소를 기각한 것이다. 이 소송이 헌법재판소까지 돌아오느라 3년이 넘는 긴 시간이 걸렸다.

이제 그동안 압류 운운하며 소송비용을 물어내라고 나를 괴롭힌 방통심위에 내가 보복해 줄 차례였다. 장주영 변호사가 행정소송 비용에 대한 배상을 방통심위에게 청구하자고 제안했다. 민사소송 비용과 행정소송 비용 중 누가 남는 장사였을까? 그동안 방통심위로부터 3년간 압류 통지서를 받은 민사소송 비용은 84만 원이고, 내가 방통심위에서 받을 행정소송 비용은 732만 원이었다.

행정소송 소송비용 확정판결 소식을 받고 방통심위에 전화했다. 법무팀 담당자는 그동안 죄송했다며 732만 원에서 자신들이 받아야 할 84만 원을 뺀 나머지 금액 648만 원을 보내주겠다고 했다. 그러면서 한 마디 덧붙였다.

"목사님, 지금처럼 환경운동 열심히 해주세요."

하하하. 방통심위와의 싸움을 종지부 찍는 즐거운 한 마디였다. 시멘트 기업들이 2009년 1월 방통심위에 신고한 싸움이 2012년 5월에 끝났으니, 약 3년 4개월의 길고 긴 과정이었다. 그동안 무소불위의 권력으로 국민의 입과 귀를 막아온 방송통신심의위원회를 상대로 대한민국 최초의 승소를 한 것만도 큰 일이었는데, 소송비용까지 배상받으니 즐거움이 배가 되었다. 아무리 힘없는 개인이라도 결국 진실이 승리한다는 것을 보여준 쾌거였다.

대한민국 검사를 변호사로 고용하다(2009년 가을)

드디어 올 것이 왔다. 서울 강남 수서경찰서에서 조사를 받으러
나오라는 통지서가 왔다. 담당 형사와 통화했다. 동양시멘트주식회
사 외 7개 시멘트 회사 사장들이 나를 서울중앙지검에 고소했고, 사
건 조사가 수서경찰서에 배당되었다는 것이다.

아무것도 아닌 한 개인을 무려 여덟 개 시멘트 회사가 힘을 합해
검찰에 고소하다니! 내가 그들에게 그토록 무서운 사람이었나보다.

검찰에 그들이 나를 고소한 죄목을 보니, 쓰레기 시멘트가 아토
피를 일으킨다는 등의 허위사실을 유포해 시멘트 회사의 명예가 훼
손되었다는 것이다. 나로 인해 명예가 훼손되었다고? 명예를 아는
분들께서 쓰레기 처리비를 벌기 위해 그토록 쓰레기에 연연하셨단
말인가? 명예를 소중히 여기는 분들이 중국산보다도 발암물질이 많
은 시멘트를 만들어왔단 말인가? 진짜 명예를 아는 분들이었다면

진작 스스로 개선 좀 하시지, 왜 일개 시민인 내가 개입할 때까지 방치해 왔을까?

시멘트 공장에서 날아온 협박은 이게 처음이 아니었다. 미디어 다음에 블로그를 만들어 쓰레기 시멘트의 유해성을 보도하기 시작하자, 무시무시한 내용증명이 날아왔다.

> 귀하는 2005년부터 시멘트 산업의 재활용 가능한 폐기물인 순환자원 사용에 대해 의도적으로 인체에 유해하다는 왜곡·과장되고 악의적인 주장을 유포하였으며, 일부 언론에서 이를 정확한 사실관계 확인 없이 보도하도록 유도, 국민들을 불안감에 떨게 하였습니다.(…) 귀하께서는 일반 국민들을 자극하고 선동하는 일체의 행동을 즉각 중지하여 주실 것을 요청하는 바입니다. 귀하께서 현재와 같은 활동을 계속하는 경우, 귀하에 대하여 형사고발 및 손해배상청구 등 가능한 모든 법적 조치를 취할 수밖에 없음을 엄중 경고하여 두는 바입니다.

여덟 개 시멘트 회사들이 힘을 합해 나를 형사고발하고 손해배상청구를 하면 어떻게 될까? 내가 가진 것을 다 털어도 그들의 손해배상 청구액을 감당할 수 없으리라. 그렇다고 협박에 겁먹고 내 걸음을 멈출 수는 없었다. 쓰레기 시멘트는 우리 아이들을 고통으로 몰아가는 사회악이라는 분명한 확신이 있었기 때문이다.

국가 기간산업이라는 미명하에 정부의 비호를 받아온 시멘트 기업들과의 싸움을 시작하면서 형사고발과 손해배상 협박은 처음부터 각오한 바였다. 그래서 "시멘트 공장 사장님들, 자신 있으면 얼마든지 저를 형사고발하십시오. 또 나로 인해 얼마나 손해를 보았는지 손해배상 청구서도 자세한 내역을 정리해 보내주십시오"라고 했다.

협박성 내용증명이 날아온 뒤에는 잠잠했다. 협박은 했지만 손해를 증명할 자신이 없었을 것이다. 그리고 한참의 시간이 지난 2009년 가을의 어느 날, 그들은 최후의 수단으로 나를 서울중앙지검에 고소했다. 경찰서에 조사를 받으러 나오라는 통지서를 받아 든 순간, 겁나진 않았다. 다만 사람들의 건강을 위해 옳은 일을 한 것뿐인데 마치 죄인처럼 조사받기 위해 경찰서와 검찰청을 들락거려야 하는 귀찮은 일이 생겼다는 생각이 들었다.

수서경찰서 담당 형사에게 "내가 안양에 사는 관계로 거리가 머니 사건을 안양으로 이첩해 달라"고 요청했다. 한 달여의 시간이 흘러 수원지방검찰청 안양지청으로 사건이 이첩되었다.

드디어 안양경찰서로 조사를 받으러 갔다. 그동안 환경 지키는 일을 하며 주모자로 찍혀 경찰서와 검찰청, 그리고 법원에 불려다닌 게 한두 번이 아니어서 큰 염려가 되지는 않았다. 그동안 내가 쓴 쓰레기 시멘트 글엔 단 하나의 거짓이 없으니 두려울 게 없었고, 변호사의 도움을 구할 필요도 없었다. 거짓말은 시멘트 공장들이 하고 있으니 나는 증거자료들을 챙겨 수사에 당당하게 임하면 될 뿐이었다.

동양시멘트, 쌍용양회, 한일시멘트, 성신양회, 한라시멘트, 현대시멘트 등 쟁쟁한 기업들이 대형 로펌 변호사를 고용해 일개 개인인 나를 고발했다. 그러니 담당 형사가 나를 범죄인 취급하며 위압적으로 조사를 시작한 것은 너무도 당연했다.

담당 형사의 반전

그런데 시멘트 기업들이 고발한 내용에 따라 협박하듯 취조하던 형사의 태도가 조금씩 달라졌다. 자신이 생각했던 것과 너무 달랐기 때문이다. 내가 하나씩 내미는 증거자료들 앞에서 오히려 담당 형사가 충격을 받았다. 그리고 마침내 그의 태도가 180도 달라졌다. 눈을 반짝이며 내게 의외의 말을 꺼냈다.

"자료들을 보니 그동안 많은 언론과 국회와 감사원과 법원까지도 목사님의 손을 들어주었는데, 그럼에도 이렇게 개선이 되지 않았다면 이건 토착비리가 있는 건 아닐까요? 제가 경제통으로 계좌추적이 전공입니다. 혹시 제가 조사 한번 해볼까요?"

정말 놀라운 반전이었다. 나는 조사받던 경찰서에서 '하하하' 웃고 말았다. 조금 전까지 나를 죄인 취급하며 조사하던 형사가 이제 반대로 시멘트 공장과 환경부 공무원들의 토착비리가 있는지 조사해 보겠다는 것이다.

조사를 마치고 집에 돌아와 시멘트 업계와 환경부의 의심 가는 내용을 정리해 담당 형사에게 넘겨주었다. 그러나 안타깝게도 경찰서 상부에서 계좌추적 허가가 나지 않아 담당 형사가 말하던 토착비리 여부를 조사하지는 못했다. 비록 토착비리 조사가 이뤄지지는 못했지만, 안양경찰서의 담당 형사는 내가 허위사실로 시멘트 공장의 명예를 훼손했다는 것에 아무 혐의가 없다는 수사 보고서를 검찰에 올렸다. 이렇게 시멘트 공장의 고소 건은 다 끝난 걸로 알았다. 그런데 며칠 뒤 경찰서에서 전화가 왔다. 검찰에서 재수사 지시가 내려왔다는 것이다. 그것도 시멘트 공장 관계자와 대질신문을 하라고 했다는 것이다. 시멘트 회사가 고용한 로펌의 변호사가 수시로 전화를 해 귀찮게 한다는 말도 덧붙였다.

쓰레기를 처리하며 많은 돈을 번 시멘트 기업들은 대형 로펌의 변호사를 고용했지만, 가난한 나는 변호사를 살 돈이 없었다. 게다가 내 사건을 다뤄주는 언론 하나 없었다. 나를 변호해 줄 변호사가 없어도, 이 억울한 일을 세상에 알려줄 언론이 없어도 상관없었다. 내겐 저들의 거짓을 증명할 진실이 있었고, 이 일을 하라고 내 등을 떠밀며 그동안 나를 지켜주신 하나님이라는 최고의 백이 있었기 때문이다. 또 언론이 도와주지 않아도 나 스스로 1인 미디어가 되어 세상을 바꿔왔으니 염려하지 않았다. 혼자였지만 결코 외롭지 않았다.

경찰서에 다시 불려갔다. 이번엔 혼자가 아니었다. 내 곁에 시멘트 공장 관계자가 앉아 있었다. 검사가 지시한 대질신문을 위해 하루 종일 시멘트 공장 관계자의 허망한 소리를 들어줘야 했다. 그러나 대질신문을 한다고 진실이 거짓으로 바뀔 리 없었다. 담당 형사의 수사 결과 역시 무혐의였다.

검찰의 불기소이유통지서 [1]

대질신문을 통한 재조사에서도 무혐의로 올라오자, 이번엔 검찰이 직접 조사하겠다고 나섰다. 검찰청으로 출두하라고 통지가 왔다. 검찰청에서 아침부터 저녁까지 이틀을 조사받았다. 여전히 거짓말만 해대는 시멘트 공장 관계자를 곁에 끼고 말이다.

시멘트 재벌과 대형 로펌 변호사의 압력을 받는 검찰이었지만, 세상에서 제일 큰 하나님 백을 가진 나를 어쩌겠는가? 내게는 이미 많은 언론과 국회와 감사원에서 시멘트 공장의 잘못을 지적한 자료들이 넘쳐났다. 아무리 권력과 재벌의 하수인으로 전락한 검찰이라지만, 내게는 그들도 어쩌지 못할 명백한 자료들이 있었다.

여기에 검찰도 꼼짝 못할 선물이 하나 더 있었다. 시멘트 공장이 내게 안겨준 아주 큰 선물이었다. 방송통신심의위원회 건으로 법원에서 내가 승소한 사건이었다.

시멘트 공장 사장님들이 방송통신심의위원회에 내 글을 삭제 요청한 것이 결정적 패착이었다. 방통심위가 내 글 중 일부가 명예훼손이라며 시멘트 공장의 손을 들어주었는데, 그게 바로 시멘트 공장이 자기 무덤을 판 꼴이 된 것이다. 이미 언론과 국회, 감사원이 내가 옳다고 했다. 더욱이 검찰의 상급 기관인 법원에서 쓰레기 시멘트라는 동일한 사안을 두고 내 손을 들어준 상태였다. 그러니 만약 검찰이 나를 기소하면, 검찰 스스로 시멘트 기업의 하수인임을 세상에 공표하는 꼴이 되는 것이다.

검찰도 그 정도는 계산할 줄 알았다. 검찰 역시 나를 '혐의 없음'으로 사건을 종결지었다. 기세등등하던 검찰이 왜 나를 기소하지 않았는지 '불기소이유통지서'를 신청했다.

하하하. 세상에 나를 변호해 줄 변호사가 여기 숨어 있었군. 검찰의 불기소이유통지서를 읽는 내내 웃음이 떠나지 않았다. 검찰의 불기소이유통지서는 시멘트 기업들의 고소내용에 대해 검찰이 조목조목 반박하며 명예훼손이 아니라고 답을 달아놓은 것이었는데, 그 답변 내용이 대한민국의 어떤 변호사보다 훌륭했다. 검사가 내 변호인이 되어 해명한 마지막 대목은 특히 통쾌했다. 시멘트 공장 사장님들은 시멘트가 아토피의 원인이라는 근거가 없는데 내가 시멘트가 아토피의 원인이라는 허위사실을 유포했다고 고소했다. 그러나 내 변호인이 된 검사는 "시멘트와 아토피 피부병 사이에 현재까지 과학적으로 아무런 인과관계가 밝혀진 바 없으므로 역으로 피의자(최병성)의 주장이 완전히 허위라고 주장할 수 없다"고 답했다.

시멘트가 아토피의 원인이라는 근거가 없듯이, 시멘트가 아토피의 원인이 아니라는 근거도 없다. 따라서 쓰레기 시멘트가 아토피의 원인이라는 내 주장이 허위가 아니라는 검사의 변론은 얼마나 명쾌

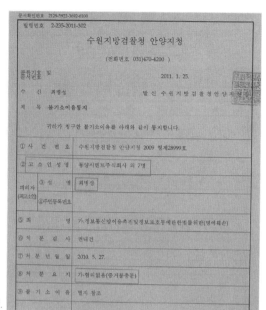

문서확인번호 2129-5922-3692-6100

발행번호 2-235-2011-302

수원지방검찰청 안양지청

(전화번호 031)470-4200)

분류기호 및

2011. 1. 25.

수 신 최병성

발신 수원지방검찰청안양지청

제 목 불기소이유통지

귀하가 청구한 불기소이유를 아래와 같이 통지합니다.

① 사 건 번 호	수원지방검찰청 안양지청 2009 형제28999호
② 고 소 인 성 명	동양시멘트주식회사 외 7명
피의자 ③ 성 명	최병성
(피고소인) ④주민등록번호	
⑤ 죄 명	가.정보통신망이용촉진및정보보호등에관한법률위반(명예훼손)
⑥ 처 분 검 사	권내건
⑦ 처 분 년 월 일	2010. 5. 27.
⑧ 처 분 요 지	가.혐의없음(증거불충분)
⑨ 불 기 소 이 유	별지 참조

수원지방검찰청의 불기소이유통지서.

한가! 아무리 많은 돈을 쥐도 이렇게 훌륭한 변호사를 구하지 못할 것이다. 나는 부자다. 나를 변호해 주는 변호사로 대한민국 검사를 고용했으니 말이다.

이제 쓰레기 시멘트 공장 사장님들께 한 가지 부탁한다. '시멘트 안에 유해물질이 아무리 많아도 굳으면 안 나온다'는 망상으로 온 국민을 고통으로 몰아가지 말고, 대형 로펌의 변호사를 살 돈으로 쓰레기 시멘트가 아토피를 일으키는 원인이 아니라는 조사를 해보 시라. 그 확실한 근거를 내게 가져오면 바로 그날로 나는 쓰레기 시 멘트 논쟁을 끝내겠다.

정작 손해배상을 청구해야 할 사람은 시멘트 공장 사장님들이 아니라, 쓰레기 시멘트에 속아 살아온 국민들과 쓰레기 시멘트를 매일 만지는 180만 건설 근로자들이다. 이뿐 아니라 시멘트 공장의 분진으로 인해 진폐증에 걸리고 호흡기질환으로 고통당하는 시멘트 공장 주변 주민들이다. '적반하장'이란 속담은 이런 경우를 두고 하는 말이다.

이렇게 하면 좀더 건강한 집이 된다

현대인들은 인류 역사상 가장 넓고, 가장 비싸고, 가장 편안한 집에서 살아간다. 그러나 거주공간이 더 크고 편리해진 것과 반대로 가족의 건강을 위협하는 병든 집이 되었다. 방사능과 라돈가스, 그리고 발암물질 등 우리의 몸을 병들게 하는 집 안의 유해물질은 다양하다. '집'을 이루는 대부분의 건축자재들이 쓰레기를 재활용해 만들어지고 있으며, 그 안전기준 또한 미비하기 때문이다.

때문에 사람이 집 안에 오래 머물수록 쉼과 회복이 되기보다 병들어 간다. 그 이유가 무엇일까? 방사능에 오염된 고철로 만든 철근, 온갖 쓰레기로 만든 시멘트, 비료를 빼내고 남은 찌꺼기로 만들어 라돈가스가 나오는 석고보드, 액상 폐기물을 재활용해 만든 콘크리트 혼화제. 이것이 오늘날 우리 가족이 살고 있는 비싼 집의 맨얼굴이다.

집 안을 장식하는 가구 역시 사람의 건강을 공격하는 유해물질을 내뿜고 있다. 톱밥에 접착제를 섞어 고온·고압으로 쪄서 만든 가공목재로 가구가 만들어지기 때문이다. 이때 사용하는 접착제인 포름알데히드가 우리의 몸을 좀먹고 아토피를 유발한다. 단위면적당 포름알데히드 방출량에 따라 등급이 매겨지는데, 0.3mg/L 이하면 'SE0', 0.3~0.5mg/L이면 'E0', 0.5~1.5mg/L이면 'E1' 등급이다. 유럽연합EU은 약 0.4mg/L 이하인 목재만 실내 가구용으로 허용하는데, 우리나라는 규제가 아직도 미약해 유해물질 내뿜는 저급한 가구가 온 집 안에 자리 잡고 있다. 집의 가구란 우리가 구입하는 장롱과 책상 등만을 의미하지 않는다. 건설사가 이윤을 좀더 남기기 위해 포름알데히드 내뿜는 저급한 목재를 사용해 만든 문틀과 문짝과 주방용품 등을 모두 포함한다.

시멘트를 벗어날 수 없다면 불편함을 감수하라 |

사람을 병들게 하는 위험한 주거공간으로부터 가족의 건강을 지키는 방법은 무엇일까? 가장 좋은 해결책은 시멘트에서 벗어나는 것이다. 흙, 나무, 시멘트 중 인체에 가장 나쁜 영향을 미치는 건축재료가 시멘트다. 그러나 도시에 살아가는 현대인들이 시멘트를 벗어나는 것은 불가능하다. 그렇다면 시멘트 안에 살 수밖에 없는 현실에서 가족의 건강을 지키는 방법을 찾아보자.

많은 이들이 집을 고르는 제일의 선택기준으로 교통의 편리함을 꼽는다. 그러나 교통이 편리한만큼 공기가 나쁘다는 것은 별로 생각하지 않는다. 교통의 편리함 때문에 분진과 매연 가득한 도심 아파트에 사는 것은 어리석은 일이다. 아파트 실내공기도 나쁜데 외부 공기가 더 나쁘니 환기를 포기하고 공기청정기를 돌린다. 그러나 창을 열고 자연의 맑은 공기를 마시는 것과 비교할 수 없다. 집안의 라돈가스 등은 공기청정기로 제거할 수 없기 때문이다.

많은 이들이 맑은 공기의 중요성을 별로 생각하지 않는다. 인간이 하루 24시간 가장 많이 먹는 것은 밥이 아니라 공기다. 맑은 공기가 건강에 미치는 영향은 아주 크다. 집 안과 밖의 공기가 오염되었으니 우리 몸이 병들어 가는 것은 당연하다. 가족의 건강을 원한다면, 조금 불편을 감수하고서라도 숲이 가까운 곳에서 사는 것이 좋다. 맑은 공기를 숨 쉴 수 있다는 것뿐만 아니라 창을 통해 녹색을 바라보는 것만으로도 건강에 도움이 되기 때문이다.

많은 사람들이 집 안에서 발생하는 방사능을 우려한다. 집 안에서 방사능이 나오는 것은 분명한 사실이다. 놀랍게도 집 안의 방사능이 집 밖이나 콘크리트가 적은 대형마트 건물보다 두 배 높다. 그러나 방사능 때문에 너무 걱정하지 않아도 된다, 대부분 0.3마이크로시버트 이내이기 때문이다. 앞으로 더 많은 사례를 조사해 봐야 하지만, 건강이 우려되는 방사능 높은 아파트는 아주 예외적인 사건이었다.

방사능 논란이 일자 다행스럽게도 건설사마다 방사능 측정기를 구입해 신축되는 아파트의 안전을 조사하는 추세다. 그래도 지금 내가 살고 있는 아파트의 방사능 수치가 우려된다면, 주변에 휴대용 방사능 측정기를 소지한 사람의 도움을 구해 쉽게 불안을 해소할 수 있다.

창을 열라 |

쓰레기 시멘트를 피할 수도 없고, 숲이 가까운 곳으로도 이사 갈 수 없는 현실에서 우리가 할 수 있는 일은 무엇일까?

집 안에 시멘트 가루가 발생하지 않도록 주의해야 한다. 시멘트 가루엔 아토피를 유발하는 발암물질 6가크롬과 인체 유해 중금속으로 가득하다. 유심히 살펴보면 의외로 집 안에 시멘트 가루 노출이 많다. 천정의 등 박스와 벽 몰딩 등에 쌓인 시멘트 가루를 잘 닦아내야 한다. 액자와 시계를 걸기 위해 벽에 못을 박을 때 시멘트 가루가 발생하지 않도록 주의해야 한다.

집 안에서 시멘트 가루가 가장 많은 곳은 방바닥이다. 장판을 살짝 들춰보면 하얀 시멘트 가루가 범벅임을 쉽게 볼 수 있다. 사람의 발걸음에 방바닥 콘크리트가 미세한 시멘트 가루가 되어 가족의 건강을 해치는 흉기가 되고 있다. 특히 방바닥을 기어 다니는 아이들에겐 더 치명적인 위험이 된다. 장판 밑의 시멘트 가루가 나오지 못하도록 장판 테두리를 밀봉해 주는 것이 좋다.

다음 방법은 창을 열어 환기시키는 것이 중요하다. 요즘 고층 아파트에 사는 사람들에게 폐암이 발생하고 있다. 담배를 피우지 않은 사람에게 왜 폐암이 발생하는 것일까? 라돈 때문이다. 라돈은 흡연 다음으로 가장 주요한 폐암 발병원인이다. 무색무취한 라돈은 토양에서 나오는 기체로 미국 환경청은 4피코큐리$^{pci/L}$의 라돈 농도에서 장기간 거주할 경우 흡연자는 1000명 중 62명, 비흡연자는 1000명 중 7명이 폐암에 걸린다고 발표했다.

그렇다면 우리가 살아가는 평범한 아파트에서 발생하는 라돈은 어느 정도일까? 내가 사는 아파트 실내 라돈을 측정해 보았다. 24시간 문을 닫고 측정해 본 결과, 미국 환경청 안전기준치인 4피코큐리였다. 자주 환기하지 않으면 나도 위험할 수 있다.

고층 아파트에서 라돈가스가 발생하는 가장 주요한 원인은 석고보드다. 값싸고 시공이 편리하며 화재 위험이 적다는 이유로 석고보드가 아파트 실내 마감재로 많이 사용된다. 그러나 석고보드는 주로 인광석에서 비료 인을 빼고 남은 찌꺼기로 만들어지는데, 인광석 재료로 만든 석고보드는 일반 석고보드보다 라돈이 10배가량 높다는 조사결과가 있다. 그 덕에 석고보드에서 라돈가스가 발생해 우리 가족의 건강을 위협하고 있다. 석고보드 외에도 라돈이 함유된 골재가 콘크리트에 사용되기도 한다.

폐암을 일으키는 라돈으로부터 가족의 건강을 지키는 유일한 방법은 환기다. 아침에 일어나 창을 열어 나쁜 공기를 바꿔주고, 반드시 잠자기 전에도 환기해 준다면 방사능 라돈의 위험을 크게 줄일 수 있다.

환기가 중요한 것은 가족의 건강을 위협하는 집 안의 유해물질이 라돈만이 아니기 때문이다. 방바닥과 벽과 지붕을 이루는 쓰레기 시멘트와 가구와 벽지에서도 다양한 인체 유해물질이 발생한다. 문제는 내장재와 가구는 우리가 조금 더 비용을 지불하면 건강한 제품으로 교체가 가능하지만, 집의 근간을 이루는 쓰레기 시멘트는 우리가 선택할 수 없다는 것이다.

우리 가족을 병들게 하는 것은 쓰레기 시멘트만의 문제로 끝나지 않는다. 시멘트에 모래와 골재를 혼합해 공사 현장으로 보낼 때, 콘크리트 혼화제라 부르는 다양한 화학약품이 첨가된다. 콘크리트의 응결·경화 시간을 조절하고, 철근 부식을 억제하고, 내동해성 향상 등을 위해 각종 화학약품이 사용되는데, 인체 유해물질을 함유하고 있다. 그리고 이 물질은 단시간에 사라지지 않고, 건축물이 폐기될 때까지 콘크리트 안에 잔류하며 우리 몸을 좀먹는다.

가족의 건강을 위해서는 수시로 창을 열어야 한다. 환기를 통해 집 안의 시멘트와 콘크리트 혼화제와 석고보드와 가구 등에서 발생하는 유해물질들을 밖으로 내보낼 수 있기 때문이다. 그리고 집 안에만 머물지 말라. 자주 집 밖에 나가 걸음으로써 푸른 나무를 바라보고 신선한 공기로 내 몸을 깨우는 것이 중요하다.

천연 공기정화기를 이용하라 |

가구와 내장재는 바꿀 수 있지만, 쓰레기 시멘트로 지어진 집을 바꿀 수 없는 상황에서 우리가 할 수 있는 또 하나의 방법은 자연 청정기인 공기정화 식물과 숯을 이용하는 것이다.

집 안에 공기정화 능력이 탁월한 식물들을 키우면 많은 도움이 된다. 화분 속 식물들은 공기 중의 포름알데히드, 벤젠, 크실렌, 암모니아 등의 제거능력이 뛰어날 뿐만 아니라, 음이온을 발생하고 실내 습도를 조절하는 역할도 한다. 또한 사람의 마음을 안정시켜 주는 정서적 효과도 빼놓을 수 없다.

식물의 실내 공기정화능력은 이미 미국항공우주국NASA이 입증한 바 있다. NASA에서 우주선 내 공기를 정화하기 위한 방법을 찾던 중 식물의 공기정화능력을 발견했다. NASA의 연구결과에 의하면, 밀폐된 공간에 공기정화 식물을 넣어두니 24시간 내에 80퍼센트의 포름알데히드, 벤젠, 일산화탄소와 같은 실내 공기오염 물질들이 제거되었다.

실내 공기정화 효과가 큰 식물로는 우리 주변에서 흔히 만나는 아이비, 인도고무나무, 관음죽, 테이블야자, 산세베리아, 행운목, 싱고니움, 베고니아 등 50여 가지에 이른다. 가족의 건강을 위해 집 안에 식물 키우는 것을 잊지 말자.

끝으로 천연 공기정화기 '숯' 으로 집 안 유해물질을 제거하는 손쉬운 방법도 있다. 숯은 공기정화는 물론 제습과 가습 등 다양한 기능을 지녔다. 숯을 자세히 보면 무수한 구멍으로 이루어져 있다. 나무가 뿌리를 통해 흡수한 물과 양분을 각 조직으로 전달하던 통로인데, 바로 이 구조 덕에 수분을 빨아들이고 건조시키는 천연 제습과 가습 기능을 한다.

실내 공기정화 효과를 보려면, 숯을 한곳에 모아두는 것보다 집 안 전체에 골고루 흩어놓는 게 좋다. 우리 집은 20킬로그램짜리 숯 세 박스가 집 구석구석에 자리하고 있다. 장롱과 책꽂이 위, 드라이클리닝을 한 옷으로 가득한 장롱 안과 서랍과 신발장 안에 숯을 넣어두면 탁월한 효과를 느낄 수 있다.

집 안 가득한 악취와 유해물질을 제거하기 위해서는 모양 좋은 숯보다는 제조과정 중에 형태가 조금 부서진 것들이 값도 저렴하고 더 효과적이고 활용도가 많다. 굵은 것은 책꽂이나 장롱 위에 놓아두고, 자잘한 것은 책상 밑이나 신발장, 그리고 부스러기들은 작은 통에 담아 옷장 안과 서랍에 담아두면 큰 효과를 볼 수 있다.

숯을 이용해 지속적인 공기정화 효과를 보려면, 쌓인 먼지를 물로 씻어낸 후 햇빛에 건조시켜 다시 사용하면 된다. 숯을 물에 담가두면 천연 가습기 역할을 하는데, 저렴한 가격으로 공기정화 기능을 하는 숯으로 가족의 건강을 지켜가기를 권한다. 숯가마 공장에서 20킬로그램 박스 단위로 구입하면 저렴하게 집 안의 나쁜 공기를 정화할 수 있다.

이제 국민이 깨어야 할 때다 |

　가장 안전하고 건강해야 할 집이 사랑하는 가족의 건강을 해치는 흉기가 되었다. 내 가족의 건강을 지키기 위해서는 내가 살고 있는 거주공간이 얼마나 위험한지 진실을 알아야 한다. 국민의 건강보다 기업의 이윤을 먼저 생각하는 대한민국이다. 나라가 국민의 건강을 지켜주지 않으니 국민 스스로 깨어 자기 가족의 건강을 지켜야 한다.

　이 책에서는 집 안의 다양한 유해물질 중 쓰레기 시멘트 문제를 다루었다. 쓰레기 시멘트는 그 유해성에 비해 관심을 갖는 이가 많지 않기 때문이다. 그동안 쓰레기 시멘트 유해성 논란에서 건설사들은 그 책임에서 쏙 빠져 있었다. 그러나 값싼 쓰레기 시멘트로 폭리를 취한 건설사도 책임을 져야 한다. 안전한 재료로 건강한 집을 지어야 할 책임이 있음에도 불구하고, 지금도 건설사들은 나 몰라라 하고 있다.

　쓰레기 시멘트의 가장 바람직한 해결책은 시멘트 등급제와 성분표시제 등을 통해 소비자들에게 선택할 권리를 주는 것이다. 내가 살고 있는 집이 어떤 쓰레기로 만들어지는지 쓰레기 시멘트의 진실을 제대로 알고, 소비자들에게 선택의 권한이 주어질 때 쓰레기 시멘트는 이 땅에서 사라지게 될 것이다.

　시멘트 공장은 결코 쓰레기 소각장이 아니다. 시멘트 업계의 사회적 책임은 쓰레기를 치우는 일이 아니라 안전하고 건강한 시멘트를 생산하는 것이다. 기업의 이윤만 추구하는 비양심적인 기업이 아니라, 국민의 건강을 배려하는 시멘트 업계와 건설사로 거듭나기를 촉구하며 이 책을 마무리하려고 한다. 이 땅의 모든 집이 사람을 살리는 건강한 집이 되는 그 날이 하루빨리 오기를 꿈꾼다.